荆门统计年鉴

JINGMEN STATISTICAL YEARBOOK

2016

荆 门 市 统 计 局
国家统计局荆门调查队 编

中国统计出版社
China Statistics Press

图书在版编目（CIP）数据

荆门统计年鉴. 2016 / 荆门市统计局, 国家统计局荆门调查队编. -- 北京 : 中国统计出版社, 2016.11
ISBN 978-7-5037-7976-3

Ⅰ. ①荆… Ⅱ. ①荆… ②国… Ⅲ. ①统计资料 - 荆门 - 2016 - 年鉴 Ⅳ. ①C832.633-54

中国版本图书馆CIP数据核字(2016)第217377号

荆门统计年鉴-2016

作　　者/ 荆门市统计局 国家统计局荆门调查队
责任编辑/ 陈越月
装帧设计/ 王　瑜
出版发行/ 中国统计出版社
地　　址/ 北京市丰台区西三环南路甲6号　邮政编码/100073
电　　话/ 邮购（010）63376909　书店（010）68783171
网　　址/ http://csp.stats.gov.cn
印　　刷/ 荆门市好丰印刷厂
经　　销/ 新华书店
开　　本/ 890mm×1240mm 1/16
字　　数/ 660千字
印　　张/ 24.5
版　　别/ 2016年11月第1版
版　　次/ 2016年11月第1次印刷
定　　价/260.00元

如有印装差错，由本社发行部调换。

编 辑 说 明

一、《荆门统计年鉴（2016）》是一本信息密集的资料工具书。通过大量数据，全面记载和反映了荆门市2015年经济社会发展情况。

二、本年鉴包括综合，国民经济核算，人口，就业与工资，固定资产投资，价格指数，人民生活，资源、能源和环保，城区概况和城建，农业，工业，建筑业，交通运输和邮电，贸易、外经和旅游，财政、金融和保险，教育和科技，文化、体育和卫生，公共管理和其他，乡镇主要经济指标，全省分市州主要指标等20个部分。

三、本年鉴对过去发表的统计资料重新予以审核，凡与本年鉴资料有出入的，均以本年鉴为准。

四、本年鉴中指标的使用要结合文中的注解，以免发生错误。

五、本年鉴是全市统计人员辛勤劳动的共同成果。编辑中得到了各级领导和有关部门的大力支持，为此，我们特表谢意！由于水平有限，编辑工作中难免有疏误之处，竭诚欢迎读者批评指正。

目　　录

一、综　合

二、国民经济核算

九、城区概况和城建

十、农　业

十五、财政、金融和保险

十六、教育和科技

十七、文化、体育和卫生

十八、公共管理和其他

十九、乡镇主要经济指标

附录一、全省分市州主要指标

一、综　合

资料整理：陈　涛

1-1　土地面积与行政区划

	2000 年	2005 年	2010 年	2014 年	2015 年
土地面积（平方公里）	12404	12404	12404	12404	12404
行政区划（个）					
县	2	2	2	2	2
县级市	1	1	1	1	1
县级区	2	2	2	2	2
乡政府	10	2	2	2	2
镇政府	57	50	50	50	50
街道办事处	4	5	5	7	7
村民委员会	1536	1504	1395	1377	1347
村民小组	10906	10108	9954	9961	9986

1-2　县、市、区行政区划

2015 年底　　单位：个

	乡政府	镇政府	街道办事处	村民委员会	村民小组
全　市	2	50	7	1347	9986
京山县		14		356	2343
沙洋县		13		249	2534
钟祥市	1	15	1	495	3384
东宝区	1	6	2	167	1037
掇刀区		2	4	80	688

1-3 国民经济和社会发展主要指标

指　　标	2000 年	2001 年	2002 年	2003 年	2004 年	2005 年
人口与就业						
人口（万人）						
常住人口	281.08	281.92	282.76	283.60	284.45	285.30
户籍人口	298.75	299.01	300.53	300.60	298.40	291.07
男性人口	153.64	153.05	153.49	153.54	152.26	149.33
女性人口	145.11	145.96	147.04	147.06	146.14	141.74
出生率（‰）	6.89	6.22	6.36	6.34	6.69	6.73
死亡率（‰）	4.51	5.11	5.24	5.01	5.08	4.89
自然增长率（‰）	3.20	1.11	1.12	1.33	1.61	1.74
就业（万人）						
从业人员数	139.07	135.84	135.56	135.78	137.2	135.20
#职工年末人数	25.21	21.51	19.96	20.07	20.23	20.66
城镇登记失业率（%）	3.5	3.5	3.5	4.2	4.2	4.2
宏观经济						
国民经济核算（亿元）						
地区生产总值	205.53	219.29	232.09	252.58	286.96	309
第一产业	58.78	60.08	61.26	65.27	77.63	80.25
第二产业	73.9	79.61	83.38	92.03	102.68	112.47
#工业	65.92	71.34	74.84	82.78	91.92	99.56
第三产业	72.85	79.6	87.45	95.28	106.65	116.28
固定资产投资（亿元）						
全社会固定资产投资总额	57.12	56.52	61.72	70.96	86.13	104.15
#固定资产投资	35.23	34.56	39.39	46.99	61.64	79.05
财政（亿元）						
财政总收入	16.86	18.06	19.15	19.43	20.37	20.54
#一般公共预算收入	7.63	8.03	8.01	8.58	9.29	9.34
财政支出	11.48	13.53	14.65	16.68	20.09	25.47

2006年	2007年	2008年	2009年	2010年	2011年	2012年	2013年	2014年	2015年
283.80	283.90	284.50	285.03	287.37	287.99	288.52	288.72	288.91	289.63
294.89	298.57	300.11	301.05	300.40	301.90	302.31	300.78	300.29	299.09
150.99	152.25	153.26	153.55	152.95	153.71	153.72	152.73	153.00	152.23
143.9	146.32	146.85	147.50	147.45	148.19	148.59	148.05	147.29	146.86
7.77	7.35	7.51	7.95	8.95	9.17	9.76	9.26	8.72	9.31
5.05	5.06	4.54	5.00	5.11	5.20	5.35	5.02	5.01	5.50
2.21	2.29	2.97	2.95	3.84	3.97	4.41	4.24	3.71	3.81
137.11	139.12	140.18	142.45	142.73	146.13	151.22	154.74	154.62	157.15
20.54	24.57	26.50	28.15	29.95	36.21	36.37	38.11	38.30	38.69
4.1	4.1	4	4.1	4.1	4.1	4.2	4.1	4.2	2.4
346.54	416.42	513.96	600.10	730.07	942.59	1085.26	1202.61	1310.59	1388.46
86.04	103.38	129.12	134.54	145.10	166.53	178.69	190.30	198.11	200.86
127.59	159.96	206.89	265.24	353.13	494.40	587.55	651.93	706.52	729.66
113.39	148.64	191.89	246.17	330.54	465.60	551.45	610.98	658.52	678.86
132.91	153.08	177.95	200.32	231.84	281.66	319.02	360.38	405.96	457.94
127.74	153.25	210.08	317.18	448.62	590.63	794.40	1014.64	1232.55	1456.93
103.09	125.28	181.91	275.20	395.57	560.81	761.25	978.50	1190.15	1404.58
23.34	29.35	35.02	60.32	79.94	95.46	108.06	124.57	136.94	163.29
10.17	12.06	14.92	18.14	23.25	39.39	50.68	59.84	67.42	80.43
31.98	42.38	54.65	85.62	116.64	172.43	178.05	209.01	246.10	301.79

1–3 续表 1

指　　标	2000 年	2001 年	2002 年	2003 年	2004 年	2005 年
物价指数（上年=100）						
居民消费价格指数	99.8	100.1	99.4	101.3	104.6	102.6
商品零售价格指数	99.5	98.7	99.1	100.3	103.8	101.5
实际外商直接投资额（万美元）	1632	3682	4604	5656	6825	7738
产业						
农业						
耕地面积（千公顷）	256.53	255.71	251.45	248.69	251.35	251.12
农林牧渔业从业人员（万人）	59.05	58.68	56.38	55.37	56.71	56.77
农林牧渔业总产值（亿元）	96.96	99.78	100.38	110.83	133.67	135.52
主要产品产量（万吨）						
粮食	203.78	193.82	187.39	168.24	201.01	210.76
棉花	3.08	3.45	3.09	3.68	4.27	4.34
油料	35.87	35.95	32.17	34.56	39.11	36.66
蔬菜	203.45	197.83	197.76	189.70	172.42	165.21
水果	31.62	30.53	28.11	26.09	28.58	27.68
肉类	17.81	18.04	19.75	21.61	23.57	25.97
水产品	21.00	21.43	22.55	22.70	23.26	24.02
工业（规模以上）						
主要产品产量（万吨）						
原油加工量	338.00	283.19	292.76	317.67	366.55	395.90
汽油	79.18	66.39	70.39	80.07	73.37	75.54
柴油	131.08	114.24	116.98	124.41	143.34	164.17
煤油	11.36	13.94	14.66	10.79	8.19	8.81
啤酒（万千升）	23.74	26.40	20.39	20.62	20.76	21.14
大米	13.61	12.78	10.88	17.93	32.50	42.26
饲料	14.85	13.17	11.08	11.98	14.38	16.83

2006年	2007年	2008年	2009年	2010年	2011年	2012年	2013年	2014年	2015年
101.6	104.4	105.8	100.1	102.7	105.6	103.4	103.2	101.9	101.6
99.9	104.7	105.7	98.8	102.5	105.7	102.8	102.8	101.3	100.9
8767	9535	10187	12194	14604	18687	21656	26275	29559	34000
253.2	253.73	255.81	258.41	257.33	262.84	271.7	271.66	271.37	271.55
54.97	55.13	55.92	55.95	56.66	55.22	53.72	42.08	36.64	36.06
145.2	180.73	226.61	231.72	253.14	291.95	316.65	337.93	351.67	365.84
215.43	231.88	240.50	251.40	252.41	255.72	262.14	267.60	272.93	278.18
4.84	4.56	4.28	4.05	4.33	4.79	4.92	4.77	3.05	2.14
34.08	31.62	34.75	36.25	36.12	34.70	35.95	38.80	39.56	40.04
170.82	162.57	158.22	152.63	164.51	181.15	190.29	197.83	204.47	209.04
32.68	31.41	34.29	35.54	37.72	36.00	44.41	44.62	43.20	37.39
26.83	31.24	32.45	34.30	35.85	37.34	40.82	42.29	44.36	43.44
24.86	30.38	32.05	34.92	38.33	42.25	46.42	49.17	51.94	55.08
425.18	462.03	424.97	476.80	503.88	500.19	475.88	500.03	456.65	479.74
80.02	80.66	80.18	97.93	105.29	105.41	119.66	134.40	131.07	152.42
176.32	193.41	168.43	173.83	179.91	174.40	163.53	177.09	153.59	157.10
7.78	12.50	15.61	23.49	25.70	26.71	28.89	25.56	27.10	28.04
21.92	21.53	20.70	21.10	21.92	23.34	28.89	31.82	27.51	26.13
78.68	111.48	177.77	190.99	213.93	234.37	299.06	346.37	405.26	431.19
21.85	29.68	25.75	45.29	57.42	95.25	130.78	183.66	202.02	271.07

1-3 续表 2

指　　标	2000 年	2001 年	2002 年	2003 年	2004 年	2005 年
聚丙烯树脂	10.94	11.07	11.59	14.22	14.21	15.49
氮肥（折含 N100%）	8.03	11.55	11.79	15.35	25.53	29.84
磷肥（折含 $P_2O_5$100%）	51.16	30.26	32.69	35.02	43.57	54.43
磷矿石（折含 $P_2O_5$30%）	101.91	134.88	126.42	131.08	124.47	163.99
水泥	372.87	487.63	516.07	539.20	563.34	679.08
电子元件（万只）	5689	6261	6917	8845		
平板玻璃（万重量箱）	123.42	152.25	175.40	191.34	149.80	244.17
包装专用设备（台）	313	305	422	382	431	420
发电量（万千瓦时）	278321	302655	296837	357534	376985	325544
工业企业财务指标（亿元）						
固定资产原价	184.71	193.94	195.88	201.29	163.89	202.27
主营业务收入	164.66	163.61	166.09	196.15	255.45	338.90
利税总额	10.25	14.35	13.01	14.05	18.53	19.81
建筑业						
建筑业年末从业人数（千人）	32.06	15.30	17.90	27.83	25.45	27.76
建筑业总产值（亿元）	29.27	10.77	6.80	17.88	28.95	28.02
施工房屋面积（万平方米）	571.89	104.60	109.48	185.59	254.59	217.92
竣工房屋面积（万平方米）	150.79	57.05	70.65	108.60	191.05	148.09
交通运输						
货运周转量（万吨公里）	201555	213085	214243	220046	275939	279818
公路	173971	179576	185949	183361	211605	236465
水路	27584	33509	28294	36685	64334	43353
旅客周转量（万人公里）	198289	205416	215331	212573	226391	234689
公路	198187	205324	215237	212500	226303	234598
水路	102	92	94	73	88	91

2006年	2007年	2008年	2009年	2010年	2011年	2012年	2013年	2014年	2015年
15.40	14.19	13.29	14.92	14.65	14.22	13.35	13.73	11.36	13.24
39.78	51.51	52.88	133.22	122.93	153.76	178.16	200.33	228.95	247.97
67.95	78.96	96.85	218.9	251.34	283.73	288.55	348.81	332.45	367.86
238.21	326.64	284.12	282.88	376.4	414.26	630.79	649.73	774.97	877.45
846.61	925.39	1102	1002	1096	1110	1085	1143	1183	975
	10321	22749	9172	11166	9059	27105	23744	15954	15576
330.55	382.45	482	543	945	1585	1317	1488	1323	1268
505	277	452	121	118	90	143	163	159	190
419589	697645	662003	798999	853527	821654	635912	683739	617641	778592
227.16	280.53	332.40	393.98	596.77	973.42	1019.08	1393.48	1599.22	1529.23
419.51	540.38	711.14	893.93	1197.85	1723.88	2146.15	2545.50	2851.63	2965.75
15.28	38.89	31.65	156.23	178.89	188.02	212.06	249.43	253.66	289.79
27.10	28.01	32.38	28.53	31.66	34.38	33.58	47.20	46.81	52.07
32.45	37.20	44.94	63.52	47.38	57.33	67.84	93.65	114.83	129.79
251.35	333.00	292.40	339.63	379.14	446.86	639.82	771.85	908.01	860.76
165.43	200.06	201.10	256.24	264.80	296.52	330.31	388.88	497.39	467.35
300262	317517	881299	1040445	1226000	1523351	1891171	2211048	1402987	1466741
257551	275190	860606	1022123	1207129	1500145	1863000	2179630	1371567	1432141
42711	42327	20693	18322	18871	23206	28171	31418	31420	34600
235092	250263	329306	348502	399862	443719	479349	554268	263405	282973
234998	250180	329215	348215	399696	443569	479206	554126	263270	282827
94	83	91	287	166	150	143	142	135	146

1–3 续表 3

指　　标	2000 年	2001 年	2002 年	2003 年	2004 年	2005 年
邮政电信						
邮政业务总量（万元）	2714	7134	7943	8715	10057	10017
电信业务收入（万元）	28578	37638	48600	54333	60369	70821
固定电话用户数（万户）	22.56	25.01	26.02	28.58	30.49	46.29
移动电话用户数（万户）	4.59	14.79	29.95	55.39	73.05	81.22
国内贸易						
社会消费品零售总额（亿元）	72.69	77.83	83.31	89.29	98.26	112.01
对外经济贸易						
进出口总额（万美元）	5085	4713	6002	7203	11818	11223
进口总额（万美元）		299	506	517	2755	2091
出口总额（万美元）	5085	4414	5496	6686	9063	9132
金融保险						
存款余额（亿元）	127.82	151.05	170.03	198.97	226.70	267.05
#个人存款（亿元）	89.76	113.35	127.64	149.18	177.76	205.66
贷款余额（亿元）	123.65	124.09	125.05	139.07	143.03	156.63
保费收入（亿元）	4.01	4.44	4.69	5.45	6.00	5.76
保险赔付（亿元）	1.71	2.40	2.61	2.14	2.02	2.48
教育						
专任教师数（人）	25772	23382	24898	25436	25448	25495
#大学	785	810	657	705	868	885
中职教育	806	1140	951	1044	1034	1357
小学	11516	9344	10134	9871	9684	9598
在校学生数（万人）	55.09	53.99	53.26	51.62	49.24	46.32
#大学	0.67	1.02	2.17	2.11	1.96	1.94
中职教育	1.76	1.59	1.61	2.01	2.58	3.46
小学	29.30	26.57	23.15	20.66	18.75	16.93
小学学龄儿童入学率（%）	99.9	99.9	99.9	100	100.0	100.0

2006年	2007年	2008年	2009年	2010年	2011年	2012年	2013年	2014年	2015年
12082	14240	16016	18627	21413	13881	15565	23500	29700	38900
82546	91148	93900	102900	113900	134227	154680	164936	172500	183400
50.02	34.43	35.69	37.53	36.82	46.8	49.60	38.38	36.25	35.59
111.38	96.74	119.31	131.53	140.68	161.65	186.69	195.33	212.28	213.06
128.11	151.57	188.86	228.82	249.33	298.24	347.05	395.48	478.06	541.43
14894	21888	32651	22864	38784	53596	64093	77698	96722	117501
2465	4538	11721	5563	8981	15318	17516	15946	19928	29352
12429	17350	20930	17301	29803	38278	46577	61752	76794	88149
306.07	344.46	425.48	525.51	685.20	786.36	933.06	1121.25	1257.01	1430.56
231.96	247.33	307.07	367.09	443.73	522.24	619.93	732.74	836.25	960.26
173.11	201.91	206.41	266.44	317.21	364.36	437.34	560.42	653.25	793.90
6.99	9.28	20.56	23.27	31.93	35.00	34.87	33.98	36.90	37.37
2.05	4.25	5.05	4.86	5.58	6.27	8.07	11.66	13.92	12.68
25669	24594	24452	23993	23967	23880	23019	22523	22546	22441
919	909	887	871	879	1013	1023	1004	856	706
1579	1520	1362	1403	1150	1138	1117	1099	1095	1079
9589	9123	9284	9359	9152	9287	9140	9330	8832	8778
45.23	41.24	39.58	37.73	36.57	35.74	34.16	32.74	32.75	32.45
1.57	1.77	1.96	1.84	1.91	1.99	2.12	2.12	2.04	1.84
4.11	2.93	2.7	2.83	2.71	2.28	1.82	1.46	1.41	1.38
15.55	14.35	13.54	13.16	12.97	12.97	12.62	12.24	12.37	12.71
100.0	99.83	100.00	100.00	99.99	100.00	100.00	100.00	100.00	100.00

1-3 续表 4

指　　标	2000 年	2001 年	2002 年	2003 年	2004 年	2005 年
文化						
图书馆图书藏量（万册）	24.89	25.25	26.12	29.79	33.87	35.80
博物馆文物藏品（万件）	1.71	0.84	0.48	6.55	6.55	6.55
艺术团体演出场次（场）	302	475	243	194	273	320
#农村演出场次	260	75	110	65	100	180
举办展览个数（个）	52	62	41	19	28	20
举办训练班培训人数（人次）	2407	4000	4070	3082	2841	3000
卫生						
卫生机构数（个）	500	501	496	566	523	546
卫生机构人员数（人）	13522	13262	13300	12391	11895	11760
#医院人员数	5725	5594	5100	5132	4982	5123
卫生机构床位数（张）	7290	7451	7401	5990	6104	6429
人民生活						
家庭						
城镇居民平均每户家庭人口（人）	3.21	3.19	3.25	3.07	3.06	3.03
农村居民平均每户家庭人口（人）	3.94	3.90	3.84	3.86	3.87	3.83
居住						
城镇居民人均居住面积（平方米）	19.16	19.62	20.85	22.10	23.05	24.00
农村居民人均使用房屋面积(平方米)	32.93	33.44	33.85	31.58	34.13	40.52
生活						
全体居民人均可支配收入（元）						
城镇常住居民人均可支配收入（元）						7507
农村常住居民人均可支配收入（元）	2980	2999	2999	3125	3629	3738
工资						
职工平均工资（元）	6920	7540	8766	9598	10455	11571

2006年	2007年	2008年	2009年	2010年	2011年	2012年	2013年	2014年	2015年
36.70	38.20	47.00	47.58	49.40	51.25	55.65	57.78	84.10	85.00
6.55	6.55	6.55	6.55	6.57	6.28	6.57	6.91	6.91	6.92
2000	360	490	360	400	447	410	134	340	350
1000	200	370	220	250	422	333	110	210	240
62	95	124	130	190	46	62	68	37	40
8000	10900	15000	17694	21360	40190	32600	67000	14962	16496
529	617	592	600	617	617	685	654	646	622
12073	13731	12785	13865	14193	15038	16044	17561	21415	22502
5430	6808	6376	7040	7477	8255	8986	9814	10605	11944
6937	8265	8164	9483	9773	10889	10924	14524	15779	16485
3.01	2.94	2.91	2.92	2.91	2.91	2.96	3.10	3.10	3.10
3.85	3.83	3.83	3.84	3.82	3.62	3.60	3.79	3.75	3.80
25.40	27.1	27.2	27.3	27.8	27.9	28.8	30.1	31.2	32.3
38.04	37.03	36.23	36.64	37.69	43.6	44.1	44.60	44.80	44.50
								18851	20559
8181	9703	11110	12214	13601	15526	17678	19820	24627	26731
4059	4652	5332	5956	6951	8248	9387	10615	13481	14716
12986	15192	17150	18748	22780	26044	29174	31720	35745	39516

1-4 国民经济主要比例关系

单位：%

指　标	2000年	2001年	2002年	2003年	2004年	2005年	2006年	2007年
一、地区生产总值中三次产业比例								
第一产业	28.6	27.4	26.4	25.9	27.1	26.0	24.8	24.8
第二产业	36.0	36.3	35.9	36.4	35.7	36.4	36.8	38.4
第三产业	35.4	36.3	37.7	37.7	37.2	37.6	38.4	36.8
二、规模以上工业总产值中轻重工业比例								
轻工业	18.7	20.7	21.1	23.1	17.8	18.9	20.5	22.9
重工业	81.3	79.3	78.9	76.9	82.2	81.1	79.5	77.1
三、农业总产值中农林牧渔业比例								
种植业	62.1	57.4	57.4	56.2	57.2	56.0	55.8	48.3
林　业	2.2	1.5	2.0	2.0	1.6	1.7	1.7	1.5
牧　业	21.8	24.6	24.3	24.7	26.5	26.1	26.2	32.8
渔　业	13.9	16.5	16.3	14.9	12.7	13.8	13.9	15.1
农林牧渔服务业				2.2	2.0	2.4	2.4	2.3
四、固定资产投资中三次产业比例								
第一产业	7.6	12.5	8.3	8.1	2.6	9.9	10.5	10.2
第二产业	30.5	30.8	35.0	37.8	44.8	48.2	46.9	44.2
第三产业	61.9	56.7	56.7	54.1	52.6	41.9	42.6	45.7
五、财政收入占地区生产总值比例	6.8	6.7	6.5	7.7	7.1	6.6	6.7	7.0

注：2003年起，农业总产值包含农林牧渔服务业。

1-4　续表

指　标	2008 年	2009 年	2010 年	2011 年	2012 年	2013 年	2014 年	2015 年
一、地区生产总值中三次产业比例								
第一产业	25.1	22.4	19.9	17.7	16.5	15.8	14.7	14.5
第二产业	40.3	44.2	48.4	52.4	54.1	54.2	53.8	52.5
第三产业	34.6	33.4	31.7	29.9	29.4	30.0	31.5	33.0
二、规模以上工业总产值中轻重工业比例								
轻工业	24.0	30.7	36.9	38.0	40.2	41.3	42.5	43.0
重工业	76.0	69.3	63.1	62.0	59.8	58.7	57.5	57.0
三、农业总产值中农林牧渔业比例								
种植业	45.0	46.1	48.5	48.5	47.3	45.1	43.8	42.6
林　业	1.4	1.6	1.3	1.6	1.6	1.6	1.6	1.6
牧　业	35.2	32.6	30.7	31.5	31.5	32.5	33.2	33.8
渔　业	16.1	17.4	17.2	16.2	17.3	18.4	18.9	19.4
农林牧渔服务业	2.2	2.3	2.3	2.3	2.3	2.4	2.5	2.6
四、固定资产投资中三次产业比例								
第一产业	10.1	9.3	5.9	5.7	5.8	5.4	6.0	7.8
第二产业	50.3	49.3	49.9	54.2	50.0	48.9	49.9	48.4
第三产业	39.6	41.4	44.2	40.1	44.2	45.7	44.1	43.8
五、财政收入占地区生产总值比例	6.8	10.1	10.9	10.1	10.0	10.4	10.4	11.8

1-5　荆门市国民经济占全省的比重

2015年

指　标	单位	湖北省	荆门市	荆门市占湖北省的比重(%)
土地面积	万平方公里	18.59	1.2404	6.7
年末常住人口	万人	5851.50	289.63	4.9
地区生产总值	亿元	29550.19	1388.46	4.7
第一产业	亿元	3309.84	200.86	6.1
第二产业	亿元	13503.56	729.66	5.4
第三产业	亿元	12736.79	457.94	3.6
人均地区生产总值	元	50654	47999	94.8
全社会固定资产投资	亿元	29191.06	1456.93	5.0
#固定资产投资	亿元	28250.48	1404.58	5.0
房地产开发	亿元	4249.23	118.11	2.8
财政总收入	亿元	4705.28	163.29	3.5
#一般公共预算收入	亿元	3005.39	80.43	2.7
社会消费品零售总额	亿元	13978.05	541.43	3.9
进出口总额	亿美元	456.05	11.75	2.6
#出口	亿美元	292.20	8.81	3.0
实际外商直接投资	亿美元	89.48	3.40	3.8
普通高等学校在校学生数	万人	140.87	1.84	1.3
医院卫生院床位数	万张	34.38	1.65	4.8
卫生技术人员	万人	36.76	1.73	4.7

1-5 续表

指 标	单位	湖北省	荆门市	荆门市占湖北省的比重(%)
#执业(助理)医师	万人	13.60	0.68	5.0
在岗职工平均工资	元	47320	39516	83.5
全体居民人均可支配收入	元	20026	20559	102.7
城镇常住居民人均可支配收入	元	27051	26731	98.8
农村常住居民人均可支配收入	元	11844	14716	124.2
居民人均储蓄存款余额	元	33540	33196	99.0
农业主要产品产量				
粮食	万吨	2703.28	278.18	10.3
棉花	万吨	29.83	2.14	7.2
油料	万吨	339.60	40.04	11.8
水产品	万吨	455.80	55.08	12.1
年内出栏肉猪	万头	4363.23	408.91	9.4
工业主要产品产量				
原油加工量	万吨	1288.79	479.74	37.2
原煤	万吨	758.39	131.95	17.4
水泥	万吨	11288.92	974.76	8.6
农用氮磷钾化肥（折纯）	万吨	1408.13	615.83	43.7
磷矿石（折含 $P_2O_5$30%）	万吨	5540.21	877.45	15.8
啤酒	万千升	277.48	26.13	9.4

1-6　内资企业登记情况

2015 年　　　　单位：户、万元

	期末实有			本期登记	
	户数	企业法人	注册资本	户数	注册资本
合　计	5032	2380	2169647	594	339473
国有企业	1778	964	791328	256	100162
集体企业	1110	627	126019	225	9201
股份合作企业					
公司	2084	771	1215122	113	230110
其他企业	60	18	37177		

1-7　外商投资企业登记情况

2015 年　　　　单位：户、万元

	期末实有			本期登记	
	企业数	分支机构	注册资本	企业数	注册资本
合　计	178		946129	13	81334
公司小计	178		946129		81334
1.有限责任公司					
中外合资	73		665789	4	21564
外国法人独资			15214		
外国自然人独资					
港澳台与境内合资	65		676495	6	54124
港澳台与境内合作					
港澳台法人独资	14				
港澳台自然人独资	26		321542	3	5647
2.股份有限公司					
中外合资					
港澳台与境内合资					
3.其他企业					

1–8 私营企业登记情况

2015 年 单位：户、人、万元

	户数	投资者人数	注册资本/出资金额
期末实有合计	19918	40702	7554110
#城镇	12310	26934	4586778
独资企业	2810	2807	275258
合伙企业	258	836	98408
有限责任公司	16810	37038	7176444
#自然人独资	1235	1235	311075
法人独资	76	76	215922
股份有限公司	40	21	4000
本期开业合计	3867	6320	2306839

1–9 农民专业合作社登记情况

2015 年 单位：户、万元

	期末实有			本期开业		
	户数	分支机构	出资总额	户数	分支机构	出资总额
合 计	4776	10	1323108	636		608512
农业生产资料的购买	1053			72		
农产品销售	1274			72		
农产品加工	23			1		
农产品运输	3					
农产品储存	14					
技术、信息等服务	1682			130		
种植业	2203			351		
养殖业	1676			148		
其他	316			35		

1-10　个体工商业登记情况

2015 年　　　　单位：户、万元

	期末实有		城镇		本期开业	
	户数	资金数额	户数	资金数额	户数	资金数额
总　计	137360	1280437	61309	409771	28422	373159
农、林、牧、渔业	13714	374630	1798	44123	3963	120468
采矿业	127	2103	68	1298	7	147
制造业	4779	46514	2555	26594	1426	12604
电力、燃气及水的生产供应业	42	1333	21	519	3	850
建筑业	327	3630	169	1614	26	669
交通运输、仓储和邮政业	5650	47280	3573	31834	1083	9637
信息传输、计算机服务和软件业	900	4224	313	2885	85	759
批发和零售业	75597	534301	36634	174490	15246	153063
住宿和餐饮业	12142	105266	6460	53858	3660	43469
金融业						
房地产业	20	178	1			
租赁和商务服务业	520	6760	468	3791	110	1476
科学研究、技术服务和地质勘查业	110	593	27	153	1	1
水利、环境和公共设施管理业	9	506				
居民服务和其他服务业	16613	91118	7094	38699	2633	26505
教育	29	245	17	145	8	68
卫生、社会保障和社会福利业	284	3502	95	1682	41	1584
文化、体育和娱乐业	552	14590	300	8194	118	1631
其他	5945	43663	1716	14892	12	229

二、国民经济核算

资料整理：陈　涛

2-1 地区生产总值

按当年价格计算

年份	地区生产总值(亿元)	第一产业	第二产业	工业	第三产业	人均地区生产总值（元/人）
1949	0.63	0.54	0.02	0.02	0.07	54
1950	0.73	0.62	0.02	0.02	0.08	62
1951	0.82	0.70	0.03	0.02	0.09	69
1952	1.00	0.87	0.03	0.02	0.10	83
1953	0.91	0.76	0.04	0.03	0.12	73
1954	1.14	0.96	0.05	0.05	0.13	89
1955	1.25	1.05	0.06	0.06	0.14	97
1956	1.46	1.21	0.09	0.07	0.16	111
1957	1.71	1.40	0.12	0.10	0.18	128
1958	1.97	1.51	0.21	0.16	0.25	140
1959	1.66	1.13	0.30	0.24	0.23	115
1960	1.67	1.08	0.34	0.24	0.25	113
1961	1.39	0.94	0.23	0.19	0.22	93
1962	2.01	1.53	0.22	0.18	0.26	131
1963	2.40	1.84	0.29	0.22	0.27	152
1964	2.56	1.93	0.34	0.26	0.29	158
1965	3.30	2.55	0.43	0.32	0.32	197
1966	3.89	3.04	0.49	0.37	0.35	225
1967	3.95	3.01	0.53	0.39	0.41	221
1968	3.71	2.85	0.46	0.35	0.40	198
1969	3.76	2.81	0.52	0.38	0.43	193
1970	4.23	3.12	0.61	0.39	0.50	210
1971	4.35	2.94	0.88	0.54	0.54	209
1972	4.14	2.78	0.77	0.56	0.59	193
1973	5.48	3.79	1.05	0.71	0.65	251
1974	6.02	3.88	1.41	1.04	0.73	272
1975	7.17	4.56	1.79	1.46	0.82	320
1976	7.56	4.50	2.11	1.69	0.95	335
1977	8.16	4.59	2.48	2.11	1.09	356
1978	9.02	4.70	2.93	2.59	1.39	390
1979	10.02	5.47	3.16	2.82	1.39	428
1980	10.95	5.44	3.74	3.34	1.77	462
1981	12.78	6.24	4.33	3.87	2.21	531
1982	14.38	7.32	4.45	4.04	2.61	593

2-1　续表

年　份	地区生产总值（亿元）	第一产业	第二产业	工　业	第三产业	人均地区生产总值（元/人）
1983	16.64	7.90	5.54	4.98	3.20	683
1984	20.77	9.62	7.45	6.90	3.70	846
1985	23.93	10.45	9.43	8.85	4.05	965
1986	26.34	12.30	9.92	9.03	4.12	1055
1987	30.53	13.68	11.36	10.13	5.49	1213
1988	36.16	17.87	11.55	12.19	6.74	1417
1989	40.92	18.92	14.06	12.66	7.94	1578
1990	45.95	23.29	14.64	13.15	8.02	1724
1991	51.47	21.28	17.52	16.10	12.67	1886
1992	59.72	22.07	21.17	19.23	16.48	2171
1993	80.00	30.22	28.64	26.32	21.14	2884
1994	116.62	48.73	40.00	35.93	27.89	4145
1995	155.95	57.00	58.88	52.70	40.07	5467
1996	174.78	66.04	59.63	52.82	49.11	6073
1997	188.08	66.09	61.31	54.59	60.68	6466
1998	201.33	68.60	66.43	58.87	66.30	6835
1999	195.80	61.80	66.58	58.71	67.42	6566
2000	205.53	58.78	73.90	65.92	72.85	6865
2001	219.29	60.08	79.61	71.34	79.60	7337
2002	232.09	61.26	83.38	74.84	87.45	7742
2003	252.58	65.27	92.03	82.78	95.28	8404
2004	286.96	77.63	102.68	91.92	106.65	9581
2005	309.00	80.25	112.47	99.56	116.28	10831
2006	346.54	86.04	127.59	113.39	132.91	12211
2007	416.42	103.38	159.96	148.64	153.08	14668
2008	513.96	129.12	206.89	191.89	177.95	18084
2009	600.10	134.54	265.24	246.17	200.32	21073
2010	730.07	145.10	353.13	330.54	231.84	25509
2011	942.59	166.53	494.40	465.60	281.66	32765
2012	1085.26	178.69	587.55	551.45	319.02	37649
2013	1202.61	190.30	651.93	610.98	360.38	41668
2014	1310.59	192.60	705.01	658.52	412.98	45378
2015	1388.46	200.86	729.66	678.86	457.94	47999

2-2 地区生产总值构成

按当年价格计算

年 份	地区生产总值（%）	第一产业	第二产业	工 业	第三产业
1949	100.0	85.8	2.8	2.5	11.4
1950	100.0	85.7	2.9	2.6	11.4
1951	100.0	85.5	3.1	2.7	11.4
1952	100.0	87.0	2.7	2.4	10.2
1953	100.0	83.1	4.3	3.8	12.6
1954	100.0	84.0	4.7	4.2	11.3
1955	100.0	83.4	5.0	4.5	11.5
1956	100.0	82.9	6.0	4.7	11.2
1957	100.0	82.0	7.3	5.6	10.7
1958	100.0	76.9	10.4	8.1	12.7
1959	100.0	68.0	18.2	14.3	13.8
1960	100.0	64.4	20.4	14.5	15.2
1961	100.0	67.5	16.7	13.5	15.9
1962	100.0	76.1	11.2	8.9	12.7
1963	100.0	76.6	12.1	9.3	11.4
1964	100.0	75.6	13.2	10.0	11.2
1965	100.0	77.2	13.1	9.8	9.7
1966	100.0	78.2	12.7	9.6	9.1
1967	100.0	76.3	13.5	9.8	10.3
1968	100.0	76.8	12.5	9.5	10.7
1969	100.0	74.8	13.8	10.0	11.4
1970	100.0	73.8	14.4	9.2	11.8
1971	100.0	67.5	20.1	12.4	12.3
1972	100.0	67.1	18.6	13.5	14.2
1973	100.0	69.1	19.1	13.0	11.8
1974	100.0	64.4	23.4	17.3	12.2
1975	100.0	63.6	25.0	20.3	11.4
1976	100.0	59.5	28.0	22.3	12.5
1977	100.0	56.3	30.3	25.8	13.3
1978	100.0	52.1	32.5	28.7	15.4
1979	100.0	54.6	31.5	28.1	13.9
1980	100.0	49.7	34.2	30.5	16.2
1981	100.0	48.8	33.9	30.3	17.3
1982	100.0	50.9	30.9	28.1	18.2

2-2 续表

年 份	地区生产总值（%）	第一产业	第二产业	工 业	第三产业
1983	100.0	47.5	33.3	29.9	19.2
1984	100.0	46.3	35.9	33.2	17.8
1985	100.0	43.7	39.4	37.0	16.9
1986	100.0	46.7	37.7	34.3	15.6
1987	100.0	44.8	37.2	33.2	18.0
1988	100.0	49.4	31.9	33.7	18.6
1989	100.0	46.2	34.4	30.9	19.4
1990	100.0	50.7	31.9	28.6	17.5
1991	100.0	41.3	34.0	31.3	24.6
1992	100.0	37.0	35.4	32.2	27.6
1993	100.0	37.8	35.8	32.9	26.4
1994	100.0	41.8	34.3	30.8	23.9
1995	100.0	36.6	37.8	33.8	25.7
1996	100.0	37.8	34.1	30.2	28.1
1997	100.0	35.1	32.6	29.0	32.3
1998	100.0	34.1	33.0	29.2	32.9
1999	100.0	31.6	34.0	30.0	34.4
2000	100.0	28.6	36.0	32.1	35.4
2001	100.0	27.4	36.3	32.5	36.3
2002	100.0	26.4	35.9	32.2	37.7
2003	100.0	25.8	36.4	32.8	37.7
2004	100.0	27.1	35.8	32.0	37.2
2005	100.0	26.0	36.4	32.2	37.6
2006	100.0	24.8	36.8	32.7	38.4
2007	100.0	24.8	38.4	35.7	36.8
2008	100.0	25.1	40.3	37.3	34.6
2009	100.0	22.4	44.2	41.0	33.4
2010	100.0	19.9	48.4	45.3	31.7
2011	100.0	17.7	52.4	49.4	29.9
2012	100.0	16.5	54.1	50.8	29.4
2013	100.0	15.8	54.2	50.8	30.0
2014	100.0	14.7	53.8	50.2	31.5
2015	100.0	14.5	52.5	48.9	33.0

2-3 地区生产总值指数

按不变价格计算，上年=100

年 份	地区生产总值（%）	第一产业	第二产业	工 业	第三产业	人均地区生产总值（%）
1950	115.3	115.2	115.7	115.7	115.5	114.1
1951	112.4	112.3	115.3	110.2	112.8	110.7
1952	116.0	116.0	139.3	140.0	112.4	114.4
1953	109.6	105.8	176.4	180.0	126.9	106.5
1954	82.1	83.9	77.0	76.8	71.8	79.8
1955	131.0	129.4	160.2	161.1	134.8	129.3
1956	111.6	111.3	128.2	109.0	108.0	110.4
1957	111.7	110.4	142.5	140.4	108.4	109.2
1958	110.3	104.7	160.9	161.1	126.1	105.4
1959	76.7	69.8	131.9	142.2	83.5	74.4
1960	91.0	87.1	101.8	90.4	100.1	89.6
1961	87.1	89.0	72.1	84.1	94.6	85.3
1962	135.5	151.6	88.1	84.3	105.0	132.5
1963	119.0	120.4	123.7	117.9	106.6	115.8
1964	102.3	101.3	114.4	109.5	99.8	99.6
1965	120.7	123.3	120.5	117.1	102.0	116.8
1966	105.8	106.0	105.9	106.7	104.0	102.4
1967	101.8	99.2	109.7	104.3	115.4	98.3
1968	89.6	90.0	82.3	89.5	94.3	85.7
1969	103.9	101.3	118.0	108.8	109.4	99.8
1970	112.5	110.8	124.3	106.4	112.3	109.0
1971	99.0	90.4	142.1	143.2	108.2	95.5
1972	96.9	97.6	85.1	101.3	110.2	94.1
1973	122.9	126.2	127.5	120.3	101.2	120.7
1974	109.5	103.0	134.7	148.4	113.0	107.8
1975	119.3	117.1	130.6	143.2	112.1	118.1
1976	105.4	98.8	119.8	118.2	116.0	104.4
1977	99.6	94.2	109.6	117.3	105.7	98.3
1978	106.5	101.7	111.1	118.3	118.0	105.3
1979	111.7	120.9	101.2	101.4	97.5	110.6
1980	101.1	95.1	112.0	103.1	107.2	99.7
1981	111.6	113.1	108.7	110.2	111.4	110.0
1982	110.9	111.3	109.7	111.4	112.0	110.1

2–3 续表

年 份	地区生产总值（%）	第一产业	第二产业		第三产业	人均地区生产总值（%）
				工 业		
1983	112.5	107.9	122.6	116.3	111.4	111.9
1984	120.6	114.9	120.9	127.2	143.1	119.7
1985	113.8	107.5	127.4	134.9	108.9	112.8
1986	104.6	107.0	102.2	99.6	102.4	103.8
1987	107.7	103.3	109.8	108.6	118.5	106.9
1988	107.5	104.4	113.5	115.6	104.2	106.0
1989	99.4	100.9	96.0	92.2	102.7	97.8
1990	111.5	111.3	103.4	105.6	129.4	108.5
1991	104.6	93.9	111.5	115.0	120.0	102.1
1992	112.6	108.4	113.0	115.5	120.0	111.6
1993	116.0	106.3	128.4	128.4	115.1	115.1
1994	117.8	111.0	124.7	123.1	117.6	116.2
1995	121.4	107.0	125.9	123.9	135.9	119.7
1996	110.9	105.0	111.5	111.5	117.0	109.9
1997	113.3	110.2	110.0	111.0	122.1	112.1
1998	108.2	104.0	108.5	107.5	112.1	106.9
1999	104.8	102.0	105.8	105.1	106.1	103.6
2000	107.3	102.5	109.6	110.0	108.5	106.9
2001	108.2	102.0	111.0	111.3	110.3	108.4
2002	108.1	101.9	110.9	111.1	110.0	107.8
2003	109.0	104.5	111.7	112.1	109.4	108.7
2004	111.0	106.3	115.5	115.3	109.3	111.4
2005	110.7	102.3	116.1	116.2	110.1	110.4
2006	111.0	103.0	116.0	116.9	111.6	111.5
2007	112.5	105.2	117.4	122.3	112.2	112.4
2008	113.5	106.4	120.5	120.7	110.3	113.4
2009	114.8	104.4	120.9	120.1	113.8	114.6
2010	115.6	105.0	122.1	122.9	113.3	115.0
2011	115.6	104.5	120.3	120.6	115.5	115.0
2012	112.2	104.5	116.2	116.1	110.4	112.0
2013	110.5	104.8	112.3	112.3	110.5	110.4
2014	109.9	105.1	111.0	110.9	110.5	109.8
2015	109.2	105.1	110.0	110.0	109.7	109.0

2-4 分行业增加值及构成

按当年价格计算

行业	2010年		2014年		2015年	
	增加值（亿元）	增加值构成（%）	增加值（亿元）	增加值构成（%）	增加值（亿元）	增加值构成（%）
总　计	730.07	100.0	1310.59	100.0	1388.46	100.0
农、林、牧、渔业	145.10	19.9	198.11	15.1	206.91	14.9
工业	330.54	45.3	658.52	50.2	678.86	48.9
建筑业	22.59	3.1	48.00	3.7	52.36	3.8
批发和零售业	63.14	8.6	99.21	7.6	108.83	7.8
交通运输、仓储和邮政业	25.52	3.5	34.48	2.6	35.18	2.5
住宿和餐饮业	15.34	2.1	26.17	2.0	28.77	2.1
信息传输、软件和信息技术服务业	7.22	1.0	9.43	0.7	11.55	0.8
金融业	13.34	1.8	27.49	2.1	32.64	2.4
房地产业	20.87	2.9	33.83	2.6	37.65	2.7
租赁和商务服务业	8.86	1.2	21.78	1.7	24.50	1.8
科学研究和技术服务业	2.38	0.3	4.62	0.4	5.25	0.4
水利、环境和公共设施管理业	2.79	0.4	5.02	0.4	5.74	0.4
居民服务、修理和其他服务业	16.88	2.3	43.50	3.3	47.82	3.4
教育	14.49	2.0	23.29	1.8	26.24	1.9
卫生和社会工作	8.60	1.2	16.32	1.2	18.87	1.4
文化、体育和娱乐业	4.37	0.6	10.67	0.8	11.91	0.9
公共管理、社会保障和社会组织	28.05	3.8	50.15	3.8	55.38	4.0
第一产业	145.10	19.9	192.60	14.7	200.86	14.5
第二产业	353.13	48.4	705.01	53.8	729.66	52.5
第三产业	231.84	31.7	412.98	31.5	457.94	33.0

2–5 三次产业贡献率

按不变价格计算

年 份	地区生产总值（%）	第一产业	第二产业	工 业	第三产业
1990	100.0	41.4	11.9	17.1	46.7
1991	100.0	–68.2	80.0	94.0	88.2
1992	100.0	30.5	35.3	38.9	34.3
1993	100.0	17.2	60.5	57.2	22.3
1994	100.0	24.8	52.4	46.3	22.8
1995	100.0	12.4	48.4	41.7	39.2
1996	100.0	15.3	44.0	40.3	40.7
1997	100.0	24.0	31.1	31.5	44.8
1998	100.0	15.0	41.7	34.3	43.3
1999	100.0	12.1	48.8	39.7	39.1
2000	100.0	9.8	53.7	51.1	36.5
2001	100.0	7.0	48.3	44.2	44.7
2002	100.0	6.3	49.3	45.2	44.4
2003	100.0	12.5	49.1	45.3	38.3
2004	100.0	14.0	54.7	48.6	31.3
2005	100.0	5.0	60.8	54.7	34.2
2006	100.0	7.1	53.1	49.8	39.8
2007	100.0	10.0	52.9	60.8	37.1
2008	100.0	10.7	60.3	56.6	29.0
2009	100.0	6.3	59.5	53.4	34.2
2010	100.0	6.2	62.9	60.4	30.9
2011	100.0	5.7	62.8	59.5	31.5
2012	100.0	6.6	66.5	62.2	26.9
2013	100.0	7.6	61.2	57.1	31.2
2014	100.0	8.2	58.9	54.6	32.9
2015	100.0	8.1	58.2	54.6	33.7

注：产业贡献率指各产业增加值增量与 GDP 增量之比。

2-6 三次产业对地区生产总值增长的拉动

按不变价格计算

年 份	地区生产总值（百分点）	第一产业	第二产业	工 业	第三产业
1990	11.5	4.8	1.4	2.0	5.4
1991	4.6	-3.1	3.7	4.3	4.0
1992	12.6	3.8	4.4	4.9	4.3
1993	16.0	2.8	9.7	9.2	3.6
1994	17.8	4.4	9.3	8.2	4.1
1995	21.4	2.6	10.4	8.9	8.4
1996	10.9	1.7	4.8	4.4	4.4
1997	13.3	3.2	4.2	4.2	6.0
1998	8.2	1.2	3.4	2.8	3.6
1999	4.8	0.6	2.4	1.9	1.9
2000	7.3	0.7	3.9	3.7	2.7
2001	8.2	0.6	3.9	3.6	3.7
2002	8.1	0.5	4.0	3.7	3.6
2003	9.0	1.1	4.4	4.1	3.5
2004	11.0	1.5	6.0	5.3	3.4
2005	10.7	0.5	6.5	5.9	3.7
2006	11.0	0.8	5.8	5.5	4.4
2007	12.5	1.2	6.6	7.6	4.6
2008	13.5	1.4	8.1	7.6	3.9
2009	14.8	0.9	8.8	7.9	5.1
2010	15.6	1.0	9.8	9.4	4.8
2011	15.6	0.9	9.8	9.3	4.9
2012	12.2	0.8	8.1	7.6	3.3
2013	10.5	0.8	6.4	6.0	3.3
2014	9.9	0.8	5.8	5.4	3.3
2015	9.2	0.7	5.4	5.0	3.1

注：三次产业对地区生产总值增长的拉动指地区生产总值增长速度与各产业贡献率之乘积。

2–7 按支出法计算的地区生产总值

按当年价格计算

年 份	地区生产总值（亿元）	最终消费支出	居民消费	政府消费	资本形成总额	固定资本	存货增加	货物和服务净流出
1978	9.02	5.70	4.32	1.38	2.73	2.46	0.27	0.59
1979	10.02	6.54	5.17	1.38	2.98	2.68	0.30	0.50
1980	10.95	7.31	5.89	1.41	3.19	2.86	0.33	0.46
1981	12.78	7.66	6.30	1.36	4.06	3.67	0.38	1.06
1982	14.38	9.56	8.11	1.45	5.30	4.94	0.36	–0.48
1983	16.64	11.45	9.26	2.19	6.20	5.78	0.42	–1.01
1984	20.77	13.45	11.18	2.28	6.45	5.83	0.62	0.86
1985	23.93	16.61	13.99	2.62	6.37	5.65	0.72	0.95
1986	26.34	19.39	16.10	3.29	6.39	5.60	0.79	0.56
1987	30.53	20.80	17.24	3.57	8.71	7.79	0.92	1.02
1988	36.16	24.94	20.55	4.38	10.03	8.95	1.08	1.19
1989	40.92	31.24	25.72	5.52	7.19	5.96	1.23	2.49
1990	45.95	35.58	29.40	6.18	8.03	6.65	1.38	2.34
1991	51.47	33.95	27.51	6.43	9.18	7.64	1.54	8.34
1992	59.72	38.11	30.97	7.14	13.14	11.35	1.79	8.47
1993	80.00	49.40	40.30	9.10	22.80	20.40	2.40	7.80
1994	116.62	77.14	65.54	11.60	35.24	31.74	3.50	4.25
1995	155.95	92.86	77.90	14.96	49.25	41.45	7.80	13.84
1996	174.78	114.82	96.18	18.64	53.28	44.54	8.74	6.68

2-7 续表

按当年价格计算

年 份	地区生产总值（亿元）	最终消费支出	居民消费	政府消费	资本形成总额	固定资本	存货增加	货物和服务净流出
1997	188.08	123.98	103.36	20.62	55.10	45.69	9.40	9.00
1998	201.33	119.68	97.15	22.53	65.34	55.27	10.07	16.31
1999	195.80	113.38	93.36	20.02	68.07	58.28	9.79	14.35
2000	205.53	119.97	99.53	20.44	74.49	64.21	10.28	11.07
2001	219.29	131.04	108.56	22.48	74.51	63.54	10.96	13.74
2002	232.09	134.67	110.28	24.39	80.99	69.39	11.60	16.43
2003	252.58	147.44	119.95	27.49	92.40	79.77	12.63	12.74
2004	286.96	162.14	132.89	29.25	102.88	96.83	6.05	21.94
2005	309.00	180.01	147.55	32.47	125.21	115.15	10.06	3.77
2006	346.54	192.82	155.35	37.47	145.00	137.74	7.26	8.72
2007	416.42	225.60	177.46	48.13	185.17	168.25	16.92	5.65
2008	513.96	263.76	206.22	57.54	240.34	210.08	30.26	9.86
2009	600.10	294.77	219.15	75.62	294.58	260.18	34.40	10.75
2010	730.10	333.13	245.56	87.57	384.77	344.09	40.68	12.20
2011	942.59	404.87	291.72	113.15	523.51	481.87	41.64	14.21
2012	1085.26	454.71	327.30	127.41	616.54	571.14	45.40	14.01
2013	1202.61	501.94	352.36	149.58	685.67	635.01	50.66	15.00
2014	1310.59	551.64	384.11	167.53	743.41	688.86	54.55	15.54
2015	1388.46	601.91	417.63	184.28	773.23	712.53	60.70	13.32

2–8 按支出法计算的地区生产总值指数

按不变价格计算，上年 = 100

年　份	地区生产总值（%）	最终消费支出	居民消费	政府消费	资本形成总额	固定资本	存货增加	货物和服务净流出
1979	111.1	114.9	119.6	100.1	109.2	109.0	111.1	83.4
1980	101.6	103.8	106.1	95.3	99.4	99.2	101.6	85.5
1981	111.3	100.0	102.0	91.7	121.4	122.5	111.3	222.9
1982	110.9	123.0	126.8	105.0	128.8	132.6	92.4	–44.3
1983	113.3	117.3	111.8	148.2	114.5	114.6	113.3	206.0
1984	121.6	114.5	117.6	101.3	101.4	98.2	145.9	–83.8
1985	114.8	123.0	124.7	114.5	98.4	96.6	114.8	110.0
1986	104.3	110.6	109.0	119.1	95.1	93.9	104.3	55.3
1987	108.4	100.4	100.2	101.4	127.5	130.2	108.4	170.8
1988	107.9	109.2	108.6	111.9	104.9	104.6	107.9	106.9
1989	99.2	109.8	109.7	110.5	62.8	58.4	99.2	182.8
1990	111.6	113.2	113.7	111.2	111.0	110.9	111.6	93.4
1991	104.0	88.6	86.9	96.7	106.2	106.7	104.0	331.3
1992	112.3	108.7	109.0	107.4	138.5	143.8	112.3	98.4
1993	115.8	112.0	112.5	110.2	150.0	155.4	115.8	79.5
1994	117.7	126.0	131.3	102.9	124.7	125.6	117.7	44.0
1995	120.8	108.8	107.4	116.5	126.3	118.0	201.4	294.3
1996	110.6	122.1	121.9	123.0	106.8	106.1	110.6	47.7
1997	113.1	113.5	113.0	116.2	108.7	107.8	113.1	141.6
1998	108.1	97.5	94.9	110.3	119.7	122.1	108.1	182.9
1999	104.8	102.0	103.5	95.7	112.2	113.6	104.8	94.8
2000	107.2	108.1	108.9	104.3	111.8	112.5	107.2	78.8
2001	108.2	110.7	110.6	111.5	101.4	100.3	108.2	125.8
2002	108.1	105.0	103.8	110.8	111.0	111.6	108.1	122.1
2003	109.0	109.7	109.0	112.9	114.3	115.2	109.0	77.7
2004	111.0	107.4	108.2	103.9	108.7	118.6	46.8	168.2
2005	110.7	114.0	114.0	114.0	125.0	122.1	170.8	19.2
2006	111.0	106.1	104.2	114.3	114.6	118.3	71.8	225.6
2007	112.5	109.2	107.7	115.4	120.0	115.5	205.1	59.7
2008	113.5	109.6	108.9	112.1	117.0	113.2	157.5	154.1
2009	114.8	111.2	106.2	130.1	119.3	120.6	109.3	104.0
2010	115.6	109.6	108.9	111.9	122.3	123.8	109.8	105.3
2011	115.6	114.5	112.3	120.8	116.8	119.9	90.4	109.3
2012	112.2	109.1	109.0	109.4	115.2	116.0	106.5	96.7
2013	110.5	109.4	107.7	113.8	111.6	111.4	113.9	107.0
2014	109.9	108.8	107.9	110.9	110.8	110.9	109.9	106.6
2015	109.2	109.5	109.1	110.4	109.4	108.9	115.9	91.3

2-9 三大需求贡献率

按不变价格计算

年 份	地区生产总值（%）	最终消费支出	资本形成总额	货物和服务净流出
1990	100.0	86.8	16.6	-3.5
1991	100.0	-218.7	27.0	291.7
1992	100.0	46.4	55.7	-2.2
1993	100.0	48.7	69.7	-18.4
1994	100.0	91.0	39.9	-30.9
1995	100.0	27.9	38.1	34.0
1996	100.0	123.6	20.1	-43.7
1997	100.0	67.6	20.2	12.1
1998	100.0	-20.8	71.6	49.2
1999	100.0	25.5	83.4	-8.9
2000	100.0	64.8	56.8	-21.6
2001	100.0	76.7	6.3	17.0
2002	100.0	36.7	46.2	17.1
2003	100.0	62.2	55.3	-17.5
2004	100.0	39.4	29.2	31.4
2005	100.0	74.0	83.7	-57.7
2006	100.0	32.2	53.8	14.0
2007	100.0	41.0	67.0	-8.0
2008	100.0	38.3	56.4	5.3
2009	100.0	39.5	60.0	0.5
2010	100.0	31.2	68.3	0.5
2011	100.0	42.3	56.7	1.0
2012	100.0	33.9	66.5	-0.4
2013	100.0	39.0	60.1	0.9
2014	100.0	38.6	60.5	0.9
2015	100.0	44.3	56.9	-1.2

注：三大需求贡献率指三大需求增量与按支出法计算的地区生产总值增量之比。

2-10 三大需求对地区生产总值的拉动

按不变价格计算

年份	地区生产总值（百分点）	最终消费支出	资本形成总额	货物和服务净流出
1990	11.6	10.1	1.9	-0.4
1991	4.0	-8.8	1.1	11.8
1992	12.3	5.7	6.9	-0.3
1993	15.8	7.7	11.0	-2.9
1994	17.7	16.1	7.0	-5.5
1995	20.8	5.8	7.9	7.1
1996	10.6	13.1	2.1	-4.6
1997	13.1	8.9	2.7	1.6
1998	8.1	-1.7	5.8	4.0
1999	4.8	1.2	4.0	-0.4
2000	7.2	4.7	4.1	-1.6
2001	8.2	6.3	0.5	1.4
2002	8.1	3.0	3.8	1.4
2003	9.0	5.6	5.0	-1.6
2004	11.0	4.3	3.2	3.4
2005	10.7	7.9	9.0	-6.2
2006	11.0	3.5	5.9	1.5
2007	12.5	5.1	8.4	-1.0
2008	13.5	5.2	7.6	0.7
2009	14.8	5.8	8.9	0.1
2010	15.6	4.9	10.7	0.1
2011	15.6	6.6	8.8	0.2
2012	12.2	4.1	8.1	0.0
2013	10.5	4.1	6.3	0.1
2014	9.9	3.8	6.0	0.1
2015	9.2	4.1	5.2	-0.1

注：1.三大需求指支出法地区生产总值的三大构成项目，即最终消费支出、资本形成总额、货物和服务净流出；

2.三大需求对地区生产总值增长的拉动指地区生产总值增长速度与三大需求贡献率的乘积。

2-11　县、市、区历年地区生产总值

按当年价格计算　　　　单位：亿元

年　份	京山县	沙洋县	钟祥市	东宝区	掇刀区
2000	35.58	30.94	50.28	35.14	35.15
2005	56.61	46.12	79.83	61.09	56.93
2006	64.18	52.31	92.47	69.34	61.79
2007	77.20	64.10	113.08	83.79	72.67
2008	111.51	86.97	140.93	99.79	76.24
2009	129.30	96.02	163.01	115.37	95.63
2010	155.25	114.79	195.76	135.99	115.08
2011	206.23	153.12	255.54	180.20	145.76
2012	240.12	178.74	297.49	208.33	165.12
2013	268.43	197.63	332.34	230.44	180.22
2014	291.02	213.96	361.83	251.22	193.02
2015	305.91	230.05	382.78	268.39	201.33

2-12　县、市、区历年地区生产总值指数

按不变价格计算，上年=100

年　份	京山县	沙洋县	钟祥市	东宝区	掇刀区
2000	106.4	107.5	101.3	108.8	
2005	111.8	109.2	110.5	111.1	113.3
2006	112.6	111.0	112.7	111.3	111.5
2007	114.0	112.4	113.9	114.0	113.2
2008	116.5	113.6	115.2	115.3	110.2
2009	116.2	115.0	116.6	115.5	112.7
2010	116.9	115.3	116.9	115.9	114.0
2011	117.0	115.7	117.0	116.9	112.1
2012	113.9	113.1	114.0	113.9	110.2
2013	111.6	110.1	111.5	110.8	109.8
2014	110.2	109.3	110.3	110.2	108.7
2015	109.2	109.0	109.4	109.8	108.6

2-13 县、市、区地区生产总值构成及指数

2015年

	地区生产总值(当年价格，亿元)	第一产业	第二产业	工业	第三产业
京山县	305.91	54.03	169.88	161.58	82.00
沙洋县	230.05	58.26	96.68	89.95	75.11
钟祥市	382.78	59.75	215.03	199.64	108.00
东宝区	268.39	15.75	129.55	121.37	123.09
掇刀区	201.33	13.07	125.57	121.74	62.69
	地区生产总值构成(当年价格，%)	第一产业	第二产业	工业	第三产业
京山县	100.0	17.7	55.5	52.8	26.8
沙洋县	100.0	25.3	42.0	39.1	32.6
钟祥市	100.0	15.6	56.2	52.2	28.2
东宝区	100.0	5.9	48.3	45.2	45.9
掇刀区	100.0	6.5	62.4	60.5	31.1
	地区生产总值指数(不变价格，上年=100)	第一产业	第二产业	工业	第三产业
京山县	109.2	105.1	110.4	110.5	109.1
沙洋县	109.0	105.1	110.8	110.4	109.4
钟祥市	109.4	105.0	110.9	110.7	108.9
东宝区	109.8	105.1	109.6	109.6	110.7
掇刀区	108.6	105.2	108.4	108.5	109.6

三、人　口

资料整理：樊清萍

3-1 户籍总人口

年末数

年 份	总户数（万户）	总人口数（万人）	男	女
1949	30.23	116.20		
1950	30.33	118.69		
1951	30.04	119.86		
1952	31.07	122.01		
1953	30.96	126.87		
1954	31.04	129.39		
1955	31.04	130.27		
1956	30.69	132.32		
1957	30.91	136.12		
1958	30.61	144.94		
1959	30.71	145.05		
1960	32.80	149.34		
1961	32.58	151.13		
1962	32.66	156.12		
1963	32.74	159.63		
1964	33.09	164.97		
1965	33.04	170.29		
1966	33.30	176.00		
1967	33.90	182.33		
1968	34.95	191.93		
1969	36.32	197.57		
1970	36.45	204.29		
1971	38.14	212.19		
1972	37.38	216.57		
1973	37.72	219.87		
1974	37.33	223.13		
1975	37.27	224.41		
1976	37.92	227.49		
1977	38.51	230.39		
1978	39.28	232.69		
1979	40.16	235.19		
1980	39.97	238.25		
1981	44.58	241.96		

3-1 续表

年 份	总户数（万户）	总人口数（万人）		
			男	女
1982	45.67	242.85		
1983	47.17	244.76		
1984	49.24	246.54		
1985	53.17	249.17		
1986	55.37	250.30		
1987	58.67	253.10		
1988	60.83	257.25		
1989	62.44	266.80		
1990	64.82	271.52		
1991	65.48	274.15		
1992	67.83	275.98		
1993	72.91	284.01		
1994	71.80	283.88		
1995	74.07	286.63		
1996	74.69	282.15	143.01	139.14
1997	77.08	292.77	150.51	142.26
1998	81.06	296.33	152.49	143.84
1999	81.22	300.06	154.21	145.85
2000	82.75	298.75	153.64	145.11
2001	83.95	299.01	153.05	145.96
2002	85.58	300.53	153.49	147.04
2003	85.73	300.60	153.54	147.06
2004	86.40	298.40	152.26	146.14
2005	95.88	291.07	149.33	141.74
2006	94.31	294.89	150.99	143.90
2007	96.81	298.57	152.25	146.32
2008	97.77	300.11	153.26	146.85
2009	100.72	301.05	153.55	147.50
2010	100.81	300.40	152.95	147.45
2011	103.67	301.90	153.71	148.19
2012	103.29	302.31	153.72	148.59
2013	101.75	300.78	152.73	148.05
2014	100.60	300.29	153.00	147.29
2015	100.29	299.09	152.23	146.86

3–2 常住人口城乡构成

年末数

年 份	人口数（万人）	城镇人口	乡村人口	构成（%）	城镇人口	乡村人口
2000	281.08	110.18	170.90	100.00	39.20	60.80
2001	281.92	112.29	169.63	100.00	39.83	60.17
2002	282.76	114.38	168.38	100.00	40.45	59.55
2003	283.60	116.50	167.10	100.00	41.08	58.92
2004	284.45	118.62	165.83	100.00	41.70	58.30
2005	285.30	120.77	164.53	100.00	42.33	57.67
2006	283.80	120.19	163.61	100.00	42.35	57.65
2007	283.90	122.64	161.26	100.00	43.20	56.80
2008	284.50	125.46	159.04	100.00	44.10	55.90
2009	285.03	128.26	156.77	100.00	45.00	55.00
2010	287.37	130.75	156.62	100.00	45.50	54.50
2011	287.99	138.75	149.24	100.00	48.18	51.82
2012	288.52	144.29	144.23	100.00	50.01	49.99
2013	288.72	147.80	140.92	100.00	51.19	48.81
2014	288.91	152.43	136.48	100.00	52.76	47.24
2015	289.63	157.02	132.61	100.00	54.21	45.79

3-3 全市人口自然变动

年 份	人口变动数（人）			变动系数（‰）		
	出生数	死亡数	自然增长数	出生率	死亡率	自然增长率
1978	35717	14227	21490	15.40	6.14	9.27
1979	41456	14709	26747	17.66	6.27	11.39
1980	35867	14870	20997	15.10	6.26	8.84
1981	37517	15124	22393	15.61	6.29	9.32
1982	34445	15227	19218	14.22	6.29	7.93
1983	29967	15903	14064	12.80	6.79	6.01
1984	28821	16057	12764	11.74	6.54	5.20
1985	29842	15368	14474	11.97	6.17	5.81
1986	32363	14595	17768	12.93	5.83	7.10
1987	37596	14937	22659	14.86	5.90	8.96
1988	40912	14502	26410	15.89	5.63	10.26
1989	42327	14712	27615	16.18	5.62	10.56
1990	50161	15519	34642	18.37	5.68	12.68
1991	40052	16127	23925	14.58	5.87	8.71
1992	37282	16045	21237	13.41	5.77	7.64
1993	32853	15831	17022	11.72	5.65	6.07
1994	31562	13816	17746	11.12	4.87	6.25
1995	28783	16652	12131	10.05	5.81	4.24
1996	23289	13806	9483	8.06	4.78	3.28
1997	22157	12699	9458	7.54	4.32	3.22
1998	21560	13324	8236	7.29	4.50	2.78
1999	21386	12072	9314	7.08	4.08	3.00
2000	21196	13369	10233	6.89	4.51	3.20
2001	19569	15598	3971	6.22	5.11	1.11
2002	19123	16153	2970	6.36	5.24	1.12
2003	19759	15211	4548	6.34	5.01	1.33
2004	20693	15043	5650	6.69	5.08	1.61
2005	21950	15262	6688	6.73	4.89	1.74
2006	23465	15238	1079	7.77	5.05	2.21
2007	23002	11288	11714	7.35	5.06	2.29
2008	22799	11925	10874	7.51	4.54	2.97
2009	23921	15024	8897	7.95	5.00	2.95
2010	26484	15130	11354	8.95	5.11	3.84
2011	27185	15419	11766	9.17	5.20	3.97
2012	29334	16088	13246	9.76	5.35	4.41
2013	28110	15226	12884	9.26	5.02	4.24
2014	26585	15281	11304	8.72	5.01	3.71
2015	27277	16368	10909	9.31	5.50	3.81

3-4 县、市、区年末人口数

	户籍人口（万人）					
	2005年	2006年	2007年	2008年	2009年	2010年
全 市	291.07	294.89	298.57	300.11	301.05	300.40
京山县	61.59	63.15	64.20	64.91	65.49	65.36
沙洋县	58.21	58.78	60.81	60.47	59.37	58.90
钟祥市	103.76	104.87	105.46	104.03	106.82	106.22
东宝区	36.39	36.91	37.29	37.65	37.92	37.99
掇刀区	19.87	20.16	20.48	22.89	21.18	21.53
屈家岭管理区	6.39	6.50	6.55	6.57	6.79	6.97
沙洋监狱局	4.86	4.52	3.77	3.58	3.48	3.43
	常住人口（万人）					
	2005年	2006年	2007年	2008年	2009年	2010年
全 市	285.30	283.80	283.90	284.50	285.03	287.37
京山县	60.36	60.36	60.43	57.12	57.09	57.30
沙洋县	57.05	56.62	57.48	55.62	52.85	53.27
钟祥市	101.69	101.01	100.73	100.75	100.92	102.25
东宝区	35.66	35.71	35.77	36.09	36.26	36.10
掇刀区	19.47	19.52	19.66	25.10	28.05	27.20
屈家岭管理区	6.27	6.24	6.23	6.26	6.28	6.39
沙洋监狱局	4.80	4.34	3.60	3.56	3.58	4.86

3-4 续表

	户籍人口（万人）				
	2011年	2012年	2013年	2014年	2015年
全　市	301.90	302.31	300.78	300.29	299.09
京山县	65.72	64.90	64.71	64.58	64.41
沙洋县	58.83	58.86	59.02	59.25	59.31
钟祥市	106.96	107.83	106.28	106.01	105.90
东宝区	38.07	38.06	37.29	37.24	36.83
掇刀区	21.91	22.29	23.19	23.31	23.01
屈家岭管理区	7.01	7.00	7.00	7.01	6.78
沙洋监狱局	3.40	3.37	3.29	2.89	2.85
	常住人口（万人）				
	2011年	2012年	2013年	2014年	2015年
全　市	287.99	288.52	288.72	288.91	289.63
京山县	55.84	55.25	55.23	55.22	55.24
沙洋县	52.45	52.73	52.75	52.82	52.88
钟祥市	101.05	101.46	101.48	101.52	101.55
东宝区	36.64	37.11	37.12	37.13	37.27
掇刀区	30.16	30.00	30.07	30.14	30.64
屈家岭管理区	7.04	7.34	7.44	7.49	7.49
沙洋监狱局	4.81	4.63	4.63	4.59	4.56

四、就业和工资

资料整理：唐钰倩

4-1 就业基本情况

单位：万人

	2005年	2006年	2007年	2008年	2009年	2010年
从业人员合计	135.20	137.11	139.70	140.77	142.45	141.70
按产业分						
第一产业	59.00	58.48	58.58	58.89	58.93	58.48
第二产业	32.40	33.68	33.86	34.02	35.43	35.58
第三产业	43.80	44.95	47.26	47.86	48.09	47.64
按城乡分						
城镇从业人员	39.30	41.05	42.53	43.20	43.12	43.14
国有经济单位	15.52	14.92	14.90	12.30	11.96	11.66
城镇集体经济单位	1.12	1.21	1.21	0.90	1.15	1.06
联营经济单位	0.05	0.01	0.01	0.01		
股份制经济单位	1.82	1.88	1.89	1.77	2.01	0.09
外商经济单位	0.33	0.43	0.45	0.20	0.30	0.31
港澳台投资经济单位	0.48	0.48	0.57	0.60	0.70	0.67
私营经济单位	3.14	4.90	6.23	8.29	9.83	11.47
个体经济单位	10.90	11.00	11.25	12.90	13.40	13.68
其他经济单位	5.94	6.27	6.02	6.23	3.77	4.20
乡村从业人员	95.90	96.09	97.17	97.57	99.33	98.56
城镇登记失业人数	1.49	1.32	1.43	1.71	1.75	1.77
城镇登记失业率（%）	4.2	4.1	4.1	4.0	4.1	4.1

4-1 续表

单位：万人

	2011年	2012年	2013年	2014年	2015年
从业人员合计	146.64	151.70	154.74	154.62	157.15
按产业分					
第一产业	58.76	58.81	59.27	58.82	59.66
第二产业	37.22	37.26	38.58	37.89	38.74
第三产业	50.66	55.63	56.89	57.91	58.75
按城乡分					
城镇从业人员	46.74	45.68	47.17	46.16	47.49
国有经济单位	12.39	11.35	11.08	11.10	11.71
城镇集体经济单位	1.50	1.30	1.21	1.34	1.23
联营经济单位	0.02	0.01	0.02	0.03	0.03
股份制经济单位	0.10	1.54	1.56	1.60	1.78
外商经济单位	0.39	0.50	0.60	0.50	0.43
港澳台投资经济单位	1.10	1.10	1.10	1.20	1.18
私营经济单位	14.88	13.38	13.63	13.74	13.88
个体经济单位	13.58	13.60	13.70	13.65	13.87
其他经济单位	2.78	2.90	4.27	3.00	3.38
乡村从业人员	101.37	106.82	107.57	108.46	109.66
城镇登记失业人数	1.75	1.79	1.78	1.51	1.30
城镇登记失业率（%）	4.1	4.2	4.1	4.2	2.4

4-2 历年城镇单位从业人员年末人数

年 份	职工年末人数（万人）				
		国有	集体	其他	城镇私营
1978	18.50	16.79	1.71		
1979	19.13	17.57	1.56		
1980	20.09	18.27	1.82		
1981	20.97	18.95	2.02		
1982	21.63	19.30	2.33		
1983	22.15	19.36	2.79		
1984	23.95	19.51	4.44		
1985	24.71	19.91	4.80		
1986	25.42	20.04	5.38		
1987	25.68	20.09	5.59		
1988	27.14	21.00	6.14		
1989	27.79	21.63	6.16		
1990	29.55	22.58	6.97		
1991	29.96	23.39	6.43	0.14	
1992	31.05	24.38	6.51	0.16	
1993	31.84	25.44	6.11	0.29	
1994	32.74	26.79	5.34	0.61	
1995	33.37	27.24	5.63	0.50	
1996	33.43	27.30	5.37	0.76	
1997	34.62	28.09	5.44	1.09	
1998	30.54	24.25	3.76	2.53	
1999	27.74	22.13	3.48	2.13	
2000	25.21	20.32	3.01	1.88	
2001	21.51	17.57	1.96	1.98	
2002	19.96	14.88	2.30	2.78	
2003	20.07	15.24	1.30	3.53	
2004	20.23	14.63	1.04	4.56	
2005	20.66	14.44	1.04	5.18	
2006	20.54	13.95	0.98	5.61	
2007	24.57	11.91	0.77	5.66	6.23
2008	26.50	11.61	0.92	5.68	8.29
2009	28.15	11.52	1.10	5.70	9.83
2010	29.95	11.65	1.10	5.73	11.47
2011	36.21	12.85	1.89	6.59	14.88
2012	36.37	11.35	1.32	10.32	13.38
2013	38.11	11.08	1.21	12.19	13.63
2014	38.30	11.09	1.34	12.13	13.74
2015	38.69	11.71	1.23	11.87	13.88

注：2007 年起含城镇私营单位。

4–3 历年职工平均工资

年 份	职工平均工资（元）	国有	集体	其他	城镇私营
1978	538	559	384		
1979	552	554	527		
1980	590	586	628		
1981	642	642	637		
1982	678	686	609		
1983	703	710	654		
1984	843	846	828		
1985	943	980	786		
1986	1077	1131	867		
1987	1192	1260	940		
1988	1477	1566	1168		
1989	1581	1671	1271		
1990	1822	1965	1338		
1991	1902	2046	1383	2126	
1992	2150	2292	1597	3560	
1993	2626	2743	2167	2516	
1994	3694	3965	2291	5783	
1995	4544	4744	3181	5713	
1996	4896	5115	3612	6434	
1997	5050	5227	3817	6586	
1998	6004	6180	4389	6750	
1999	6637	6891	4439	7633	
2000	6920	7257	4306	7465	
2001	7540	7765	5071	7964	
2002	8766	9360	6544	7378	
2003	9598	10180	6542	8196	
2004	10455	11084	7239	9172	
2005	11571	12368	8014	10036	
2006	12986	13826	10360	11355	
2007	15192	18885	12446	11692	
2008	17150	21537	14596	13639	
2009	18748	26360	17371	17751	12112
2010	22780	31290	21938	22159	14772
2011	26044	36043	23657	29370	16638
2012	29174	37709	29029	36212	18760
2013	31720	43086	32476	36157	20075
2014	35745	51219	34113	39508	21827
2015	39516	55826	35139	41668	23770

4-4 城镇单位年末职工人数与工资

2015 年

	在岗职工年末人数（人）	在岗职工工资总额（千元）	在岗职工平均工资（元）
总 计	369574	14578725	39516
按企业、事业、机关分组			
企业	282589	9706160	35348
事业	64065	3486040	54551
机关	22920	1386525	60589
按国民经济行业分组			
农、林、牧、渔业	6914	327736	46179
采矿业	8769	273918	32237
制造业	143641	4703040	33701
电力、热力、燃气及水的生产和供应业	6228	408457	65789
建筑业	40210	1440344	35610
批发和零售业	34686	723619	21065
交通运输、仓储和邮政业	13240	423753	32158
住宿和餐饮业	9826	294646	29996
信息传输、软件和信息技术服务业	5541	311687	56561
金融业	7280	553709	76158
房地产业	3517	156560	44512
租赁和商务服务业	2633	94345	35615
科学研究、技术服务业	4284	221272	52397
水利、环境和公共设施管理业	3893	148679	38260
居民服务、修理和其他服务业	548	17633	32289
教育	27879	1645216	59217
卫生和社会工作	18896	958952	51380
文化、体育和娱乐业	2701	166523	61244
公共管理、社会保障和社会组织	28888	1708636	59204

4-5 分登记注册类型和细行业年末职工人数与工资

2015 年，不含城镇私营单位

	在岗职工年末人数（人）	在岗职工工资总额（千元）	在岗职工平均工资（元）
总　计	230773	11293341	49478
按企、事业和机关分组			
企业	143788	6420776	45389
事业	64065	3486040	54551
机关	22920	1386525	60589
按国民经济行业分组			
农、林、牧、渔业	5976	313556	51708
采矿业	2870	138733	48678
制造业	71786	2893588	40555
电力、热力、燃气及水的生产和供应业	5230	384107	72913
建筑业	22262	957595	45932
批发和零售业	11957	412149	34704
批发业	2499	149517	60338
零售业	9458	262632	27946
交通运输、仓储和邮政业	4926	223082	45620
住宿和餐饮业	5424	216961	40327
住宿业	4289	183563	43581
餐饮业	1135	33398	28594
信息传输、软件和信息技术服务业	2123	150668	79216
金融业	7060	543711	77309
货币金融服务业	5254	440870	84312
保险业	1667	93243	56002
房地产业	2492	118670	48775
租赁和商务服务业	2208	88098	40136
科学研究、技术服务业	4284	221272	52397
研究和试验发展	1156	63005	54362
专业技术服务业	2473	133525	53949

4-5 续表

	在岗职工年末人数（人）	在岗职工工资总额（千元）	在岗职工平均工资（元）
水利、环境和公共设施管理业	3893	148679	38260
水利管理业	1363	54164	40033
生态保护和环境治理业	156	6115	39199
公共设施管理业	2374	88400	37190
居民服务、修理和其他服务业	218	10677	48977
居民服务业	173	8149	47104
其他服务业	45	2528	56178
教育	27579	1637684	59360
初等教育	8627	449900	52144
中等教育	16698	1054323	63137
高等教育	1191	71918	59932
卫生和社会工作	18896	958952	51380
卫生	17830	909773	51698
社会工作	1066	49179	46134
文化、体育和娱乐业	2701	166523	61244
新闻和出版业	1124	87845	76989
文化艺术业	709	36399	51266
娱乐业	17	705	41471
公共管理、社会保障和社会组织	28888	1708636	59204
中国共产党机关	1127	72508	64394
国家机构	25159	1484903	59002
人民政协、民主党派	247	15503	62765
群众社团、社会团体和其他成员组织	1847	108808	60015

4-6 城镇单位年末在岗职工人数

2015 年，不含城镇私营单位　　单位：人

	合　计	国有经济单位	城镇集体经济单位	其他经济单位
总　计	230773	109560	12232	108981
按企业、事业、机关分组				
企业	143788	23126	11991	108671
事业	64065	63556	199	310
机关	22920	22878	42	
按国民经济行业分组				
农、林、牧、渔业	5976	5976		
采矿业	2870		978	1892
制造业	71786	2520	1284	67982
电力、热力、燃气及水的生产和供应业	5230	1265	110	3855
建筑业	22262	2361	838	19063
批发和零售业	11957	1648	6545	3764
交通运输、仓储和邮政业	4926	3573	388	965
住宿和餐饮业	5424	291	839	4294
信息传输、软件和信息技术服务业	2123	1056		1067
金融业	7060	3460	943	2657
房地产业	2492	559		1933
租赁和商务服务业	2208	1608	63	537
科学研究、技术服务业	4284	3790	24	470
水利、环境和公共设施管理业	3893	3736	50	107
居民服务、修理和其他服务业	218	218		
教育	27579	27316	2	261
卫生和社会工作	18896	18610	152	134
文化、体育和娱乐业	2701	2685	16	
公共管理、社会保障和社会组织	28888	28888		

4–7 城镇单位在岗职工工资总额

2015 年，不含城镇私营单位　　单位：千元

	合　计	国有经济单位	城镇集体经济单位	其他经济单位
总　计	11293341	6285530	427079	4580732
按企业、事业、机关分组				
企业	6420776	1441693	415710	4563373
事业	3486040	3460014	8667	17359
机关	1386525	1383823	2702	
按国民经济行业分组：				
农、林、牧、渔业	313556	313556		
采矿业	138733		67998	70735
制造业	2893588	189154	33261	2671173
电力、热力、燃气及水的生产和供应业	384107	79675	2928	301504
建筑业	957595	136126	26257	795212
批发和零售业	412149	104035	162603	145511
交通运输、仓储和邮政业	223082	152774	14676	55632
住宿和餐饮业	216961	7989	48723	160249
信息传输、软件和信息技术服务业	150668	80955		69713
金融业	543711	319665	57428	166618
房地产业	118670	29807		88863
租赁和商务服务业	88098	67104	3796	17198
科学研究、技术服务业	221272	202260	1121	17891
水利、环境和公共设施管理业	148679	144793	1356	2530
居民服务、修理和其他服务业	10677	10677		
教育	1637684	1622886	75	14723
卫生和社会工作	958952	949395	6377	3180
文化、体育和娱乐业	166523	166043	480	
公共管理、社会保障和社会组织	1708636	1708636		

4-8　城镇单位在岗职工平均工资

2015 年，不含城镇私营单位　　单位：元

	合　计	国有经济单位	城镇集体经济单位	其他经济单位
总　计	49478	55826	35139	41668
按企业、事业、机关分组				
企业	45389	61661	36150	41569
事业	54551	54564	43553	59246
机关	60589	60582	64333	
按国民经济行业分组				
农、林、牧、渔业	51708	51708		
采矿业	48678		69885	37685
制造业	40555	74324	25985	39558
电力、热力、燃气及水的生产和供应业	72913	63234	26618	77348
建筑业	45932	58751	33321	44818
批发和零售业	34704	64658	24951	38803
交通运输、仓储和邮政业	45620	43242	37922	57353
住宿和餐饮业	40327	27266	58142	37715
信息传输、软件和信息技术服务业	79216	76662		82403
金融业	77309	92282	61224	63329
房地产业	48775	53706		47318
租赁和商务服务业	40136	41940	60254	32327
科学研究、技术服务业	52397	53296	46708	44285
水利、环境和公共设施管理业	38260	38715	27120	26354
居民服务、修理和其他服务业	48977	48977		
教育	59360	59353	37500	60340
卫生和社会工作	51380	51645	41954	24651
文化、体育和娱乐业	61244	61429	30000	
公共管理、社会保障和社会组织	59204	59204		

4-9 县、市、区城镇单位分行业在岗职工人数

2015 年，不含城镇私营单位　　单位：人

	合　计	京山县	沙洋县	钟祥市
总　计	230773	29367	24448	48879
按企业、事业、机关分组				
企业	143788	17336	11899	24304
事业	64065	8082	9753	17671
机关	22920	3949	2796	6904
按国民经济行业分组				
农、林、牧、渔业	5976	989	137	203
采矿业	2870	20	111	872
制造业	71786	9198	7831	14674
电力、热力、燃气及水的生产和供应业	5230	201	113	371
建筑业	22262	3796	1009	2997
批发和零售业	11957	871	711	1550
交通运输、仓储和邮政业	4926	513	566	822
住宿和餐饮业	5424	416	210	147
信息传输、软件和信息技术服务业	2123	240	184	350
金融业	7060	1079	697	1070
房地产业	2492	436	380	715
租赁和商务服务业	2208	276	378	123
科学研究、技术服务业	4284	248	146	1203
水利、环境和公共设施管理业	3893	421	668	1464
居民服务、修理和其他服务业	218	33	34	74
教育	27579	4078	5386	8357
卫生和社会工作	18896	2263	2107	4734
文化、体育和娱乐业	2701	135	8	392
公共管理、社会保障和社会组织	28888	4154	3772	8761

4-9 续表

	东宝区	掇刀区	屈家岭管理区	沙洋监狱局	市　直
总　计	30890	34896	2070	7481	52742
按企业、事业、机关分组					
企业	25299	31462	601	7248	25639
事业	4322	2321	539		21377
机关	1269	1113	930	233	5726
按国民经济行业分组					
农、林、牧、渔业	205	29	3	3816	594
采矿业	1121	60			686
制造业	10397	22252	415	2488	4531
电力、热力、燃气及水的生产和供应业	345	3558		98	544
建筑业	7110	1277			6073
批发和零售业	898	846	86		6995
交通运输、仓储和邮政业	727	1671			627
住宿和餐饮业	3863	401			387
信息传输、软件和信息技术服务业	55				1294
金融业	452		97		3665
房地产业	332	446			183
租赁和商务服务业	117	137			1177
科学研究、技术服务业	67	25			2595
水利、环境和公共设施管理业	230	96			1014
居民服务、修理和其他服务业					77
教育	1951	1244			6563
卫生和社会工作	648	1256	539		7349
文化、体育和娱乐业		14		846	1306
公共管理、社会保障和社会组织	2372	1584	930	233	7082

4-10 县、市、区城镇单位分行业在岗职工平均工资

2015 年，不含城镇私营单位　　单位：元

	合　计	京山县	沙洋县	钟祥市
总　计	49478	44827	44071	45514
按企业、事业、机关分组				
企业	45389	38849	34018	41302
事业	54551	53653	50398	50037
机关	60589	52930	60524	48482
按国民经济行业分组				
农、林、牧、渔业	51708	43320	53307	35235
采矿业	48678	26000	47405	34836
制造业	40555	36396	30944	39738
电力、热力、燃气及水的生产和供应业	72913	35869	27142	32266
建筑业	45932	37662	42016	51972
批发和零售业	34704	36889	34176	35804
交通运输、仓储和邮政业	45620	37863	43013	35662
住宿和餐饮业	40327	30900	27545	31392
信息传输、软件和信息技术服务业	79216	37436	44197	41149
金融业	77309	65711	76864	58684
房地产业	48775	54348	35945	44919
租赁和商务服务业	40136	28850	29642	45480
科学研究、技术服务业	52397	55996	38041	41395
水利、环境和公共设施管理业	38260	47444	38894	31997
居民服务、修理和其他服务业	48977	64545	36618	37622
教育	59360	62863	52715	56745
卫生和社会工作	51380	42185	47758	48982
文化、体育和娱乐业	61244	54259	56500	37232
公共管理、社会保障和社会组织	59204	52282	58106	46716

4–10 续表

	东宝区	掇刀区	屈家岭管理区	沙洋监狱局	市　直
总　计	41837	51350	49275	65648	59292
按企业、事业、机关分组					
企业	39301	52100	46802	63843	51055
事业	47858	41153	49826		63511
机关	71174	51794	50577	121861	78916
按国民经济行业分组：					
农、林、牧、渔业	39912	46138	76667	54553	56406
采矿业	31827	22800			96483
制造业	31010	47417	38049	73106	39100
电力、热力、燃气及水的生产和供应业	121232	79338		39837	57091
建筑业	44283	63248			47190
批发和零售业	38536	71245	46953		29193
交通运输、仓储和邮政业	42258	41974			80526
住宿和餐饮业	45066	29125			25470
信息传输、软件和信息技术服务业	92714				106150
金融业	56500		83126		88613
房地产业	45174	58967			60271
租赁和商务服务业	52632	34085			45002
科学研究、技术服务业	48821	43360			57850
水利、环境和公共设施管理业	35227	42573			43436
居民服务、修理和其他服务业					58675
教育	50613	42087			71815
卫生和社会工作	35960	49147	49826		58827
文化、体育和娱乐业		48857		81483	55966
公共管理、社会保障和社会组织	61960	48369	50577	121861	79782

五、固定资产投资

资料整理：张俊武

5-1 历年全社会固定资产投资

单位：万元

年 份	全社会固定资产投资	固定资产投资			个人投资
			房地产	农村集体	
1949	5	5			
1950	9	6			3
1951	88	76		20	12
1952	84	69		20	15
1953	101	81		27	20
1954	131	110		26	21
1955	204	177		50	27
1956	160	124		55	36
1957	521	465		72	56
1958	805	714		118	91
1959	1307	1222		152	85
1960	1113	1051		129	62
1961	925	852		125	73
1962	697	626		111	71
1963	1132	990		271	142
1964	1503	1331		349	172
1965	1087	982		325	105
1966	1136	1031		434	105
1967	2070	1879		602	191
1968	1324	1201		497	123
1969	2361	2175		652	186
1970	13187	12986		701	201
1971	30130	29667		1202	463
1972	18428	17748		1122	680
1973	11504	11243		1010	261
1974	9456	9058		1539	398
1975	8030	7568		1906	462
1976	9260	8644		2756	616
1977	9649	7963		1985	1686
1978	21879	18761		3446	3118
1979	23844	18942		4186	4902
1980	25435	17824		4760	7611
1981	32678	21830		4990	10848

5-1 续表

单位：万元

年 份	全社会固定资产投资	固定资产投资	房地产	农村集体	个人投资
1982	43960	28175		6707	15785
1983	51437	31584		6822	19853
1984	51833	31645		7663	20188
1985	50246	34114		4379	16132
1986	49823	32893		4816	16930
1987	69316	47316		8418	22000
1988	79568	60364		9346	19204
1989	53040	34801	143	8351	18239
1990	59162	39430	1109	8380	19732
1991	67953	52064	1549	8035	15889
1992	100927	74223	2274	6552	26704
1993	181484	152110	2426	7207	29374
1994	282317	259317	2495	23679	23000
1995	368734	335097	2304	37960	33637
1996	396172	353255	3140	66621	42917
1997	406440	322464	4996	89442	83976
1998	491646	392436	12553	102567	99210
1999	518361	424464	12309	111566	93897
2000	571166	465015	12037	112723	106151
2001	565224	446597	16774	101027	118627
2002	617200	488687	34977	94783	128513
2003	709578	555400	39353	85455	154178
2004	861313	682342	44386	65973	178971
2005	1041537	869205	53097	78658	172332
2006	1277409	1108341	90687	77456	169068
2007	1532525	1338340	113823	85578	194185
2008	2100842	1930146	168369	111063	170696
2009	3171808	2988829	271877	236860	182979
2010	4486166	4282273	388349	326605	203893
2011	5906301	5608077	556493	356988	298224
2012	7943975	7612458	643064	469517	331517
2013	10146447	9784961	877901	614812	361486
2014	12325459	11901452	1239792	704557	424007
2015	14569322	14045815	1181124	843167	523507

注：2011 年起，固定资产投资项目统计的起点标准，从计划总投资额 50 万元提高到 500 万元。

5-2 按三次产业分全社会固定资产投资

年份	全社会固定资产投资（万元）	第一产业	第二产业	第三产业	构成（%）	第一产业	第二产业	第三产业
2000	571166	43616	168097	359453	100.0	7.6	29.4	62.9
2001	565224	70387	154978	339859	100.0	12.5	27.4	60.1
2002	617200	58001	115899	443300	100.0	9.4	18.8	71.8
2003	709578	57654	268498	383426	100.0	8.1	37.8	54.0
2004	861313	22526	386087	452700	100.0	2.6	44.8	52.6
2005	1041537	102838	501931	436768	100.0	9.9	48.2	41.9
2006	1277409	134800	598881	543728	100.0	10.6	46.9	42.6
2007	1532525	155783	676806	699936	100.0	10.2	44.2	45.7
2008	2100842	212964	1055712	832166	100.0	10.1	50.3	39.6
2009	3171808	294804	1562519	1314485	100.0	9.3	49.3	41.4
2010	4486166	266127	2237341	1982698	100.0	5.9	49.9	44.2
2011	5906301	337930	3201888	2366483	100.0	5.7	54.2	40.1
2012	7943975	457612	3972215	3514148	100.0	5.8	50.0	44.2
2013	10146447	547043	4962359	4637045	100.0	5.4	48.9	45.7
2014	12325459	737355	6156644	5431460	100.0	6.0	49.9	44.1
2015	14569322	1129344	7060647	6379511	100.0	7.8	48.4	43.8

5-3 各种分组的全社会固定资产投资

单位：万元

	2010年	2011年	2012年	2013年	2014年	2015年
全社会固定资产投资	4486166	5906301	7943975	10146447	12325459	14569322
#国有经济控股	1162300	1284614	1748590	2106473	2343626	2479709
#住宅	622769	796800	1071144	1440382	1650172	1582285
1.按登记注册类型分						
内资企业	4138253	5516730	7448315	9692411	11770135	13899680
国有企业	1117525	1193857	1624491	2019348	2248600	2348329
集体企业	246978	345921	313852	492332	477070	530903
股份合作企业		3300	17315	58112	30733	47075
联营企业	2021	2400	2898	14706	5247	17082
有限责任公司	1294954	1302984	1244859	1209151	1440857	1238313
股份有限公司	66991	122372	210358	286220	133241	146349
私营企业	1390856	2451696	3765448	5233190	6964754	8856409
其他企业	18928	94200	269094	379352	469633	715220
港澳台商投资企业	75916	62040	95452	40086	69529	97821
外商投资企业	25070	3020	37339	29209	15945	25058
个体经营	246927	324511	362869	384741	469850	546763
2.按建设性质分						
新建	1809349	1819297	3400685	4942346	5912027	7917313
扩建	1022639	882431	866752	809589	894972	663580
改建和技术改造	1409808	2059172	2444910	2915126	3421763	3752976
其他	244370	1145401	1231628	1479386	2096697	2235453
3.按构成分						
建筑工程	2291503	3000724	4323512	5513438	6667714	7935013
安装工程	360750	398469	496401	693532	1026017	1284144
设备、工器具购置	1387328	1947339	2332322	2994016	3575590	4242414
其他费用	446585	559769	791740	945461	1056138	1107751

5-3 续表1

单位：万元

	2010年	2011年	2012年	2013年	2014年	2015年
4.按国民经济行业分						
农、林、牧、渔业	266127	337930	457612	547043	737355	1129344
采矿业	138369	190085	186640	198212	204541	198208
#煤炭开采和洗选业	60955	86877	94226	115720	107160	112598
非金属矿采选业	77414	100508	80829	70562	88933	77787
制造业	1832355	2797921	3536548	4359944	5413369	6460478
#农副食品加工业	230942	428187	541307	796977	930170	1271341
食品制造业	67616	78689	90842	179173	131921	248633
饮料制造业	43191	32147	55198	64385	93978	71080
纺织业	105200	153115	83300	154102	137390	112763
纺织服装、鞋、帽制造业	79089	155623	108343	92007	148896	119229
皮革毛皮羽毛（绒）及其制品业	9000		60063	71057	52104	58954
木材加工和木竹藤棕草制品业	52430	47842	51533	66744	106201	151884
家具制造业	4128	35108	48378	81305	74770	73977
造纸及纸制品业	20888	18744	26083	24258	82835	60046
印刷业和记录媒质的复制	17460	25525	16054	34789	59247	51376
文教体育用品制造	894	4106	18736	38240	30849	100342
石油加工、炼焦及核燃料加工业	46060	93890	69345	58188	55880	123068
化学原料及化学制品制造业	290979	439573	502794	514943	590266	656234
医药制造业	17600	43651	51119	95218	94472	147376
化学纤维制造业	2100	21409	13841	2400	19430	21757
橡胶制品业	4320					
塑料制品业	31291	76759	144289	139488	213881	236695
非金属矿物制品业	432146	544369	636057	677797	896417	958812
黑色金属冶炼及压延加工业	17570	3815	16108	21356	54553	57623
有色金属冶炼及压延加工业	23620	14748	42381	30337	39010	15620

5-3 续表 2

单位：万元

	2010 年	2011 年	2012 年	2013 年	2014 年	2015 年
金属制品业	27007	42311	99223	173153	169830	163265
通用设备制造业	66058	199830	238875	292219	346570	466359
专用设备制造业	33810	82303	168077	96150	137074	196694
交通运输设备制造业	107302	127537	137705	157498	261216	274665
电气机械及器材制造业	24700	41097	122092	216284	265369	301674
通信设备、计算机及其他电子设备	5600	13554	88174	129873	221662	311191
仪器仪表及文化、办公用机械制造	5831	9169	40924	6708	17667	47050
工艺品及其他制造业	14260	11000	27532	25565	8663	21683
废弃资源和废旧材料回收加工业	51263	53820	28475	119730	173048	141087
金属制品、机械和设备修理业			9700			
电力、燃气及水的生产和供应业	266617	212102	245684	397761	522064	372986
#电力、热力的生产和供应业	185927	128027	167199	222955	391408	198408
燃气生产和供应业	600	15560	19905	76735	40688	60104
水的生产和供应业	80090	68515	58580	98071	89968	114474
建筑业	1840	1780	3343	6442	16670	28795
交通运输、仓储和邮政业	278414	436545	660463	797261	1020819	1085605
信息传输、计算机服务和软件业	22439	17234	34745	27494	52267	29303
批发和零售业	106336	154168	195056	249407	357608	508008
住宿和餐饮业	96231	87346	198264	194668	125290	103695
金融业	917	10446	18310	17076	11863	33243
房地产业	736994	1029911	1501103	2050908	2409432	2621502
租赁和商务服务业	2195	4739	16985	38437	49585	64550
科研、技术服务和地质勘查业	17420	8934	21480	14771	27657	24219
水利、环境和公共设施管理业	456581	378311	566025	700090	843302	1320209

5-3 续表 3

单位：万元

	2010 年	2011 年	2012 年	2013 年	2014 年	2015 年
居民服务和其他服务业	2979	6835	8870	27069	27439	63326
教育	26767	38565	53044	112925	117355	134549
卫生、社会保障和社会福利业	47835	67791	108575	196530	204206	179077
文化、体育和娱乐业	139698	20764	29181	61150	73256	152669
公共管理和社会组织	46052	104894	102047	149259	111381	59556
5.按隶属关系分						
中央	78223	155484	213425	217311	332818	163259
省属	193534	201180	178697	101282	97034	95790
市属	4214409	5549637	7551853	9827854	11895607	14310273
6.按资金来源分						
合计	4542543	6111082	8016332	10116503	12477631	14661958
国家预算内资金	389283	266946	405218	550216	658500	995429
国内贷款	394101	348427	409320	616453	528969	668010
利用外资	42746	26454	29282	39026	5000	5753
自筹资金	3166113	4899006	6409843	7980105	10311849	11837006
其他资金	550300	570249	762669	930703	973313	1155760
7.新增固定资产	3638296	4570037	5834147	7600018	9711122	12370147
8.施工项目个数(个)	1688	1907	1900	2155	2288	2511
#新开工项目	1527	1707	1542	1651	1832	1933
投产项目个数	1457	1575	1390	1668	1664	2001
9.房屋建筑面积（万平方米）						
施工面积	1649.18	2249.22	3748.71	4963.44	5892.87	6844.31
#住宅	908.66	1140.14	1541.23	1926.87	2270.10	2257.17
竣工面积	892.58	1207.36	1550.84	2070.57	2550.11	3092.03
#住宅	458.88	554.54	674.20	857.64	999.64	977.02

5-4 新增生产能力

	单位	2010年	2011年	2012年	2013年	2014年	2015年
输电线路长度	回路公里	329	130.3	88.1	69.6	58.58	
发电机组容量	万千瓦						
原煤开采	万吨/年	64.6	137.9	112.1	66.1	77.5	44.5
洗煤	万吨/年				23.5	74	
水泥	万吨/年	173		100			
火力发电	万千瓦	5.2				70	
风力发电	万千瓦				4.8	10	
太阳能发电	万千瓦				0.1		
化学肥料	万吨/年	14	24.3	9	12.6	6.8	5.2
塑料树脂及共聚物	万吨/年				0.9		0.5
化学原料药	吨/年		2260				
棉纺绽	万锭	5	23	5	17.5	30	2.1
白酒	万吨/年	0.79	1.45	4.3	1	9.2	2.7
啤酒	万吨/年				4	1.5	4
其他酒	万吨/年				0.54		0.1
平板玻璃	万重量箱/年	26	50		1020		
化学纤维	万吨/年	0.3	1	1.2	0.5		
铝加工	吨/年		16000				30000
新建公路	公里	236.50	61.00	217.80	221.23	124.60	83.98
改建公路	公里	1595.13	587.70	730.43	466.50	417.80	250.00
#二级公路	公里	105.40		123.60	27.40	57.30	193.10
新（扩）建客、货运站	个	3	3				
新（扩）建客、货运站	万平方米	0.48	0.69				
新建独立公路桥梁	延长米		687	2673	4125.6	190.08	1324
新建独立公路桥梁	座		2	4	5	2	2
新建独立公路隧道	延长米						
新建独立公路隧道	处						
城市自来水供应能力	万吨/日	10.53	12	14.6	4.8	6	5.7
城市污水处理能力	万吨/日				13.6	8.4	2.5

5–5 县、市、区全社会固定资产投资

单位：万元

年 份	京山县	沙洋县	钟祥市	东宝区	掇刀区	漳河新区	屈家岭管理区
2005	187530	100616	230368	150046	143739		4610
2006	225394	120860	287255	175104	152664		5160
2007	318741	162186	406233	262791	192459		10120
2008	482200	253092	614547	432122	288839		22105
2009	723538	379916	922767	648415	434039		33157
2010	1019078	537860	1283193	912220	623915		50716
2011	1348486	710432	1622648	1224411	890011	131000	92740
2012	1820188	953488	2169009	1654285	1205320	189705	140031
2013	2323683	1205503	2738465	2103257	1577617	260226	190377
2014	2819380	1458982	3313800	2555816	1945480	333958	232001
2015	3315722	1722173	3931737	3009242	2301148	396150	273161

注：掇刀区全社会固定资产投资包含高新区全社会固定资产投资完成额、漳河新区部分全社会固定资产投资；东宝区全社会固定资产投资包含漳河新区部分全社会固定资产投资。

5–6 县、市、区固定资产投资

单位：万元

年 份	京山县	沙洋县	钟祥市	东宝区	掇刀区	漳河新区	屈家岭管理区
2005	135724	38412	157688	103608	127347		3140
2006	172903	54321	214015	135120	140164		3390
2007	263144	81603	322990	217961	179099		7970
2008	434573	167099	527570	372270	288659		20975
2009	652287	251250	794178	558777	434039		31462
2010	936555	361867	1130426	796432	623915		47289
2011	1339011	636669	1444648	1187425	890011	131000	92740
2012	1820188	870573	1960542	1614150	1205320	189705	140031
2013	2323683	1111969	2508465	2065305	1577617	260226	190377
2014	2819380	1351418	3039213	2513960	1945480	333958	232001
2015	3315722	1595248	3581639	2962758	2301148	396150	273161

5-7 县、市、区按构成分的全社会固定资产投资

2015 年　　单位：万元

	合 计	城镇 500 万元以上项目	房地产开发	农村 500 万元以上项目	农村私人
全 市	14569322	12021524	1181124	843167	523507
京山县	3315722	2924875	321181	69666	
沙洋县	1722173	1418004	64534	112710	126925
钟祥市	3931737	3082977	226754	271908	350098
东宝区	3009242	2477675	183107	301976	46484
掇刀区	2301148	1893411	320830	86907	
屈家岭管理区	273161	208443	64718		
在总计中：漳河新区	396150	209112	187038		

5-8 房地产开发投资情况

单位：万元

	2005 年	2010 年	2013 年	2014 年	2015 年
一、投资总额	53097	388349	877901	1239792	1181124
按构成分					
建筑工程	41876	253698	639742	917264	943326
安装工程	3050	30411	72068	112811	104329
设备工器具购置	174	11005	7939	28229	20722
其他费用	7997	93235	158152	181488	112747
按工程用途分					
住宅	39956	290316	633120	835296	809114
办公楼		3382	10534	15182	13011
商业营业用房	11129	66535	156588	277371	262470
其他	2012	28116	77659	111943	96529
二、本年新增固定资产	32275	256899	348245	551578	456801
三、本年资金来源	59469	481316	944867	1322335	1238946
国家预算内资金					
国内贷款	8073	46636	117820	107404	102091
利用境外资金					
自筹资金	31691	221584	516440	893738	789231
其他资金	19705	213096	310607	321193	347624

5-9 县、市、区房地产开发投资

单位：万元

年 份	全 市	京山县	沙洋县	钟祥市
2005	53097	9530	1360	6472
2006	90687	8051	6366	7493
2007	113823	12297	9271	21183
2008	168369	40671	10796	23709
2009	271877	20293	13665	47092
2010	385949	63518	14275	71648
2011	556493	90409	33975	82910
2012	643064	178642	28258	111278
2013	877901	168488	35482	180634
2014	1239792	262472	83537	199013
2015	1181124	321181	64534	226754

年 份	东宝区	掇刀区	漳河新区	屈家岭管理区
2005	32093	3642		
2006	50383	18394		
2007	56245	14827		
2008	65754	27439		
2009	121988	68839		
2010	150363	86145		2400
2011	154463	141116	31472	53620
2012	123738	164828	56443	36320
2013	198818	258192	75933	36287
2014	240342	386968	191997	67460
2015	183107	320830	187038	64718

注：掇刀区房地产完成投资额包含漳河新区房地产完成投资额。

5-10 房地产销售主要指标

单位：万平方米、万元、套

	2005 年	2006 年	2007 年	2008 年	2009 年	2010 年
一、商品房实际销售面积	40.87	54.12	92.81	55.99	97.72	173.30
住宅	35.49	49.72	88.17	51.90	93.83	157.18
#别墅、高档公寓					8.43	8.82
经济适用房	0.36	2.29	1.21	7.26	3.66	5.72
办公楼		0.13	0.11	0.56		0.05
商业营业用房	5.22	3.61	4.23	3.25	3.32	13.90
其他	0.16	0.66	0.30	0.28	0.57	2.17
二、商品房出租面积		2.45	1.67	4.78	0.99	0.00
住宅		1.91				0.00
#别墅、高档公寓						
经济适用房						
办公楼		0.54				
商业营业用房			1.67	4.75	0.98	
其他				0.03	0.01	
三、商品房空置面积	18.79	9.95	2.70	9.18	32.45	46.60
住宅	14.26	7.29	2.52	6.99	22.65	37.11
#别墅、高档公寓						0.39
经济适用房		1.13				0.40
办公楼		0.87		0.97	1.25	0.84
商业营业用房	3.59	0.65	0.18	0.92	5.91	5.38
其他	0.94	1.14		0.30	2.64	3.26
四、商品住宅销售套数		4316	7266	4473	7780	13787
住宅		4316	7266	4473	7780	13787
#别墅、高档公寓					386	455
经济适用房		197	99	832	358	617
办公楼						
商业营业用房						
其他						
五、商品房实际销售额	57029	77419	137646	103841	235034	447378
住宅	39386	63282	123628	91912	214680	371933
#别墅、高档公寓					27386	29811
经济适用房	317	1735	1767	7940	5193	7463
办公楼		455	266	956		148
商业营业用房	17356	12665	13364	10139	19026	69788
其他	287	1017	388	834	1328	5509

5–10　续表

单位：万平方米、万元、套

	2011 年	2012 年	2013 年	2014 年	2015 年
一、商品房实际销售面积	192.30	117.35	195.47	217.29	235.58
住宅	172.17	106.06	178.45	200.47	217.74
#别墅、高档公寓	1.83	6.69	10.67	7.55	1.29
经济适用房	3.86				
办公楼	1.59			1.00	
商业营业用房	13.30	9.68	15.79	14.36	15.08
其他	5.24	1.60	1.23	1.46	2.76
二、商品房出租面积	0.00	1.05	1.31	7.72	0.35
住宅	0.00		0.22		
#别墅、高档公寓					
经济适用房					
办公楼					0.35
商业营业用房		1.05	1.05	5.52	
其他			0.04	2.20	
三、商品房空置面积	37.02	134.15	174.30	266.46	251.66
住宅	23.79	107.88	133.75	208.59	170.20
#别墅、高档公寓	0.16	10.19	5.83	1.39	0.12
经济适用房					
办公楼	1.37	0.93	1.17	2.15	1.27
商业营业用房	8.46	18.38	31.41	42.14	64.53
其他	3.41	6.96	7.97	13.58	15.66
四、商品住宅销售套数	15264	9042	16005	17366	19565
住宅	15264	9042	16005	17366	19565
#别墅、高档公寓	76	295	413	244	61
经济适用房	443				
办公楼					
商业营业用房					
其他					
五、商品房实际销售额	585682	421505	688634	744726	784107
住宅	480817	365728	609009	638440	676262
#别墅、高档公寓	9060	41221	65112	37814	8033
经济适用房	7189				
办公楼	5205			3664	
商业营业用房	82197	49791	75175	98603	103040
其他	17463	5986	4450	4019	4805

5-11 房地产面积综合表

2015 年　　　　单位：平方米、万元、套

	合计	住宅	90 平米及以下	144 平米以上	别墅、高档公寓	办公楼	商业营业用房	其他房屋
房屋施工面积	17314893	12321792	1302518	1223671	676882	207429	2640454	2145218
#新开工面积	5059723	3269785	283225	634058	593213	64503	1163307	562128
房屋竣工面积	2404858	1741048	80563	51310		12522	497259	154029
#不可销售面积	144181	86158	7058			9306	26211	22506
商品住宅竣工套数		15311	1038	309				
竣工房屋价值	451314	334354	13431	11822		2608	93465	20887
出租房屋面积	3477					3477		
商品房销售面积	2355756	2177370	151288	44922	12921		150788	27598
#现房销售面积	988791	848889	34760	13133			112368	27534
#期房销售面积	1366965	1328481	116528	31789	12921		38420	64
商品房销售额	784107	676262	44245	18787	8033		103040	4805
#现房销售额	280408	222384	9470	3976			53266	4758
#期房销售额	503699	453878	34775	14811	8033		49774	47
商品住宅销售套数		19565	1842	224	61			
#现房销售套数		7354	459	59				
#期房销售套数		12211	1383	165	61			
待售面积	2516573	1702043	106093	129889	1223	12560	645334	156636
#待售 1-3 年面积	840012	422689	27509	33164		836	331389	85098
#待售3年以上面积	26967	19411		160			570	6986

5-12 保障性安居工程完成情况

2015 年 单位：套

	合计	京山县	沙洋县	钟祥市	东宝区	掇刀区	漳河新区	屈家岭管理区
实物建房合计								
开工套数	14614	2339	2158	1191	1733	4859	934	1400
竣工套数	15323	3269	2394	1609	2772	1815	862	2602
公共租赁住房								
开工套数	2674	250	40	339	391	1254		400
竣工套数	3597	450	840	412	1597			298
经济适用住房								
开工套数								
竣工套数								
城市棚户区改造								
开工套数	10238	2089	2118	150	1342	3605	934	
竣工套数	8814	2819	1554	453	1175	1815	862	136
国有工矿棚户区改造								
开工套数	402			402				
竣工套数	594			594				
国有垦区危房改造								
开工套数	1300			300				1000
竣工套数	2318			150				2168
林区棚户区								
开工套数								
竣工套数								

六、价格指数

资料整理：李正国　张友香　王　霜

6–1 各种价格指数

上年=100

年 份	居民消费价格指数	商品零售价格指数	工业生产者出厂价格指数	工业生产者购进价格指数	固定资产投资价格指数
1989	115.7	116.8			
1990	105.0	103.3			
1991	105.0	102.4			
1992	108.0	104.3			
1993	121.2	112.7			
1994	127.1	127.8			
1995	121.9	115.8			
1996	109.0	108.0			
1997	103.3	100.5			
1998	98.2	97.2	93.5	95.5	100.1
1999	95.5	94.6	99.8	97.1	97.7
2000	99.8	99.5	119.2	126.9	100.1
2001	100.1	98.7	103.0	115.4	100.6
2002	99.4	99.1	99.3	98.2	100.0
2003	101.3	100.3	103.9	109.2	103.3
2004	104.6	103.8	111.5	118.8	102.8
2005	102.6	101.5	110.1	121.6	102.9
2006	101.6	99.9	107.4	110.1	102.1
2007	104.4	104.7	104.8	104.3	103.7
2008	105.8	105.7	109.2	112.1	108.7
2009	100.1	98.8	92.5	95.7	99.9
2010	102.7	102.5	107.8	118.8	103.4
2011	105.6	105.7	115.3	116.8	106.8
2012	103.4	102.8	102.4	99.1	99.8
2013	103.2	102.8	95.8	97.9	102.0
2014	101.9	101.3	96.8	96.3	100.3
2015	101.6	100.9	92.8	91.6	104.0

6-2 居民消费价格分类指数

上年=100

	2005年	2010年	2011年	2012年	2013年	2014年	2015年
居民消费价格指数	102.6	102.7	105.6	103.4	103.2	101.9	101.6
一、食品类	102.7	106.9	111.2	105.8	105.9	102.3	102.7
粮食	97.0	107.2	114.7	107.9	102.8	101.7	101.3
油脂	93.7	102.6	113.4	103.7	101.0	90.3	88.8
肉禽	104.0	101.0	121.1	100.5	105.1	99.5	105.3
蛋	106.2	105.5	103.2	106.4	107.5	108.4	101.3
水产品	106.3	104.5	105.7	115.6	106.3	98.6	99.5
鲜菜	103.2	130.6	107.8	112.0	108.2	94.0	105.6
瓜果	104.7	112.4	125.0	100.3	114.4	123.0	95.6
二、烟酒及用品类	99.4	101.4	104.2	103.3	101.4	98.7	101.7
三、衣着类	102.1	100.1	102.1	102.6	103.7	103.3	102.5
四、家庭设备用品及服务类	99.9	100.1	103.0	104.1	102.6	101.9	100.4
五、医疗保健和个人用品类	103.7	101.7	102.4	103.2	103.1	103.1	101.6
六、交通和通信类	101.8	99.6	100.3	100.6	100.2	99.8	99.1
七、娱乐、教育、文化类	103.7	99.8	101.3	100.5	101.5	102.5	100.9
八、居住类	103.7	101.2	107.0	102.9	101.5	100.9	100.9

6-3 工业生产者出厂价格指数

上年=100

	2005年	2010年	2011年	2012年	2013年	2014年	2015年
总指数	110.1	107.8	115.3	102.4	95.8	96.8	92.8
一、按轻重工业分							
1.轻工业	100.2	105.5	114.3	101.9	98.6	97.9	97.4
以农产品为原料	94.8	108.6	114.9	102.2	98.6	97.8	97.3
以非农产品为原料	104.2	99.5	105.5	96.7	98.7	98.4	98.7
2.重工业	117.0	109.5	115.8	102.6	94.6	96.3	90.9
采掘工业	127.1	108.6	124.1	110.8	97.6	97.9	93.9
原料工业	121.1	120.0	115.4	105.4	96.2	97.2	77.4
加工工业	108.9	98.7	115.1	99.6	93.1	95.4	100.7
二、按两大部类分							
1.生产资料	112.6	108.2	115.6	101.7	94.9	96.2	91.1
采掘	127.1	108.6	124.1	110.8	97.6	97.9	93.9
原料	120.9	119.9	115.7	105.4	95.9	97.1	77.0
加工	105.0	101.1	114.8	98.4	94.0	95.4	99.6
2.生活资料	98.3	106.4	114.4	105.0	98.7	98.7	98.7
食品	96.9	106.8	116.1	105.1	98.3	98.5	98.7
衣着	101.4	102.1	102.9	105.4	101.2	100.2	98.0
一般日用品	110.1	104.2	103.4	103.4	103.7	99.9	99.5
三、按部门分							
冶金工业	109.8	108.2	103.7	95.0	89.7	97.5	96.0
电力工业	119.6	102.5	109.1	108.7	94.0	99.1	98.4
煤炭及炼焦业	139.4	118.0	147.2	102.4	84.1	80.1	81.4
石油工业	123.0	120.6	118.4	105.6	96.5	96.1	68.9
化学工业	114.1	99.5	115.3	102.0	92.4	92.9	101.6
机械工业	100.9	100.8	101.0	98.6	99.6	99.0	104.7
建筑工业材料	107.5	99.0	122.7	98.7	94.8	100.1	95.5
森林工业	104.6	104.6	114.6	106.8	100.4	104.5	103.0
食品工业	94.0	107.0	116.0	105.4	98.7	98.6	97.8
纺织工业	95.6	124.6	112.7	85.8	97.5	93.7	94.8
缝纫工业	101.4	102.4	102.9	105.4	101.1	100.2	98.0
皮革工业		99.5	101.5	107.2	103.5	89.9	91.7
造纸工业	107.2	101.9	132.2	105.3	102.8	101.1	100.0
文教艺术用品	104.8	106.4	146.2	104.6	97.7	100.3	100.4
其它工业	102.5	102.5	103.3	100.9	99.9	97.9	98.2

6-3 续表

上年=100

	2005年	2010年	2011年	2012年	2013年	2014年	2015年
四、按国民经济行业分							
煤炭开采和洗选业	141.3	118.0	147.2	102.4	84.1	80.1	81.4
非金属矿采选业	118.4	103.6	117.4	113.7	101.4	102.6	97.4
其他采矿业	100.0						
农副食品加工业	95.1	106.0	117.2	106.1	98.2	97.0	97.5
食品制造业	102.3	129.2	105.9	100.3	95.4	102.3	99.7
饮料制造业	92.1	111.0	108.9	99.6	109.5	117.6	100.3
纺织业	95.6	124.6	112.7	85.8	97.5	93.7	94.8
纺织服装、鞋、帽制造业	101.4	102.4	102.9	105.4	101.1	100.2	98.0
皮革毛皮羽毛(绒)及其制品业		99.5	101.5	107.2	103.5	89.9	91.7
木材加工及木竹藤棕草制品业	105.7	104.7	117.6	107.6	102.8	106.2	103.0
家具制造业	101.0	100.2	102.2	102.7	90.3		
造纸及纸制品业	107.2	101.9	132.2	105.3	102.8	101.1	100.0
印刷业和记录媒介的复制	104.8	106.4	146.2	104.6	97.7	100.3	100.4
石油加工、炼焦及核燃料加工业	123.0	120.6	118.4	105.6	96.5	96.1	68.9
化学原料及化学制品制造业	115.4	98.8	117.1	102.4	90.1	91.3	102.0
医药制造业	112.7	98.0	94.1	95.6	106.3	104.1	115.0
化学纤维制造业	99.6	104.0	101.7	99.4	89.2	96.0	97.8
橡胶制品业	100.0						
塑料制品业	105.2	104.9	107.3	99.1	105.8	100.4	97.7
非金属矿物制品业	107.5	98.1	122.9	95.0	93.2	98.6	94.4
黑色金属冶炼及压延加工业	100.0	96.0	100.0	100.1	100.2	101.5	101.2
有色金属冶炼及压延加工业	100.0	120.5	98.5	86.1	89.4	96.9	95.0
金属制品业	109.8	101.9	108.1	99.9	87.3	97.1	95.4
通用设备制造业	102.2	100.2	100.0	100.2	100.5	99.9	107.6
专用设备制造业	104.9	100.4	100.7	101.6	105.9	108.4	100.9
交通运输设备制造业	104.0	101.0	104.6	94.9	99.4	95.1	99.1
电气机械及器材制造业	109.4	101.4	97.2	99.0	94.6	98.5	99.2
通信计算机及其他电子设备	90.5	105.1	106.5	92.9	99.1	104.1	102.9
仪器仪表及文化办公用机械		87.5	87.5	90.6	110.9	103.9	103.6
电力、热力的生产和供应业	119.6	102.6	109.1	108.7	94.0	99.1	98.4
燃气生产和供应业	106.8						
水的生产和供应业	102.5	104.2	120.9	103.3	100.0	100.1	103.0

6-4 工业生产者购进价格指数

上年=100

	2005年	2010年	2011年	2012年	2013年	2014年	2015年
总指数	121.6	118.8	116.8	99.1	97.9	96.3	91.6
1.燃料、动力类	126.8	123.9	115.5	101.5	98.4	96.4	89.9
2.黑色金属材料类	106.0	116.0	107.1	91.9	90.6	92.9	87.5
#钢材	108.1	117.6	105.5	90.6	88.5	92.5	86.6
其它	104.6	101.5	114.3	97.2	99.2	95.1	91.1
3.有色金属材料类	111.4	131.4	125.0	102.1	109.0	91.0	80.2
4.化工原料类	112.5	120.1	124.0	97.5	99.0	96.1	87.4
5.木材及纸浆类	107.4	105.6	109.2	99.9	98.1	101.3	100.0
6.建筑材料类	119.0	109.8	101.3	101.7	100.3	100.1	103.3
7.其它工业原料及半成品类	97.0	100.6	115.6	101.8	95.9	98.6	98.6
8.农副产品类	98.6	117.0	117.8	102.5	100.9	97.1	96.6
9.纺织原料类	105.3	113.9	136.3	92.8	100.0	97.5	96.9

6-5 固定资产投资价格指数

上年=100

	2005年	2010年	2011年	2012年	2013年	2014年	2015年
固定资产投资价格指数	102.9	103.4	106.8	99.8	102.0	100.3	104.0
建筑安装、装饰工程	103.6	104.3	110.4	98.3	103.9	100.6	102.7
设备、工器具购置	101.9	101.5	101.2	102.9	99.8	99.9	107.4
其他费用	104.8	105.1	106.7	106.4	100.1	100.0	100.7

七、人民生活

资料整理：王　芬　陈楚雄

7-1 历年城乡居民收入及指数

年 份	全体居民人均可支配收入		城镇常住居民人均可支配收入		农村常住居民人均可支配收入	
	绝对数(元)	指数（上年=100）	绝对数（元）	指数（上年=100）	绝对数（元）	指数（上年=100）
1978					114	
1979					162	142.4
1980					165	102.1
1981					238	143.8
1982					343	144.1
1983					359	104.7
1984					472	131.6
1985					492	104.2
1986					528	107.3
1987					577	109.3
1988					615	106.6
1989					690	112.1
1990					808	117.2
1991					755	93.5
1992					828	109.6
1993					1001	120.9
1994					1604	160.2
1995					2026	126.3
1996					2486	122.7
1997					2810	113.0
1998					2940	104.6
1999					2930	99.7
2000					2980	101.7
2001					2999	100.6
2002					2999	100.0
2003					3125	104.2
2004					3629	116.1
2005			7507		3738	103.0
2006			8181	109.0	4059	108.6
2007			9703	118.6	4652	114.6
2008			11110	114.5	5332	114.6
2009			12214	109.9	5956	111.7
2010			13601	111.4	6951	116.7
2011			15526	114.2	8248	118.7
2012			17678	113.9	9387	113.8
2013			19820	112.1	10615	113.1
2014	18851	110.3	24627	109.6	13481	111.6
2015	20559	109.1	26731	108.5	14716	109.2

注：根据国家城乡一体化住户调查改革方案要求，自 2014 年起，城乡居民收入的年度指标口径，由原来的“城镇居民人均可支配收入、农村居民人均纯收入”两项（老口径）变为“全体居民人均可支配收入、城镇常住居民人均可支配收入、农村常住居民人均可支配收入”三项（新口径）。2013 年之前城乡居民收支数据为老口径数据，2014 年为新口径数据。

7–2 县、市、区全体居民人均可支配收入

单位：元

	2005年	2006年	2007年	2008年	2009年	2010年	2011年	2012年	2013年	2014年	2015年
全　市										18851	20559
京山县										18212	19774
沙洋县										17306	18081
钟祥市										17665	20045
东宝区										21502	23594
掇刀区										23913	25626

7–3 县、市、区城镇居民（常住居民）人均可支配收入

单位：元

	2005年	2006年	2007年	2008年	2009年	2010年	2011年	2012年	2013年	2014年	2015年
全　市	7507	8181	9703	11110	12214	13601	15526	17678	19820	24627	26731
京山县	6531	7124	8057	9589	10553	11856	13529	15862	17794	23649	25780
沙洋县	5525	6152	7569	8949	10109	11279	12938	14706	16472	23465	25576
钟祥市	6001	6624	7761	8785	10015	11216	12749	14972	16799	23681	25821
东宝区	8585	9392	11075	12690	13857	15272	17421	19628	22015	26498	28756
掇刀区	8585	9392	11075	12690	13857	15272	17421	19628	22015	26498	28756

7–4 县、市、区农民人均纯收入（常住居民人均可支配收入）

单位：元

	2005年	2006年	2007年	2008年	2009年	2010年	2011年	2012年	2013年	2014年	2015年
全　市	3738	4059	4652	5332	5956	6951	8248	9387	10615	13481	14716
京山县	3636	4070	4653	5362	5991	6990	8304	9454	10696	13495	14731
沙洋县	3718	3938	4540	5192	5799	6778	8049	9164	10363	13255	14469
钟祥市	3780	4130	4722	5400	6032	7041	8373	9532	10784	13839	15106
东宝区	3732	4088	4674	5367	5996	6998	8310	9462	10710	13622	14872
掇刀区	3920	4289	4894	5590	6234	7247	8551	9720	10975	14003	15284

7-5 荆门城镇常住居民收入与消费

	单位	2013 年	2014 年	2015 年
调查户数	户	160	160	160
平均每户家庭人口数	人	3.1	3.1	3.1
城镇常住居民人均可支配收入	元	22470	24627	26731
1.工资性收入	元	11958	13718	14959
2.经营净收入	元	3815	4166	4501
3.财产净收入	元	1771	1939	2055
4.转移净收入	元	4436	4804	5216
平均每人每年消费性支出	元	15720	17370	18245
1.食品类消费	元	5051	5478	5740
2.衣着类消费	元	1557	1776	1888
3.生活用品及服务	元	886	999	1078
4.医疗保健	元	1354	1574	1741
5.交通和通讯	元	1452	1589	1695
6.娱乐教育文化服务	元	1929	2195	2270
7.居住	元	2954	3207	3248
8.其他商品与服务	元	537	552	585

7-6 荆门城镇常住居民家庭平均每百户年底耐用消费品拥有量

	单位	2013 年	2014 年	2015 年
家用汽车	辆	20	21	22
摩托车	辆	53	64	68
洗衣机	台	85	85	89
电冰箱	台	98	99	99
彩色电视机	台	113	116	123
计算机	台	64	70	77
照相机	架	21	20	23
摄像机	台	3	3	3
空调器	台	96	101	105
热水器	台	88	91	95
中高档乐器	套	2	2	4
固定电话	部	32	34	29
移动电话	部	230	237	241

7-7 荆门城区城镇居民家庭基本情况

	单位	2005 年	2006 年	2007 年	2008 年	2009 年	2010 年
平均每户家庭人口	人	3.03	3.01	2.94	2.91	2.92	2.91
平均每户就业人口	人	1.42	1.42	1.39	1.47	1.44	1.44
平均每户就业面	%	46.9	47.2	47.3	50.5	49.3	49.5
平均每一就业者负担人数	人	2.13	2.12	2.12	1.98	2.03	2.02
平均每人全部年收入	元	9184	10041	11895	13728	14898	16452
#可支配收入	元	8585	9392	11075	12690	13857	15272
工资收入	元	6582	6929	8139	9289	9822	10508
经营性收入	元	559	567	406	454	626	745
财产性收入	元	304	325	362	310	320	369
转移性收入	元	1739	2220	2988	3675	4130	4830
平均每人消费性支出	元	6952	7380	8337	9908	10595	10394
食品	元	2448	2502	3112	3742	3585	3854
衣着	元	1047	1032	1140	1380	1258	1335
生活用品及服务	元	313	450	460	550	661	709
医疗保健	元	529	526	665	808	1080	966
交通通信	元	697	755	792	926	1570	886
教育文化娱乐服务	元	1010	1028	1288	1368	1286	1469
居住	元	690	862	661	836	891	915
其他商品与服务	元	218	225	219	298	264	260
人均使用居住面积	平方米	24.0	25.4	27.1	27.2	27.3	27.8

7-7 续表

	单位	2011 年	2012 年	2013 年	2014 年	2015 年
平均每户家庭人口	人	2.91	2.96	3.01	3.01	3.00
平均每户就业人口	人	1.62	1.61	1.70	1.71	1.72
平均每户就业面	%	55.7	55.0	56.4	56.8	57.3
平均每一就业者负担人数	人	1.80	1.80	1.77	1.76	1.74
平均每人全部年收入	元	18661	20947	23100	30772	33388
#可支配收入	元	17421	19628	22015	26498	28756
工资收入	元	12920	14423	16077	18178	19652
经营性收入	元	1102	1376	1503	2441	2775
财产性收入	元	354	457	509	3515	3738
转移性收入	元	4285	4693	5011	6588	7223
平均每人消费性支出	元	12399	13194	14123	19669	20553
食品	元	4703	4900	5210	5941	6016
衣着	元	1614	1742	1916	2246	1938
生活用品及服务	元	964	776	829	1215	4067
医疗保健	元	996	1163	1253	1752	1874
交通通信	元	1135	1270	1361	1875	1965
教育文化娱乐服务	元	1449	2049	2177	2556	2465
居住	元	1160	908	975	3542	1612
其他商品与服务	元	378	377	402	542	616
人均使用居住面积	平方米	27.9	28.8	30.1	31.2	32.3

7-8 荆门城区城镇居民家庭年人均购买的主要商品数量

单位：千克

	2005 年	2006 年	2007 年	2008 年	2009 年	2010 年
粮食	80.81	84.90	56.56	54.62	64.62	68.26
鲜菜	125.12	135.94	159.80	144.06	141.47	141.57
食用植物油	10.97	11.56	9.61	9.37	8.32	8.85
猪肉	23.95	18.39	19.46	20.81	21.54	21.69
牛羊肉	2.12	2.09	4.46	2.43	3.28	3.76
家禽	9.51	8.24	10.53	11.46	10.33	12.98
鲜蛋	13.60	6.87	7.20	7.91	6.81	7.76
水产品	14.60	14.02	19.18	12.26	13.31	14.39
鲜奶	6.30	5.05	3.08	4.13	3.32	2.61
水果	43.49	41.82	47.45	35.59	56.24	54.29
酒	5.79	6.89	4.27	7.67	8.35	6.23

7-8 续表

单位：千克

	2011 年	2012 年	2013 年	2014 年	2015 年
粮食	70.92	57.48	56.20	55.80	55.52
鲜菜	122.78	117.24	123.55	125.66	128.54
食用植物油	9.12	7.70	7.46	9.16	9.35
猪肉	22.80	19.96	20.11	22.54	23.82
牛羊肉	3.97	3.19	3.54	3.58	3.75
家禽	12.81	13.30	14.71	15.54	15.83
鲜蛋	9.32	7.98	8.40	8.58	8.69
水产品	16.20	15.82	16.55	16.76	16.98
鲜奶	3.76	4.56	4.30	5.31	5.52
水果	45.86	56.09	57.20	59.43	59.61
酒	7.96	5.45	5.27	6.99	6.45

7-9 荆门城区城镇居民家庭平均每百户年底耐用消费品拥有量

	单位	2005 年	2006 年	2007 年	2008 年	2009 年	2010 年
摩托车	辆	23	21	15	20	20	20
洗衣机	台	91	95	97	90	92	92
电冰箱	台	87	92	96	96	98	99
彩色电视机	台	127	129	120	130	131	133
组合音响	套	29	27	20	31	30	29
家用电脑	台	41	36	38	60	62	63
照相机	架	34	34	33	37	38	35
摄像机	台	3	3	5	6	6	5
空调器	台	81	81	76	98	102	111
微波炉	台	24	27	23	40	41	41
淋浴热水器	台	73	80	88	88	88	89
健身器材	套	2	2		6	7	8
固定电话	部	97	92	84	65	65	61
移动电话	部	146	143	136	172	169	169

7-9 续表

	单位	2011 年	2012 年	2013 年	2014 年	2015 年
摩托车	辆	20	20	19	20	18
洗衣机	台	101	99	94	96	97
电冰箱	台	95	96	103	102	99
彩色电视机	台	127	131	129	131	136
组合音响	套	25	23	22	22	20
家用电脑	台	86	92	115	111	108
照相机	架	39	43	44	44	44
摄像机	台	2	3	10	10	8
空调器	台	120	123	133	132	135
微波炉	台	46	49	51	51	50
淋浴热水器	台	87	91	103	92	98
健身器材	套	6	6	5	5	5
固定电话	部	53	51	47	31	34
移动电话	部	198	211	276	270	283

7-10 农民家庭基本情况

	单位	2005年	2006年	2007年	2008年	2009年	2010年
平均每户常住人口	人	3.83	3.85	3.83	3.83	3.84	3.82
平均每户整半劳动力	人	2.85	2.96	2.95	2.98	3.03	3.06
平均每个劳动力负担人口	人	1.35	1.30	1.30	1.29	1.27	1.25
平均每户经营耕地面积	亩	8.69	8.75	8.91	9.19	9.41	10.16
平均每户年末拥有生产性固定资产原值	元	9908	9331	9839	10258	11614	12839
平均每户年内新建房屋面积	平方米	1.98	0.45	0.42	0.42	1.23	0.42
平均每人年末使用房屋面积	平方米	40.52	38.04	37.03	36.23	36.64	37.69
平均每户年末使用房屋价值	元	24381	25486	28491	32414	36228	36473
平均每人年收入	元	5761	6297	7337	8229	8990	10544
平均每人年支出	元	5343	5737	6247	7620	7563	8455
#生活消费支出	元	3156	3327	3491	4534	4273	4786
平均每人年纯收入(常住居民可支配收入)	元	3738	4059	4652	5332	5956	6951

7-10 续表

	单位	2011年	2012年	2013年	2014年	2015年
平均每户常住人口	人	3.62	3.60	3.79	3.75	3.80
平均每户整半劳动力	人	3.05	3.04	3.03	3.04	3.00
平均每个劳动力负担人口	人	1.23	1.22	1.25	1.22	1.26
平均每户经营耕地面积	亩	10.69	11.14	11.70	11.74	11.60
平均每户年末拥有生产性固定资产原值	元	13814	14026	15197	16779	17856
平均每户年内新建房屋面积	平方米	4.10	4.02	3.40	4.50	4.60
平均每人年末使用房屋面积	平方米	43.60	44.10	44.60	44.80	44.50
平均每户年末使用房屋价值	元	40219	40835	41989	43685	48796
平均每人年收入	元	13062	14837	16454	21779	23876
平均每人年支出	元	10717	12935	14359	20078	21285
#生活消费支出	元	4382	6608	7268	8234	8770
平均每人年纯收入(常住居民可支配收入)	元	8248	9387	10615	13481	14716

7-11 农民家庭年人均纯收入（可支配收入）及构成

单位：元

	2005 年	2006 年	2007 年	2008 年	2009 年	2010 年
全年总收入	5761	6297	7337	8229	8990	10544
全年纯收入（可支配收入）	3738	4059	4652	5332	5956	6951
工资性收入	723	1060	1319	1571	1653	1953
家庭经营纯收入（净收入）	2898	2831	3118	3457	3885	4484
转移性收入（净收入）	102	144	164	233	337	399
财产性收入（净收入）	15	24	51	72	81	116
比重（纯收入=100）	100.0	100.0	100.0	100.0	100.0	100.0
工资性收入	19.3	26.1	28.4	29.5	27.8	28.1
家庭经营纯收入（净收入）	77.5	69.7	67.0	64.8	65.2	64.5
转移性收入（净收入）	2.7	3.5	3.5	4.4	5.7	5.7
财产性收入（净收入）	0.4	0.6	1.1	1.4	1.4	1.7

7-11 续表

单位：元

	2011 年	2012 年	2013 年	2014 年	2015 年
全年总收入	13051	14837	16454	21779	23876
全年纯收入（可支配收入）	8248	9387	10615	13481	14716
工资性收入	2342	2800	3374	4364	4729
家庭经营纯收入（净收入）	5291	5858	6372	7042	7498
转移性收入（净收入）	490	596	717	1798	2141
财产性收入（净收入）	126	133	152	277	348
比重（纯收入=100）	100.0	100.0	100.0	100.0	100.0
工资性收入	28.4	29.8	31.8	32.4	32.1
家庭经营纯收入（净收入）	64.1	62.4	60.0	52.2	51.0
转移性收入（净收入）	5.9	6.3	6.8	13.3	14.5
财产性收入（净收入）	1.5	1.5	1.4	2.1	2.4

7-12　农民家庭年人均生产支出

单位：元

	2005 年	2006 年	2007 年	2008 年	2009 年	2010 年
一、家庭经营费用支出	1838	2068	2520	2709	2825	3359
农业生产支出	886	1180	1331	1557	1536	1977
林业生产支出	18	9	7	10	10	14
牧业生产支出	623	648	796	795	861	913
渔业生产支出	160	157	172	201	249	258
工业生产支出	54	5	5	13	7	7
建筑业支出	15	28	4	8	4	9
交通运输邮电业支出	42	29	39	33	40	55
批零贸易餐饮业支出	6	4	10	26	39	41
其他家庭经营支出	26	6	2	4	4	4
二、购置生产性固定资产	226	196	123	214	231	122
三、税费支出	6	10	3		2	2

7-12　续表

单位：元

	2011 年	2012 年	2013 年	2014 年	2015 年
一、家庭经营费用支出	4100	4926	5654	6780	8001
农业生产支出	2701	3221	3780	4120	5056
林业生产支出	87	87	39	49	52
牧业生产支出	847	1064	1292	1578	1765
渔业生产支出	168	225	179	254	268
工业生产支出	20	28	31	45	53
建筑业支出	68	71	75	79	85
交通运输邮电业支出	109	112	118	130	168
批零贸易餐饮业支出	80	103	102	111	121
其他家庭经营支出	6	9	7	18	25
二、购置生产性固定资产	306	541	754	879	930
三、税费支出	4	2	2	2	2

7-13 农民家庭年人均生活消费支出

单位：元

	2005年	2006年	2007年	2008年	2009年	2010年
全年总支出	5343	5737	6247	7620	7563	8455
生活消费支出	3156	3327	3491	4534	4273	4786
一、食品消费	1420	1515	1567	2024	1871	2063
二、衣着消费	181	190	214	228	214	264
三、居住消费	330	357	402	483	588	618
四、家庭设备	126	181	197	583	368	468
五、医疗保健消费	200	176	210	286	303	382
六、交通通讯消费	345	387	401	397	412	421
七、文教娱乐	475	442	389	416	387	417
八、其他商品和服务	79	78	113	117	130	152

7-13 续表

单位：元

	2011年	2012年	2013年	2014年	2015年
全年总支出	10717	12935	14359	20078	21285
生活消费支出	5757	6608	7268	8234	8770
一、食品消费	2464	2621	2870	2917	3105
二、衣着消费	357	426	474	584	600
三、居住消费	921	1068	1174	1429	1492
四、家庭设备	435	508	542	628	676
五、医疗保健消费	510	767	838	896	958
六、交通通讯消费	439	522	598	779	844
七、文教娱乐	474	500	551	789	851
八、其他商品和服务	157	196	221	212	244

7-14 农民家庭年人均现金收支及构成

单位：元

	2005年	2006年	2007年	2008年	2009年	2010年
一、期内现金收入合计	4755	5631	6678	7691	8080	9299
1.工资性收入	724	1060	1319	1571	1653	1952
2.家庭经营现金收入	3868	4412	5175	5834	6008	6901
#出售产品现金收入	3507	3987	4716	5340	5399	6149
建筑业现金收入	48	44	61	86	106	119
运输业现金收入	69	96	117	139	175	210
商业、饮食业现金收入	72	97	114	152	204	234
社会服务业现金收入	15	11	8	4	5	20
3.转移性现金收入	110	142	161	235	342	406
4.财产性现金收入	2	16	23	51	77	40
二、期内现金支出合计	4437	4825	5370	6454	6628	7309
1.家庭经营费用现金支出	1801	1987	2475	2692	2750	3079
2.购买生产性固定资产现金支出	226	196	123	214	231	122
3.税费现金支出	6	10	3		1	2
4.生活消费现金支出	2288	2496	2659	3387	3413	3980
5.转移性现金支出						
6.财政性现金支出						

7-14 续表

单位：元

	2011年	2012年	2013年	2014年	2015年
一、期内现金收入合计	11885	13273	14461	20016	21857
1.工资性收入	2337	2812	3374	4364	4821
2.家庭经营现金收入	8816	9604	10189	13527	14497
#出售产品现金收入	5836	7604	7711	9874	10582
建筑业现金收入	53	174	175	235	256
运输业现金收入	298	277	321	432	521
商业、饮食业现金收入	349	385	434	461	494
社会服务业现金收入	42	15	19	39	42
3.转移性现金收入	630	725	758	1846	2205
4.财产性现金收入	103	132	140	279	334
二、期内现金支出合计	9765	11803	13445	19117	20153
1.家庭经营费用现金支出	4038	4746	5401	8987	9509
2.购买生产性固定资产现金支出	307	537	754	878	930
3.税费现金支出	4	2	2	2	2
4.生活消费现金支出	4867	6067	6705	8469	8981
5.转移性现金支出	490	440	570	765	716
6.财政性现金支出	59	11	13	16	15

7–15 农民家庭人均主要食品消费量和百户主要耐用品拥有量

	单位	2005年	2006年	2007年	2008年	2009年	2010年
一、人均实物消费量							
粮食	千克	252	251	236	236	226	200
蔬菜及菜制品	千克	159	160	132	142	113	96
猪肉	千克	25.76	28.19	15.46	18.36	20.90	21.00
家禽	千克	6.58	5.41	5.55	7.25	5.20	6.60
蛋类及蛋制品	千克	5.15	4.74	4.59	6.09	5.59	5.40
水产品	千克	10.55	9.85	11.92	11.63	9.03	11.20
酒类	千克	13.99	14.96	17.9	15.78	14.15	15.14
二、百户耐用消费品拥有量							
洗衣机	台	22	24	23	27	33	43
电冰箱	台	15	24	33	38	57	76
空调机	台	3	6	9	13	14	24
热水器	台	5	5	10	16	24	46
摩托车	辆	83	84	89	91	94	98
电话机	部	50	48	26	30	35	31
移动电话	部	92	107	126	136	145	178
彩色电视机	台	92	98	102	103	102	110
照相机	架	1	2	5	4	5	4

7–15 续表

	单位	2011年	2012年	2013年	2014年	2015年
一、人均实物消费量						
粮食	千克	176	171	165	160	162
蔬菜及菜制品	千克	113	102	104	109	115
猪肉	千克	23.64	24.77	26.10	29.30	27.20
家禽	千克	7.54	7.55	8.10	6.01	7.05
蛋类及蛋制品	千克	6.08	5.36	6.00	8.04	9.08
水产品	千克	11.58	9.64	9.51	10.08	11.06
酒类	千克	11.88	12.00	11.97	13.55	11.21
二、百户耐用消费品拥有量						
洗衣机	台	41	53	57	59	62
电冰箱	台	89	93	94	97	98
空调机	台	32	36	34	42	48
热水器	台	61	69	71	77	78
摩托车	辆	101	100	99	101	102
电话机	部	19	17	12	15	16
移动电话	部	221	224	227	247	251
彩色电视机	台	108	113	117	117	118
照相机	架	2	3	7	7	7

八、资源、能源和环保

资料整理：宋清清　陈　涛

8-1 主要自然资源情况

	2015 年		2015 年
土地资源（千公顷）		矿产资源（保有储量）	
耕地面积	502.28	煤矿（千吨）	60747
林地面积	452.20	磷矿（千吨）	428597
草地面积	25.99	石膏（千吨）	1217231
森林资源		累托石（千吨）	12321
活立木总蓄积量（万立方米）	1967.57	水泥用灰岩（千吨）	974728
森林面积（千公顷）	400.56	自然保护区	
森林覆盖率（%）	32.1	市级	1
水资源总量（亿立方米）	42.0219	保护小区	13
地表水	40.8189	国家级森林公园	4
地下水	11.9668		

8-2 主要河流情况

流域面积（平方公里）	河流数量（条）	主要河流名称	过境河长（公里）
10000 以上	1	汉　江	195.82
1000-5000		天门河	130.43
5000-1000	8	拾桥河	130.43
1000-500	4	浰　河	116.30
500-100	34	大富水	106.40
100 以下	43	溦　河	103.25
合计	90	漳　水	45.81
		漳　河	14.59
		蛮　河	7.09

8-3 水面个数

	个数
总计	10658
水库	568
塘堰	10090

8-4 工业企业能源生产量

规模以上工业

	单位	2010年	2011年	2012年	2013年	2014年	2015年
能源生产量合计	万吨标煤	989.60	954.88	905.27	909.47	869.17	906.01
一次能源生产量	万吨标煤	101.97	104.52	127.97	95.28	108.72	94.73
原煤	万吨	141.97	145.82	178.83	144.28	151.23	131.95
水电	亿千瓦时	0.46	0.29	0.19	0.20	0.17	0.00
风电	亿千瓦时				0.42	0.40	0.39
二次能源生产量	万吨标煤	884.62	850.37	777.30	814.20	760.45	811.75
汽油	万吨	105.29	105.41	119.66	134.40	131.07	152.42
煤油	万吨	25.70	26.71	28.89	25.56	27.10	28.04
柴油	万吨	179.91	174.40	163.53	177.09	153.59	157.10
燃料油	万吨	1.38	4.89	4.09	3.32	3.38	1.78
石蜡	万吨		11.98	9.65	9.87	9.92	8.02
液化石油气	万吨	29.99	28.38	27.90	25.65	23.26	26.18
石油焦	万吨		37.27	34.66	34.25	30.71	28.58
石油沥青	万吨		8.31	6.23	5.15	5.92	5.45
炼厂干气	万吨	20.51	17.31	16.11	15.46	14.37	14.79
其他石油制品	万吨	166.33	94.80	87.36	101.69	92.79	89.00
热力	万百万千焦	193.25	187.18	173.53	142.57	204.82	175.24
火电	亿千瓦时	85.17	84.25	64.48	67.96	66.67	77.47

注:电力折标系数为1.229

8-5 能源消费量

规模以上工业

	单位	2010 年	2011 年	2012 年	2013 年	2014 年	2015 年
能源消费量合计	万吨标煤	1370.54	1401.06	1308.93	1354.84	1288.43	1343.49
原煤	万吨	718.24	764.02	642.44	640.45	601.49	592.06
洗精煤	万吨	3.87		3.93	2.25	2.10	2.31
煤制品	万吨	1.69	1.25	1.37	1.29	1.31	1.31
焦炭	万吨	0.62	0.97	2.92	2.29	3.81	1.55
天然气	亿立方米	0.17	0.11	0.19	0.20	0.17	0.19
原油	万吨	505.15	501.04	476.53	500.78	457.30	480.40
汽油	万吨	0.47	0.26	0.32	0.55	0.68	0.79
煤油	万吨	0.01	0.02	0.01	0.03	0.05	0.03
柴油	万吨	1.35	1.09	1.43	1.27	1.14	1.00
燃料油	万吨	1.46	1.19	0.83	0.78	1.10	1.78
液化石油气	万吨	1.38	0.77	0.50	0.86	0.06	0.06
炼厂干气	万吨	20.51	17.32	16.00	15.46	14.37	14.79
石油焦	万吨				3.45	8.70	13.74
其他石油制品	万吨	28.13	29.10	29.36	39.49	43.73	44.54
热力	万百万千焦	199.62	238.80	283.25	221.29	182.63	72.03
电力	亿千瓦时	57.70	67.22	74.44	77.68	85.23	86.63
生物质废料用于燃料	万吨	7.97	10.46	9.04	10.84	10.54	33.85
其它工业废料用于燃料	万吨		2.03	2.54	2.74	2.87	3.01
其他燃料	万吨标准煤	0.29	4.02	1.96	2.06	2.50	2.00

注:能源消费量包含加工转换投入量及非工业生产消费量。

8-6 工业综合能源消费量

规模以上工业　　单位：吨标准煤

	2010年	2011年	2012年	2013年	2014年	2015年
全部工业企业	5302894	5714117	5396815	5397616	5334992	5366805
(一)轻工业	386792	414098	464853	509353	540795	541259
(二)重工业	4916102	5300019	4931962	4888263	4794196	4825545
(三)采矿业	41703	62146	77605	87173	91222	100539
06.煤炭开采和洗选业	2887	2566	5088	5760	4135	6835
10.非金属矿采选业	38383	59125	71834	80479	86152	92771
(四)制造业	3607374	4077878	4133120	4076975	4131799	3815589
13.农副食品加工业	90597	111365	146326	171950	181474	186461
14.食品制造业	11374	23805	27475	16610	18138	16484
15.饮料制造业	32516	29484	37454	33899	48592	40258
17.纺织业	70346	70066	75207	74251	74862	87284
18.纺织服装、鞋、帽制造业	5066	6618	12563	10547	11189	14454
19.皮革毛皮羽毛及其制品和制鞋业			4032	5487	6816	7693
20.木材加工及木、竹、藤等	32404	32742	33660	40091	35507	25309
21.家具制造业	536	561	652	1402	2819	5309
22.造纸及纸制品业	8805	16405	12731	13745	17469	21070
23.印刷业和记录媒介的复制	314	240	1132	2186	3552	1943
25.石油加工炼焦及核燃料	631053	599532	587491	623402	577166	570310
26.化学原料及化学制品制造	1002099	1066102	1081543	1015687	1098926	1113741
27.医药制造业	100475	64770	51772	65859	53474	45171

8-6 续表

规模以上工业　　单位：吨标准煤

	2010年	2011年	2012年	2013年	2014年	2015年
28.化学纤维制造业	1940	13507	20710	23787	23296	7352
29.橡胶和塑料制品业	13476	17004	19099	21741	27912	30890
30.非金属矿物制品业	1469760	1832387	1804325	1762342	1727365	1435323
31.黑色金属冶炼及压延	75096	111016	126699	73068	96081	58871
32.有色金属冶炼及压延	4730	5450	6936	9160	9094	20529
33.金属制品业	10147	6951	17620	21100	20094	15343
34.通用设备制造业	20762	34556	26252	28273	42637	40823
35.专用设备制造业	1248	954	2625	3991	4565	17259
36.汽车制造业			18255	21430	23029	24831
37.铁路船舶航空航天和其他运输设备制造业	18286	25271	9004	5114	5255	4925
38.电气机械和器材制造业	4501	4789	8154	11755	13135	15841
39.计算机、通信和其他电子设备制造业	1372	3776	4717	2820	3340	3873
40.仪器仪表制造业	10		63	59	105	122
41.其他制造业	459	526	397	824	150	794
42.废弃资源综合利用业				16248	5510	3135
(五)电力、煤气及水的生产等	1653817	1574092	1186091	1233468	1111971	1450677
44.电力、热力的生产和供应	1649195	1570787	1181844	1227747	1105162	1441825
45.燃气生产和供应业	15	30	47	55	466	672
46.水的生产和供应业	4607	3275	4200	5666	6344	8180

8-7 工业企业能源购进、消费及库存

2015年，规模以上工业

能源名称	单位	年初库存量	购进量	消费量			期末库存量
				合计	1.工业生产消费	2.非工业生产消费	
原煤	吨	743748	5721379	5920752	5909954	10798	504965
其中：1.无烟煤	吨	21059	251208	260246	260245	1	12707
2.炼焦烟煤	吨		9200	9200	9200		
3.一般烟煤	吨	722012	5450206	5640655	5629858	10797	491500
4.褐煤	吨	677	10765	10651	10651		757
洗精煤	吨		23136	23086	23086		51
煤制品	吨	621	13699	13083	13083		1237
焦炭	吨	50	15460	15457	15457		33
天然气（气态）	万立方米	182	1762	1940	1883	57	3
液化天然气（液态）	吨		5	5	5		
原油	吨	89064	4810869	4803989	4803989		95943
汽油	吨	197	8024	7867	6371	1496	366
煤油	吨	4	290	290	290		
柴油	吨	678	10128	10017	9164	853	753
燃料油	吨		147	17813	17813		
液化石油气	吨	4	649	648	648		46
炼厂干气	吨		24014	147857	147857		
润滑油	吨		6	6	6		
溶剂油	吨		398	398	398		
石油焦	吨	1821	142479	137380	137380		6920
其他石油制品	吨	663	151929	445386	445386		642
热力	百万千焦		579363	720290	706764	13526	
电力	万千瓦时		815751	866275	858970	7305	
城市垃圾用于燃料	吨			719	719		
生物质废料用于燃料	吨	712	169146	338495	338495		590
其他工业废料用于燃料	吨		30060	30060	30060		
其他燃料	吨标准煤		17995	19959	19959		2
能源合计	吨标准煤			13434888	13413533	21355	

8-8 工业企业能源购进、消费与库存附表

2015 年，规模以上工业

能源名称	单位	工业生产消费量	加工转换投入合计				能源加工转换产出
				火力发电	供热	炼油及煤制油	
原煤	吨	3036263	3035202	2930554	104648		
其中：1.无烟煤	吨						
2.炼焦烟煤	吨						
3.一般烟煤	吨	3036263	3035202	2930554	104648		
原油	吨	4803989	4797357			4797357	
汽油	吨	113					1524173
煤油	吨						280361
柴油	吨	251	103	103			1570979
燃料油	吨	17813	147	75	72		17813
液化石油气	吨						261817
炼厂干气	吨	147857	15696	8017	7679		147857
石蜡	吨						80177
石油焦	吨						285780
石油沥青	吨						54501
其他石油制品	吨	445386	219385			219385	890025
热力	百万千焦	665786					1752430
电力	万千瓦时	89288					774690
生物质废料用于燃料	吨	281782	281782	281782			
其他燃料	吨标准煤						
能源合计	吨标准煤	10066211	9468220	2317470	77861	7072890	8046728

8–9 全社会用电总量

单位：万千瓦时

	2010年	2011年	2012年	2013年	2014年	2015年
全社会用电总量	711317	779815	798506	805468	827127	840719
1.农、林、牧、渔、水利业	15049	21462	20780	23430	20731	17293
2.工业	572505	618589	610774	598573	626987	634718
轻工业	85357	79943	82523	84199	81573	83037
重工业	487148	538646	528252	514374	545414	551681
3.建筑业	6235	7616	9268	10283	7705	6807
4.交通运输、仓储和邮政业	6564	10852	12920	13335	13966	12729
5.信息传输、计算机服务和软件业	624	948	1687	2052	2523	3334
6.商业、住宿和餐饮业	17515	19938	23112	26834	27568	30310
7.金融、房地产、设备及居民服务业	958	1138	2657	3290	3615	4056
8.公共事业及管理组织	15730	15662	16312	17359	16532	17714
9.城乡居民生活用电	76136	83609	100995	110313	107500	113758
城市	47984	51792	63025	69003	66048	70002
农村	28152	31817	37970	41309	41452	43756

8-10 工业生产电力消费量

规模以上工业　　　　单位：万千瓦时

	2010年	2011年	2012年	2013年	2014年	2015年
全部工业企业	572505	618589	610774	598573	626987	634718
轻工业	85357	79943	82523	84199	81573	83037
重工业	487148	538646	528252	514374	545414	551681
（一）采矿业	11587	11076	28129	31586	33939	33559
1.煤炭开采和洗选业	4399	2890	3457	2822	2431	1860
2.石油和天然气开采业	409	569	279	223	223	200
3.黑色金属矿采选业	82	93	82	86	97	18
4.有色金属矿采选业	790	707	1581	496	499	967
5.非金属矿采选业	5824	6650	22477	27670	30279	29854
6.其他采矿业	83	167	253	289	411	660
（二）制造业	435790	470704	427907	412159	431931	418004
1.食品、饮料和烟草制造业	13048	16469	18281	18323	17755	18008
2.纺织业	19156	22113	24948	27123	25254	25036
3.服装鞋帽、皮革羽绒及其制品业	1420	3325	4150	4010	4241	5034
4.木材加工及制品和家具制品业	13548	15189	12385	11637	11105	8193
5.造纸及纸制品业	342	775	1247	1315	781	1700
6.印刷业和记录媒介的复制	199	148	162	362	793	1160
7.文体用品制造业	686	147	44	73	640	89
8.石油加工、炼焦及核燃料加工业	48697	40197	35231	34285	35294	36429
9.化学原料及化学制品制造业	138390	142781	124571	112421	129314	149489
10.医药制造业	1284	986	3973	5956	5353	4700
11.化学纤维制造业	2715	2766	1877	1673	1950	2117
12.橡胶和塑料制品业	2594	3417	4910	4618	4261	4483
13.非金属矿物制品业	120578	131655	119002	126334	119192	97882
14.黑色金属冶炼及压延加工业	37941	52268	45990	26887	31951	17027
15.有色金属冶炼及压延加工业	3643	4522	3178	5941	5811	6748
16.金属制品业	6251	5157	6430	7044	7552	8263
17.通用及专用设备制造业	5169	7916	6954	12845	19143	17626
18.交通运输、电气、电子设备制造业	4301	5086	5084	4445	5414	6561
19.工艺品及其他制造业	8717	8578	4929	3999	3442	3617
20.废弃资源和废旧材料回收加工业	7110	7211	4561	2868	2686	3840
（三）电力、燃气及水的生产和供应业	125128	136809	154738	154828	161117	183155
1.电力、热力的生产和供应业	122371	132924	149552	149425	155494	177755
2.燃气生产和供应业	61	65	301	442	417	337
3.水的生产和供应业	2695	3820	4885	4961	5205	5063

8-11 工业企业水消费量

规模以上工业 单位：万立方米

	2010年	2011年	2012年	2013年	2014年	2015年
全部工业企业	18247.98	14457.28	16595.00	19516.75	20446.32	23775.72
(一)轻工业	11588.25	7520.82	10179.72	13025.37	14040.37	16870.89
(二)重工业	6659.73	6936.46	6415.28	6491.38	6405.95	6904.83
(三)采矿业	14.47	16.64	27.43	30.64	33.58	27.72
06.煤炭开采和洗选业	0.63	0.03	0.03	0.92	1.02	1.17
08.黑色金属矿采选业			0.37	0.47	0.40	0.38
09.有色金属矿采选业	0.56	0.05	0.06	0.07	0.07	0.09
10.非金属矿采选业	13.25	16.56	26.97	29.18	32.09	26.08
(四)制造业	4685.01	4913.26	5050.60	5062.82	5248.32	5142.35
13.农副食品加工业	231.13	202.40	252.27	275.10	301.35	344.04
14.食品制造业	68.98	175.86	117.25	105.13	107.85	71.71
15.酒、饮料和精制茶制造业	392.72	188.58	203.10	131.90	110.07	118.65
17.纺织业	185.88	200.68	196.95	190.02	181.79	425.34
18.纺织服装、服饰业	61.02	70.58	64.33	68.24	71.58	64.05
19.皮革、毛皮、羽毛及其制品和制鞋业			13.38	27.49	32.07	38.18
20.木材加工及木、竹、藤等	39.50	54.99	62.81	51.25	87.32	85.40
21.家具制造业	3.55	0.53	0.83	2.16	2.44	3.39
22.造纸及纸制品业	6.57	7.27	9.50	10.95	20.03	21.34
23.印刷业和记录媒介的复制	3.57	2.07	5.70	6.07	10.33	8.81
24.文教、工美、体育和娱乐用品制造业			1.21	0.24	2.26	2.77
25.石油加工、炼焦和核燃料加工业	344.98	344.17	302.81	325.27	293.45	304.66
26.化学原料及化学制品制造	2065.87	2165.36	2152.35	2086.68	2122.37	1943.32

8-11 续表

	2010年	2011年	2012年	2013年	2014年	2015年
27.医药制造业	198.26	171.23	190.46	220.40	188.68	145.15
28.化学纤维制造业	3.02	20.26	179.07	178.23	242.67	10.14
29.橡胶和塑料制品业	44.42	42.56	929.74	46.76	50.35	49.95
30.非金属矿物制品业	685.27	877.48	22.02	815.66	783.22	775.92
31.黑色金属冶炼和压延加工业	20.81	18.65	5.99	20.12	21.09	20.51
32.有色金属冶炼和压延加工业	7.07	5.68	114.76	11.25	14.00	340.38
33.金属制品业	21.26	18.86	120.47	226.45	324.75	58.40
34.通用设备制造业	211.07	242.67	5.34	119.35	127.95	160.12
35.专用设备制造业	2.19	3.54	76.53	7.11	8.93	9.78
36.汽车制造业	53.74	68.38	7.70	89.42	88.22	76.28
37.铁路、船舶、航空航天和其他运输设备制造业				10.37	13.19	15.61
38.电气机械及器材制造	14.50	18.34	13.72	18.97	23.14	24.14
39.计算机、通信和其他电子设备制造业	17.74	11.61	0.05	13.44	14.60	12.66
40.仪器仪表制造业	0.01	0.00	0.74	0.06	0.13	0.15
41.其他制造业	1.87	1.53	0.00	2.16	1.60	9.82
42.废弃资源综合利用业	0.00	0.00	1.52	1.06	1.35	1.65
43.金属制品、机械和设备修理业	0.00	0.00	0.00	1.53	1.55	0.00
(五)电力、煤气及水的生产等	13548.51	9527.38	11499.62	14423.29	15164.42	18605.65
44.电力、热力的生产和供应	3235.26	3143.41	2642.21	2712.23	2511.51	3133.13
45.燃气生产和供应业					0.16	0.18
46.水的生产和供应业	10313.26	6383.97	8857.41	11711.06	12652.75	15472.33

8–12 县、市、区能耗降低率

单位：%

	2010年	2011年	2012年	2013年	2014年	2015年
单位GDP能耗降低率						
全　市	−4.12	−3.89	−5.56	−5.34	−6.48	−8.35
京山县	−5.92	−4.87	−4.72	−5.21	−6.49	−9.23
沙洋县	−5.85	−4.72	−4.35	−3.52	−5.81	−8.94
钟祥市	−5.95	−4.91	−4.74	−5.51	−6.52	−9.14
东宝区	−5.48	−4.35	−4.30	−5.33	−6.20	−4.55
掇刀区	−6.45	−3.80	−4.24	−3.96	−4.83	−6.21
规模以上工业单位增加值能耗降低率						
全　市	−14.17	−9.72	−16.13	−11.67	−10.90	−11.24
京山县	−24.77	−7.45	−15.22	−19.23	−7.14	−16.99
沙洋县	−22.70	−22.86	−18.18	−17.46	−7.69	−9.91
钟祥市	−17.85	−7.61	−6.41	−13.53	−6.35	−12.19
东宝区	−4.00	−28.44	−19.30	−22.94	−8.43	−13.66
掇刀区	−12.24	−18.33	−10.00	−3.92	−10.20	−0.23
单位GDP电耗降低率						
全　市	−1.22	−5.20	−8.77	−8.74	−6.57	−6.91
京山县	−4.73	12.83	−17.87	−13.60	−5.43	−14.38
沙洋县	−5.63	−10.09	−18.23	−11.14	−17.65	−6.76
钟祥市	−0.57	5.63	−4.15	−6.63	−2.42	1.23
东宝区	−4.69	−14.43	−15.58	−11.55	−5.35	−6.09
掇刀区	−5.31	−21.18	−12.87	−1.27	−6.65	−7.16

8-13 全市“三废”排放及处理综合情况

	单位	2010年	2011年	2012年	2013年	2014年	2015年/十二五
一、废水排放总量	万吨	15063.12	13098.39	13709.31	13122.01	12985.32	13441.63
工业废水排放量	万吨	7176.92	4792.32	4631.67	3824.65	3407.21	3576.59
生活污水排放量	万吨	7886.20	8286.96	9058.53	9291.44	9569.68	9857.71
二、年度COD总量减排目标	%			1.20	1.50	1.50	7.40
COD排放较上年度实际下降比例	%			2.05	1.99	1.97	13.33
三、年度氨氮总量减排目标	%			1.50	1.50	2.50	10.00
氨氮排放较上年度实际下降比例	%			2.04	1.58	5.55	20.99
四、年度二氧化硫总量减排目标	%			2.60	0.00	1.00	8.50
二氧化硫排放较上年度实际下降比例	%			8.15	5.77	5.29	18.78
五、年度氮氧化物总量减排目标	%			0.00	2.00	3.00	7.20
氮氧化物排放较上年度实际下降比例	%			14.14	3.70	10.52	32.53
六、烟粉尘排放总量	吨	31722	50828	67553	68596	76105	37147
工业烟粉尘	吨	26681	49866	64384	65330	72766	33790
生活烟粉尘	吨	5041	923	2523	2523	2523	2524
七、工业固体废物产生量	万吨	542.80	596.94	518.72	559.78	603.20	504.63
八、工业固体废物倾倒丢弃量	万吨		0.08	0.08	0.08	0.08	0.08

注：1.2011年环统年报统计口径发生变化，新增农业源、城镇生活源、机动车源，工业固体废物排放量指标项从2011年开始修改为工业固体废物倾倒丢弃量。2012年起COD、氨氮、二氧化硫、氮氧化物四项总量减排指标排放量改为下降比例。

2.2015年COD、氨氮、二氧化硫、氮氧化物总量减排目标和下降比例为“十二五”主要污染物总量减排目标和下降比例。

8–14 工业“三废”排放及处理利用情况

	单位	2010年	2011年	2012年	2013年	2014年	2015年
一、工业废水							
1.废水治理设施数	套	119	136	147	163	176	184
2.废水治理设施处理能力	万吨/日	25.07	25.52	54.51	68.83	66.05	65.93
3.工业废水排放量	万吨	7176.92	4792.32	4631.67	3824.65	3407.21	3576.59
二、工业废气							
1.废气治理设施数	套	726	379	624	723	738	561
2.废气治理设施处理能力	万标立米/时	1695.3	1913.34	1971.39	2024.4	2255.64	1918.58
3.工业废气排放量	亿标立米	1091.99	1508.09	1442.44	1425.31	1486.97	1187.76
4.二氧化硫排放量	万吨	4.47	4.09	3.70	3.46	3.25	3.08
5.烟粉尘排放量	万吨	2.67	4.96	6.44	6.53	7.28	3.38
三、工业固体废物							
1.工业固体废物产生量	万吨	542.8	596.9	518.7	559.8	603.2	504.6
2.工业固体废物综合利用量	万吨	522.27	529.91	471.68	509.98	566.97	476.11
3.工业固体废物综合利用率	%	96.22	88.77	90.94	91.10	93.99	94.34
4.工业固体废物处置量	万吨	0.64	31.21	13.25	10.62	0.73	0.36

8-15 建设项目环评及“三同时”完成情况

	单位	2010年	2011年	2012年	2013年	2014年	2015年
当年审批的建设项目环境影响评价文件数量	个			417	453	581	577
#编制报告书的项目数量	个			35	62	97	147
编制报告表的项目数量	个			181	198	233	264
填报登记表的项目数量	个			202	193	261	166
当年审批的建设项目投资总额	万元			4734622	4175511	4163720	6247623
当年审批的建设项目环保投资总额	万元			76299	105072	345639	245670
当年完成环保验收项目数	个	17	85	107	69	65	124
当年完成环保验收项目的“三同时”执行率	%			100	100	100	100
当年完成环保验收项目总投资	万元			253790	244443	204419	568081
当年完成验收项目环保投资	万元	5823	151593	26330	15141	9780	73471
#生态影响类项目	万元				3287	22	22
城市基础设施项目	万元			11168	50	85	4863
工业企业项目	万元			11553	8129	9509	68443
#废水治理环保投资	万元	1708	1847	1373	1229	1990	27389
废气治理环保投资	万元	3975	1903	2390	4962	4026	28916
固体废物治理环保投资	万元	140	1072	1145	758	996	4120
噪声治理环保投资	万元		1091	586	462	500	1093
绿化及生态环保投资	万元		766	837	539	902	1911
其他环保投资	万元			5223	179	1096	5014

九、城区概况和城建

资料整理：王　芳　陈　涛

9-1 荆门市辖区社会经济发展主要统计指标

指 标	单位	2005 年	2010 年	2011 年	2012 年	2013 年	2014 年	2015 年
一、行政区域土地面积	平方公里	2171	2171	2171	2391	2391	2391	2391
#建成区面积	平方公里					54.05	55.03	58.05
城市建设用地面积	平方公里	51.00	50.50	51.82	53.09	54.05	55.03	58.05
#居住用地面积	平方公里	13.00	13.42	14.18	15.06	15.29	16.65	13.10
公共设施用地面积	平方公里	7.00	6.85	7.18	7.49	7.34	6.02	4.03
工业用地面积	平方公里	13.00	12.35	13.02	13.04	13.15	12.24	11.80
二、人口与就业								
(一)人口								
年平均人口	万人	68.22	68.22	66.73	68.85	69.10	67.52	60.19
常住人口	万人		68.52	72.62	74.45	74.65	74.76	67.78
#城镇人口	万人						52.40	49.99
年出生人口	人	5687	5969	5993	6345	5553	6595	5848
年死亡人口	人	4017	4796	3916	3205	5326	4911	2612
年末总户数	万户	22.72	26.48	27.63	29.44	26.38	25.77	23.43
(二)从业人员								
从业人员期末人数(城镇)	万人	10.06	13.14	15.7	14.55	16.04	16.21	16.43
第一产业	万人	1.80	0.14	0.12	0.10	0.10	0.10	0.10
第二产业	万人	4.01	5.51	7.81	6.96	7.93	7.40	7.51
(1)采矿业	万人	0.24	0.44	0.60	0.20	0.30	0.40	0.41
(2)制造业	万人	3.08	3.89	5.57	4.26	4.89	5.10	5.18
(3)电气水的生产和供应业	万人	0.33	0.58	0.63	1.19	1.20	0.45	0.45
(4)建筑业	万人	0.36	0.60	1.01	1.31	1.54	1.45	1.47

9-1 续表 1

指 标	单位	2005年	2010年	2011年	2012年	2013年	2014年	2015年
第三产业	万人	4.25	7.49	7.77	7.49	8.01	8.71	8.80
(1)交通运输、仓储及邮政业	万人	0.29	0.46	0.49	0.51	0.60	0.71	0.72
(2)信息传输、计算机服务和软件业	万人	0.08	0.09	0.09	0.08	0.09	0.09	0.09
(3)批发和零售业	万人	0.48	0.70	0.71	0.82	0.90	1.01	1.11
(4)住宿和餐饮业	万人	0.13	0.21	0.21	0.22	0.35	0.35	0.36
(5)金融业	万人	0.39	0.50	0.50	0.51	0.65	0.65	0.66
(6)房地产业	万人	0.10	0.18	0.19	0.10	0.10	0.21	0.21
(7)租赁和商业服务业	万人	0.12	0.25	0.27	0.11	0.13	0.13	0.14
(8)科学研究、技术服务和地质勘查业	万人	0.26	0.19	0.20	0.30	0.35	0.34	0.34
(9)水利、环境和公共设施管理业	万人	0.16	0.28	0.29	0.12	0.15	0.20	0.20
(10)居民服务和其他服务业	万人	0.02	0.07	0.09	0.05	0.05	0.06	0.05
(11)教育	万人	0.79	1.50	1.62	1.51	1.60	1.71	1.71
(12)卫生、社会保障和社会福利业	万人	0.43	0.80	0.82	0.72	0.75	0.84	0.84
(13)文化、体育和娱乐业	万人	0.10	0.20	0.30	0.34	0.29	0.29	0.26
(14)公共管理和社会组织	万人	0.90	1.70	1.99	2.10	2.00	2.12	2.12
城镇私营和个体从业人员	人	47502	40832	44500	48625	50196	51081	52001
年末城镇登记失业人员数	人	8426	12989	12806	13031	11965	7111	5673
三、综合经济								
(一)地区生产总值(当年价格)	万元	1323250	2510676	3259600	3734500	4276900	4442400	4697200
第一产业增加值	万元	132301	213833	235600	256100	308300	284100	288200
第二产业增加值	万元	635120	1458905	1879200	2184700	2432900	2498600	2551200
第三产业增加值	万元	555829	837938	1144800	1293700	1535700	1659700	1857800
地区生产总值(2010年价格)	万元					3718400	3907100	4269300

9-1 续表2

指 标	单位	2005年	2010年	2011年	2012年	2013年	2014年	2015年
人均地区生产总值	元	17860	39663	50583	56234	57368	66078	69562
地区生产总值增长率	%	14.9	15.0	14.7	12.2	10.5	9.6	9.3
(二)财政								
公共财政预算收入	万元	48974	120760	224938	276945	317867	370425	413577
#税收收入	万元	41090	92576	178684	215470	234009	280311	310118
#企业所得税	万元	2105	7284	21042	20035	22037	30882	33450
个人所得税	万元	1162	3436	8302	9412	8702	8969	9788
公共财政预算支出	万元	97409	348456	490877	546544	607323	714933	903542
#一般公共服务支出	万元		46348	68071	74262	85061	86219	82572
科学技术支出	万元		3240	4089	6096	9120	11637	21997
教育支出	万元		39889	63267	83325	76557	97968	117696
文化体育与传媒支出	万元		5836	4262	7567	6507	6943	7241
医疗卫生支出	万元		17531	31384	32845	30312	47936	57962
节能环保支出	万元		12092	16866	13888	18317	37542	92324
城乡社区事务支出	万元		17162	20403	29578	45366	46594	112463
交通运输支出	万元		26802	49708	33302	61710	84094	69136
社会保障和就业支出	万元		50401	68759	73749	82262	93016	103802
住房保障支出	万元				28836	20846	19725	29157
(三)金融								
年末金融机构存款余额	万元	1262321	2962219	3112670	3755500	4735252	5304638	6089100
#居民储蓄	万元	893683	1620203	1888255	2222900	2635643	2968710	3388700
年末金融机构贷款余额	万元	667366	1713554	1977013	2367100	3257293	3828060	4882300

9-1 续表3

指 标	单位	2005年	2010年	2011年	2012年	2013年	2014年	2015年
四、工业								
规模以上工业法人企业:								
(一)工业企业数	个	152	359	207	253	281	324	300
(1)内资企业	个	138	342	191	236	266	309	286
#国有企业	个	7	9	4	3	1	1	1
私营企业	个	51	226	107	119	184	221	201
(2)港澳台商投资企业	个	10	11	11	12	11	11	10
(3)外商投资企业	个	4	6	5	5	4	4	4
(二)工业总产值(当年价)	万元	2442448	5693254	7218871	8762361	9535400	9469964	8952662
(1)内资企业	万元	2356087	5451831	6734828	7889769	8700800	8773231	8239105
#国有企业	万元	239501	364052	319962	295501	5800	6242	6325
私营企业	万元	89050	844841	838134	1152700	2236100	2523646	2488968
(2)港澳台商投资企业	万元	62729	137236	352591	611609	577600	441801	455332
(3)外商投资企业	万元	23632	104187	131452	260983	25700	254932	258225
(三)企业财务								
从业人员年平均人数	万人	4.43	7.93	6.27	6.85	7.11	7.09	7.49
流动资产合计	万元		1259991	1481967	1750873	1847400	2037658	2239086
固定资产合计	万元		1764406	1851391	2053824	2195800	2283146	2606647
主营业务收入	万元	2396284	5820556	7365646	8546326	9393800	9387567	8798422
主营业务成本	万元		4790476	6302862	7249726	7857000	7902276	7015182
主营业务税金及附加	万元	57704	420128	430514	461163	510000	460639	700939
本年应交增值税	万元	61138	156613	164552	204908	256800	267163	303828
利润总额	万元	−15460	285807	459120	363744	446400	478980	551497

9–1 续表 4

指 标	单位	2005 年	2010 年	2011 年	2012 年	2013 年	2014 年	2015 年
五、邮电通信和能源电力								
(一)年末邮政局(所)数	处	19	19	19	19	19	21	20
(二)能源电力								
综合能源消费量	万吨/标准煤	400	445	362	320			
全社会用电量	万千瓦时	217234	227911	346339	350520	345866	405468	473439
#工业用电	万千瓦时	177795	188233	281511	270580	267732	318573	387970
城乡居民生活用电	万千瓦时	17628	20556	29477	35384	38742	38313	39894
六、贸易和外经								
(一)贸易								
限上批发零售贸易业商品销售总额	万元	499129	1066262	1601384	1738728	2115621	2710490	3229596
社会消费品零售总额	万元	386720	1028676	1162651	1363440	1549839	1769258	2076416
限上批发零售企业数(法人数)	个	33	92	113	137	194	248	225
#零售业	个	17	73	87	88	143	177	158
(二)限上批发零售贸易业企业财务								
年末从业人数	万人		1.23	1.51	1.11	1.16	1.34	1.23
流动资产合计	万元		507558	643456	752623	1024054	1254207	1279338
固定资产合计	万元		90124	93477	87819	84087	167241	133864
主营业务收入	万元		977162	1483594	1579845	1780243	2348472	2397637
主营业务成本	万元		894997	1322443	1505074	1531996	2117837	2210101
主营业务税金及附加	万元		3916	16604	15806	19415	23669	7055
本年应交增值税	万元		8641	27289	17378	44035	36194	26149
利润总额	万元		18180	61853	33861	45038	26803	20386

9-1　续表 5

指　标	单位	2005 年	2010 年	2011 年	2012 年	2013 年	2014 年	2015 年
(三)外经								
外商直接投资合同项目	个	13	4	6	8	9	7	8
当年实际使用外资金额	万美元	5353	6373	6786	7508	9151	10274	12126
七、固定资产投资								
(一)固定资产投资								
固定资产投资(不含农户)	万元	472869	1526820	2187749	2961155	3840844	4691441	5280045
#房地产开发投资额	万元	35735	238908	349199	324886	493297	694770	503937
#住宅	万元	30338	176709	217146	250237	361817	464614	350802
全年新增固定资产	万元	318020	1264471	1735819	2106552	2445261	3212014	4916780
(二)房地产								
商品房销售面积	万平方米	27.84	107.06	104.42	56.19	108.63	102.29	111.87
#住宅	万平方米	26.22	98.35	92.36	54.08	105.22	96.64	109.95
#别墅、高档公寓	万平方米		8.82	1.83	6.14	6.17	1.98	0.54
商品房销售额	万元	39298	306155	358577	237264	427037	391005	416955
#住宅	万元	30314	255419	292222	227345	401859	343010	394982
#别墅、高档公寓	万元		29811	9060	38196	44891	12955	3810
待售面积	万平方米	12.14	22.32	21.13	74.77	87.39	115.96	74.36
(三)保障性住房建设								
保障性住房本年完成投资	万元		23695	73397	59394	71365	106123	32026
#廉租房	万元		11092	900	4722	1421	7431	0
保障性住房施工面积	万平方米		23.98	99.65	124.5	205.76	348.3	11.51
#廉租房	万平方米		8.34	1.00	5.53	1.42	3.47	0.00
保障性住房竣工面积	万平方米		12.01	43.85	31.24	19.64	72.13	21.24

9-1 续表 6

指 标	单位	2005 年	2010 年	2011 年	2012 年	2013 年	2014 年	2015 年
#廉租房	万平方米		3.00	0.56	5.13	0.90	15.29	0.00
八、教育、科技、文化与卫生								
(一)教育								
学校数								
普通高等学校数	所	2	1	1	1	1	1	1
中等职业教育学校数	所	14	5	5	5	4	5	5
普通中学数	所	43	34	33	32	32	32	31
小学数	所	79	67	65	64	64	64	58
专任教师数								
普通高等学校	人	885	879	1013	1023	1004	856	706
中等职业教育学校	人	560	567	546	526	512	508	502
普通中学	人	3426	2971	2908	2885	2848	2956	2743
小学	人	2253	2515	2449	2482	2577	2444	2231
在校学生数								
普通高等学校	人	19426	19136	19921	21204	21223	20409	14078
高中阶段	人	43501	30000	27591	24522	22760	22050	
中等职业教育学校	人	16213	11397	8595	6538	5455	5676	5495
普通中学	万人	5.37	4.02	3.95	3.75	3.64	3.52	3.32
小学	万人	4.08	3.68	3.72	3.64	3.66	3.75	3.65
初中毕业生升学率	%	100	100	99.7	98.9	96	96	98
成人高等学校在校学生数	人	3431	1850	2209	2912	3506	4104	4358

9–1　续表 7

指　标	单位	2005 年	2010 年	2011 年	2012 年	2013 年	2014 年	2015 年
(二)科技								
科技活动人员	人		2553	3397	3342	3700	3774	3515
R&D 人员数	人					3170	3178	2969
R&D 内部经费支出	万元						55726	65322
(三)文化								
体育场馆数	个					5	5	6
剧场、影剧院数	个	3	4	5	5	5	5	11
公共图书馆图书总藏量	千册、件	184	475	280.86	773.04	775.66	819	540
订销报刊杂志累计份数	千份			6891	8073	10765	10208	10364
广播节目综合人口覆盖率	%			100	100	100	100	100
电视节目综合人口覆盖率	%			100	100	100	100	100
有线电视入户率	%			49.79	49.94	50.44	56.55	47.56
(四)卫生								
医院、卫生院数	个	27	24	27	28	29	30	33
医院、卫生院床位数	张	2891	4090	4381	4648	5998	5925	6853
医生数（执业医师+执业助理医师）	人	1620	1375	1435	1514	2611	2701	2756
注册护士	人	1379	1851	2236	2406	3047	3113	3574
九、人民生活								
在岗职工平均人数	万人	9.54	7.47	10.63	13.30	14.00	13.20	14.67
在岗职工工资总额	万元	118624	233054	356912	538390	596970	615813	631015
(一)居民收支								
家庭总收入	元	9184	16452	18662	20949	23759	30772	28756
工资性收入	元	6582	10508	12920	14423	16492	21048	15652

9–1 续表8

指　标	单位	2005年	2010年	2011年	2012年	2013年	2014年	2015年
经营净收入	元	559	745	1103	1376	1549	2141	5475
财产性收入	元	304	369	354	457	510	695	2215
转移性收入	元	1739	4830	4285	4693	5208	6888	5414
城镇居民人均可支配收入	元	8585	15271	17421	19628	22015	26498	28756
城镇居民人均消费支出	元	6952	10394	12399	13194	13993	19669	20553
(1)食品烟酒	元	2448	3854	4703	4900	5201	5941	6016
(2)衣着	元	1047	1335	1614	1742	1709	1846	1938
(3)居住	元	691	914	1160	908	1079	4215	4067
(4)生活用品及服务	元	313	709	964	776	847	1752	1874
(5)交通和通信	元	696	886	1135	2049	1423	1875	1965
(6)教育、文化和娱乐	元	1010	1468	1449	377	2068	1956	2465
(7)医疗保健	元	529	966	996	1163	1271	1542	1612
(8)其他用品及服务	元						542	616
(二)居民生活								
每百户居民家庭拥有：								
(1)家用汽车	辆					32	33	35
(2)消毒碗柜	台						5	9
(3)洗碗机	台							2
(4)固定电话	部		61	53	51	34	27	34
(5)移动电话	部		169	198	211	243	240	283
#接入互联网	部						195	205
(6)计算机	台	41	63	86	92	104	101	103
#接入互联网	台						93	95

9-1 续表 9

指 标	单位	2005 年	2010 年	2011 年	2012 年	2013 年	2014 年	2015 年
(7)电冰箱(柜)	户			95	96	94	96	99
(8)彩色电视机	台			127	131	126	131	136
(9)中高档乐器	架						5	6
(8)照相机	架			39	43	41	44	44
(9)摄像机	架			2	3	6	1	1
(10)洗衣机	台			101	99	93	92	97
人均住房建筑面积	平方米	26.67	34.80	34.93	35.69	40.06	43.10	32.30
居民消费价格指数(上年为100)	%	102.6	102.7	105.6	103.4	103.2	101.9	101.6
十、社会保障								
基本养老保险参保人数	人					210940	213025	223522
城镇职工基本医疗保险参保人数	人					164471	167474	186949
失业保险参保人数	人	76602	80682	84631	85615	86628	87570	89412
工伤保险参保人数	人			107737	109531	115760	119428	129548
生育保险参保人数	人			79497	84174	87731	89735	92028
社会福利院数	个	16	15	14	14	20	20	19
社会福利院床位数	张	1346	1267	1688	1993	2567	2607	4293
社区服务设施数	个	104	80	64	95	114	128	305
城市社区综合服务设施覆盖率	%					44.19	100	100.00
城市居民最低生活保障人数	人	29668	24432	24078	19566	17962	16254	10243
十一、公共管理								
(一)事故								
交通事故死亡人数	人	53	51	50	48	52	52	50

9-1 续表10

指 标	单位	2005年	2010年	2011年	2012年	2013年	2014年	2015年
交通事故损失额	万元	141	39	39	41.57	40	37.71	36.00
火灾事故死亡人数	人					2	0	3
火灾事故损失额	万元		19	18	19.9	36	77.45	77.00
(二)社会治安								
刑事案件立案数	起	2870	4019	5233	6045	5866	5322	4875
犯罪人数	人	1145	436	569	512	436	370	398
#青少年人数(年龄 14-25周岁)	人	146	168	186	141	109	90	57
十二、市政公用事业								
(一)基础设施								
城市维护建设资金支出	万元	24946	16944	15494	42008	29426	30439	116050
年末实有城市道路面积	万平方米	627	645	680	739	790	876	913
排水管道长度	公里	462	539	620	672	730	777	796
供水综合生产能力(包括自备水源)	万立方米/日	39.4	48.0	48.2	48.2	48.2	46.0	46.0
供水总量	万吨	7361	7770	7825	8038	7350	7183	7205
售水量	万吨		6676	6789	6939	6381	6133	5974
#居民生活用水量	万吨		2578	2573	2643	2442	2437	2393
用水人口	万人	46.30	47.00	47.08	47.49	48.49	50.40	49.62
用水普及率	%					100.00	100.00	100.00

9-1 续表 11

指 标	单位	2005年	2010年	2011年	2012年	2013年	2014年	2015年
(二)供气								
供气总量（人工、天然气）	万立方米	75	5483	7118	8621	9410	10367	10541
#家庭用量	万立方米	64	833	970	1343	1488	1786	2168
用气人口	人	20000	157000	171808	174409	296000	344000	360000
液化石油气供气总量	吨	11877	15657	15657	16637	7645	6413	5808
#家庭用量	吨	11757	14513	14513	11190	7595	6373	5773
用液化气人口	人	442000	311000	299160	300521	188900	160000	136200
(三)公共交通								
年末实有公共汽(电)车营运车辆数	辆	404	429	489	489	500	502	557
全年公共汽(电)车客运总量	万人次	8130	9393	10033	7127	8484	8579	8800
年末实有出租汽车数	辆	500	500	800	800	800	800	800
(四)绿地								
绿地面积	公顷	1959	1697	1739	1778	1808	1858	2302
#公园绿地面积	公顷	368	480	480	480	485	527	576
建成区绿化覆盖面积	公顷	2282	2016	2064	2104	2144	2198	1962

9–2 市政设施及公用事业基本情况

	单位	2005年	2010年	2011年	2012年	2013年	2014年	2015年
一、建城区面积	平方公里	93.55	100.65	104.93	110.97	116.00	121.28	126.26
城市建设用地面积	平方公里	86.36	98.50	103.52	110.24	115.20	120.35	126.16
#居住用地	平方公里	21.50	26.18	28.14	30.86	32.22	35.03	29.96
公共管理与公共服务用地	平方公里						10.89	9.42
商业服务业设施用地	平方公里						7.71	7.90
工业用地	平方公里	22.41	26.57	28.22	26.16	28.02	27.00	24.98
物流仓储用地	平方公里	3.47	3.20	2.11	3.84	4.11	4.78	4.43
道路与交通设施用地	平方公里						8.88	24.58
公共设施用地	平方公里						5.99	6.23
绿地与广场用地	平方公里						20.07	18.66
二、建城区绿地率	%	34.15	32.40	33.56	33.43	35.64	31.90	32.55
园林绿地面积	公顷	3222	710	3420	3524	3602	3915	4110
#建城区	公顷	3195	693	3386	3487	3562	3869	4110
绿化覆盖面积	公顷		782	3998	4116	4205	4525	4721
#建城区	公顷		767	3931	4050	4134	4453	4721
公园绿地面积	公顷	865	257	977	1007	1031	1161	1234
公园个数	个	10	4	16	16	17	17	18
公园面积	公顷	531	232	693	703	708	718	760.3
三、道路长度	公里	774	867	914	965	1024	1087	1147
道路面积	万平方米	1373	1730	1827	1976	2129	2281	2444
#人行道	万平方米		378	396	422	452	478	516
桥梁数	座	168	177	184	189	192	200	205
#立交桥	座						1	1
道路照明灯盏	盏	22292	26986	33451	40918	41776	43576	49706
安装路灯的道路长度	公里					776	854	929

9-2 续表1

	单位	2005年	2010年	2011年	2012年	2013年	2014年	2015年
四、建成区排水管道密度	公里/平方公里		9.90	10.74	10.75	11.24	11.33	11.67
污水处理率	%	66.96	78.89	79.46	89.54	84.93	84.87	84.35
污水排放量	万立方米	6583	8369	9820	9754	9123	9455	9669
排水管道长度	公里	721	996	1127	1193	1303	1374	1473
污水处理厂	座		4	5	5	5	5	5
污水处理能力	万立方米/日						26	26
污水处理总量	万立方米	4408	6602	6693	7805	7748	8024	8156
五、生活垃圾无害化处理率	%	72.39	86.02	84.71	85.97	73.21	72.09	72.77
道路清扫保洁面积	万平方米		892	906	959	1113	1207	1315
生活垃圾清运量	万吨	56.00	41.78	42.50	40.28	38.56	37.02	37.94
无害化处理厂（场）数	座		3	3	3	3	3	3
生活垃圾无害化处理能力	吨/日		1000	1000	1030	944	953	953
生活垃圾无害化处理量	万吨		35.94	36.00	34.63	28.23	26.69	27.61
生活垃圾转运站座数	座						92.00	103
公共厕所	座	314	293	303	307	307	311	314
市容环卫专用车辆总数	辆	91	127	153	189	174	179	193

9-2 续表 2

	单位	2005 年	2010 年	2011 年	2012 年	2013 年	2014 年	2015 年
六、供水管道长度	公里	672	884	1058	1098	1148	1203	1240
供水总量	万立方米	7250	12353	12578	12986	12252	12060	12176
售水总量	万立方米		10407	10682	11018	10459	10191	10100
#生产运营用水	万立方米	1593	4217	4877	5079	4710	4663	4921
公共服务用水	万立方米	636	1205	652	685	600	487	486
居民家庭用水	万立方米	4763	4641	4870	5111	4989	4912	4991
免费供水总量	万立方米		245	262	300	259	264	268
漏损水量	万立方米		1701	1634	1668	1535	1606	1807
用水户数	户		282872	295333	322903	327367	369193	411675
#家庭用户	户		254515	265521	289898	293959	331827	373881
用水人口	万人		93.12	93.75	97.89	98.54	103.77	106.29
七、液化石油气储气能力	吨		2348	2348	2348	2378	2330	2330
供气管道长度	公里	2.50	1.32	1.32	5.18	5.18	5.18	5.18
供气总量	吨	21857	24600	23337	24323	15588	15558	13634
销售气量	吨		24252	23154	24192	15463	15443	13424
#家庭用量	吨	20937	22823	21989	18634	15357	15343	11924
燃气损失量	吨		348	183	131	125	115	110
用气户数	户	271966	172618	166080	174010	124027	112702	105726
#家庭用户	户	267860	169406	164493	170312	123187	112002	105126
用气人口	万人		64.27	61.02	61.02	48.35	45.00	40.29
八、天然气储气能力	万立方米		33.91	33.91	35.91	98.91	99.56	99.56
供气管道长度	公里	59	937	1024	1211	1430	1668	1877
供气总量	万立方米	75	7108	8874	11217	12030	13270	13701
销售气量	万立方米		6971	8709	11019	11828	13023	13465
#家庭用量	万立方米	64	1453	1700	2879	2663	3108	3834
燃气损失量	万立方米		137	165	199	202	247	237
用气户数	户	5800	81264	101467	128204	174230	193061	249469
#家庭用户	户	5792	80534	97485	124184	169924	188567	244515
用气人口	万人		29.48	33.46	37.06	50.34	58.56	65.00

9-3 县、市、区市政设施及公用事业基本情况

2015 年

	单位	合 计	荆门城区	京山县	沙洋县	钟祥市
一、建城区面积	平方公里	126.26	58.05	24.75	17.46	26.00
城市建设用地面积	平方公里	126.16	58.05	24.73	17.38	26.00
#居住用地	平方公里	29.96	13.10	6.22	4.31	6.33
公共管理与公共服务用地	平方公里	9.42	4.90	0.89	2.11	1.52
商业服务业设施用地	平方公里	7.90	3.84	0.53	2.75	0.78
工业用地	平方公里	24.98	11.80	5.32	2.91	4.95
物流仓储用地	平方公里	4.43	1.43	0.79	0.34	1.87
道路与交通设施用地	平方公里	24.58	9.70	7.25	2.20	5.43
公共设施用地	平方公里	6.23	4.03	1.61	0.24	0.35
绿地与广场用地	平方公里	18.66	9.25	2.12	2.52	4.77
二、建成区绿地率	%	128.26	33.80	31.56	31.45	31.45
园林绿地面积	公顷	4087.98	1962.34	796	569.2	760.44
#建成区	公顷	4035.98	1962.34	781	549.2	743.44
绿化覆盖面积	公顷	4724	2302	913	672	836
#建成区	公顷	4646.54	2302.19	892	631	821.35
公园绿地面积	公顷	1211.04	576.44	248	117	269.6
公园个数	个	18	7	6	1	4
公园面积	公顷	760.3	309.3	208	11	232
三、道路长度	公里	1147	501	314	101	232
道路面积	万平方米	2444	965	724	212	543
#人行道	万平方米	657	300	95	176	86
桥梁数	座	205	92	73	17	23
道路照明灯盏	盏	49706	21710	9466	2995	15535
安装路灯的道路长度	公里	929	468	239	70	152

9–3 续表 1

	单位	合 计	荆门城区	京山县	沙洋县	钟祥市
四、建成区排水管道密度	公里/平方公里	11.67	14.05	12.09	8.24	8.26
污水处理率	%	84.35	86.42	83.06	83.05	80.43
污水排放量	万立方米	9669	5433	1110	944	2182
排水管道长度	公里	785	403	24	144	215
污水处理厂	座	5	2	1	1	1
污水处理能力	万立方米/日	26	15	3	3	5
污水处理总量	万立方米	8156	4695	922	784	1755
五、生活垃圾无害化处理率	%	100.00	100.00	100.00	100.00	100.00
道路清扫保洁面积	万平方米	1315	430	320	175	390
生活垃圾清运量	万吨	37.94	14.86	7.20	5.55	10.33
无害化处理厂（场）数	座	4	1	1	1	1
生活垃圾无害化处理能力	吨/日	1253	500	230	223	300
生活垃圾无害化处理量	万吨	37.94	14.86	7.20	5.55	10.33
粪便处理量	万吨	–	–	–	–	–
生活垃圾转运站座数	座	103	13	61		29
公共厕所	座	314	136	69	25	84
市容环卫专用车辆总数	辆	193	79	34	20	60

9-3 续表2

	单位	合 计	荆门城区	京山县	沙洋县	钟祥市
六、供水管道长度	公里	1240	561	266	158	255
供水总量	万立方米	12176	7205	1388	1293	2290
售水总量	万立方米	10100	5974	975	1100	2051
#生产运营用水	万立方米	4921	3364	234	1100	223
公共服务用水	万立方米	486	197	10	109	170
居民家庭用水	万立方米	4991	2393	683	319	1597
免费供水总量	万立方米	268	59	98	101	10
漏损水量	万立方米	1807	1172	315	91	229
用水户数	户	411675	270160	47000	19979	74536
#家庭用户	户	373881	249176	32900	18882	72923
用水人口	万人	106.29	49.62	17.27	12.85	26.55
七、液化石油气储气能力	吨	2330	1600	50	380	300
供气总量	吨	13634	5808	455	1605	5766
销售气量	吨	13424	5773	445	1500	5706
#家庭用量	吨	11924	5773	445		5706
燃气损失量	吨	110	35	10	5	60
用气户数	户	105826	36335	7389	16300	45802
#家庭用户	户	105126	36335	7389	15600	45802
用气人口	万人	40.29	13.62	3.17	6.50	17.00
八、天然气储气能力	万立方米	99.56	0.91	0.65	38.00	60.00
供气管道长度	公里	1877	968	481	198	230
供气总量	万立方米	13701	10540	964	333	1865
销售气量	万立方米	13465	10361	919	330	1855
#家庭用量	万立方米	3834	2168	387	84	1195
燃气损失量	万立方米	237	180	45	2	10
用气户数	户	249169	165466	40615	9112	33976
#家庭用户	户	244515	164592	40294	8889	30740
用气人口	万人	65.00	36.00	14.10	5.35	9.55

十、农　业

资料整理：严婷婷

10-1 农村基层组织和劳动力情况

	2000 年	2005 年	2010 年	2011 年	2012 年	2013 年	2014 年	2015 年
一、农村组织情况（个）								
乡个数	10	2	2	2	2	2	2	2
镇个数	57	50	50	50	50	50	50	50
街道办事处	4	5	5	7	7	7	7	7
村委会个数	1536	1504	1395	1396	1396	1394	1377	1347
村民小组个数	10906	10108	9954	9831	9995	9890	9961	9986
二、乡村户数、人口								
乡村户数（万户）	46.80	48.66	49.44	50.04	50.17	49.84	50.45	50.66
乡村人口数（万人）	189.94	192.61	188.46	189.73	189.67	190.93	191.83	192.66
三、乡村从业人员（万人）	80.27	85.78	100.99	103.88	106.82	107.57	108.46	109.66
#农业从业人员	59.05	56.77	55.66	55.22	53.72	42.08	36.64	36.06
按性别分组								
男	41.01	44.32	53.44	55.25	57.00	56.84	57.66	58.30
女	39.26	41.46	47.55	48.63	49.82	50.73	50.80	51.36
四、国有农林牧渔场从业人员（万人）	4.39	6.23	6.05	5.86	5.44	5.33	5.50	5.34
农业从业人员	2.39	3.62	3.45	3.44	3.01	3.05	2.84	2.70
非农业从业人员	2.00	2.61	2.60	2.42	2.43	2.28	2.66	2.64

10–2 耕地面积

年 份	年末耕地总资源（千公顷）	水 田	旱 地
2000	256.53	172.54	83.99
2001	255.71	169.48	86.23
2002	251.45	166.24	81.87
2003	248.69	163.96	82.35
2004	251.35	169.57	79.42
2005	251.12	172.97	76.47
2006	253.20	175.54	75.44
2007	253.73	176.74	74.71
2008	255.81	178.17	75.32
2009	258.41	178.99	75.66
2010	257.33	179.61	76.08
2011	262.84	185.88	75.21
2012	271.70	188.09	76.93
2013	271.66	188.96	77.73
2014	271.37	189.11	77.81
2015	271.55	191.32	77.32

10–3 农林牧渔业总产值

按当年价格计算

年 份	农林牧渔业总产值（万元）	农业	林业	牧业	渔业	农林牧渔服务业
2000	969625	602695	21311	211090	134529	
2001	997801	572934	15173	245431	164263	
2002	1003847	576430	19725	243822	163870	
2003	1108324	623428	21833	273578	165334	24151
2004	1336725	764189	21619	353716	169944	27257
2005	1355248	758574	23638	353159	187170	32707
2006	1452036	810279	24359	381198	201614	34586
2007	1807320	872812	26846	592972	273303	41387
2008	2266092	1021001	31908	798162	364968	50053
2009	2317184	1068501	36838	755289	403606	52950
2010	2531445	1227666	33702	775248	436300	58529
2011	2919506	1414588	45262	920783	471669	67204
2012	3166495	1494723	49665	1000146	548614	73347
2013	3379332	1524274	53922	1099260	621262	80614
2014	3516653	1538913	57156	1166880	666363	87341
2015	3658406	1557193	60031	1234585	709692	96905

10-4 农林牧渔业总产值构成

按当年价格计算

年 份	农林牧渔业总产值（%）	农业	林业	牧业	渔业	农林牧渔服务业
2000	100.0	62.2	2.2	21.8	13.9	
2001	100.0	57.4	1.5	24.6	16.5	
2002	100.0	57.4	2.0	24.3	16.3	
2003	100.0	56.2	2.0	24.7	14.9	2.2
2004	100.0	57.2	1.6	26.5	12.7	2.0
2005	100.0	56.0	1.7	26.1	13.8	2.4
2006	100.0	55.8	1.7	26.3	13.9	2.4
2007	100.0	48.3	1.5	32.8	15.1	2.3
2008	100.0	45.1	1.4	35.2	16.1	2.2
2009	100.0	46.1	1.6	32.6	17.4	2.3
2010	100.0	48.5	1.3	30.6	17.2	2.3
2011	100.0	48.5	1.6	31.5	16.2	2.3
2012	100.0	47.3	1.6	31.5	17.3	2.3
2013	100.0	45.1	1.6	32.5	18.4	2.4
2014	100.0	43.8	1.6	33.2	18.9	2.5
2015	100.0	42.6	1.6	33.8	19.4	2.6

10-5 农林牧渔业总产值指数

按可比价格计算，上年＝100

年 份	农林牧渔业总产值指数	农业	林业	牧业	渔业	农林牧渔服务业
2000	103.0	103.1	61.3	104.6	111.0	
2001	100.5	97.2	83.4	107.1	105.3	
2002	100.8	96.6	106.8	104.6	107.0	
2003	106.0	102.7	111.4	107.9	100.6	
2004	106.3	107.5	100.2	107.5	102.1	114.8
2005	102.7	99.5	96.3	109.6	101.1	118.3
2006	103.1	101.8	97.5	106.3	103.1	101.9
2007	108.4	99.6	103.9	117.2	127.9	106.1
2008	106.3	104.3	104.2	107.7	109.1	111.0
2009	104.9	103.7	108.0	106.9	103.7	102.7
2010	105.3	103.4	85.6	106.6	109.8	106.2
2011	104.4	104.8	120.7	102.1	105.5	109.1
2012	104.9	102.4	104.9	107.4	107.6	103.7
2013	104.7	103.3	103.0	105.8	106.2	106.4
2014	105.0	102.2	103.6	106.8	109.0	105.2
2015	105.0	103.0	102.6	105.5	108.5	110.2

10–6 农作物播种面积

单位：千公顷

年 份	总播种面积	粮食作物	夏粮	小麦	稻谷	早稻	中稻	晚稻
2000	559.63	275.36	73.98	65.47	160.13	7.04	142.34	10.75
2001	545.57	263.94	68.71	59.31	159.11	5.27	143.77	10.07
2002	546.43	259.74	65.55	54.64	156.95	4.90	143.43	8.62
2003	537.96	251.53	62.05	50.26	154.91	5.71	141.07	8.13
2004	540.13	264.16	58.26	49.73	172.22	6.81	157.39	8.02
2005	548.20	283.68	72.65	63.85	177.64	6.08	165.03	6.53
2006	552.37	306.66	94.40	85.92	178.52	5.97	166.25	6.30
2007	556.24	327.80	116.48	109.11	178.33	5.91	166.28	6.14
2008	565.12	322.45	106.28	100.57	179.95	6.68	166.43	6.84
2009	575.82	337.17	109.57	104.62	185.21	7.75	169.03	8.43
2010	578.76	341.53	113.32	108.69	185.97	8.06	169.37	8.54
2011	584.20	348.27	117.10	110.92	188.45	8.28	171.98	8.19
2012	586.62	356.22	123.17	116.15	190.27	8.54	173.32	8.41
2013	606.83	364.49	125.47	119.10	193.56	9.20	176.09	8.27
2014	611.65	378.57	125.36	118.42	198.29	9.26	180.64	8.39
2015	601.34	384.42	123.59	116.88	198.40	9.31	180.81	8.28

10–6 续表 1

年 份	豆类	大豆	薯类	玉米	油料作物	油菜籽	花生	芝麻
2000	24.58	18.03	6.01	14.94	157.40	116.46	30.75	10.19
2001	17.91	16.15	4.71	13.47	148.76	101.80	38.85	8.11
2002	17.98	16.45	4.97	14.37	159.44	114.67	36.47	8.30
2003	16.93	15.33	4.75	12.87	153.25	115.09	30.55	7.61
2004	20.53	14.36	4.35	14.28	153.05	124.38	21.06	7.61
2005	18.37	12.94	3.49	15.94	154.02	126.53	20.54	6.95
2006	17.74	13.05	3.56	16.29	133.64	106.71	20.64	6.29
2007	16.22	11.81	4.11	16.32	113.63	89.08	18.71	5.84
2008	17.25	14.19	4.19	17.53	139.77	115.86	18.07	5.84
2009	16.48	15.80	3.28	22.63	144.15	121.11	17.43	5.61
2010	18.10	15.73	4.35	22.44	140.18	118.15	16.63	5.40
2011	17.69	15.30	8.09	21.19	136.76	114.70	16.56	5.47
2012	16.71	14.23	9.12	22.15	134.92	111.26	18.95	4.71
2013	15.66	13.71	8.22	25.97	144.62	122.03	17.59	4.99
2014	18.42	15.95	9.69	32.21	143.97	122.62	16.37	4.97
2015	19.95	17.62	9.48	37.95	141.61	121.10	15.50	5.00

10-6 续表 2

年 份	糖料	棉花	药材面积	蔬菜	果用瓜	西瓜	香瓜（甜瓜）	麻类
2000	1.18	23.29	1.83	64.41	9.84	8.93	0.91	0.04
2001	1.09	28.19	2.08	63.31	12.36	11.23	0.95	0.02
2002	0.90	24.85	1.93	61.27	9.27	8.42	0.66	0.03
2003	0.97	32.64	3.86	56.59	9.32	8.52	0.69	0.07
2004	0.63	39.33	2.80	50.52	7.21	6.49	0.69	0.07
2005	0.56	35.80	1.60	48.60	6.97	6.25	0.68	0.07
2006	0.64	37.10	1.35	48.27	8.07	7.31	0.73	0.03
2007	0.61	40.57	0.97	48.17	7.34	6.73	0.58	
2008	0.68	41.89	0.85	42.87	6.95	6.22	0.57	
2009	0.65	35.62	0.83	41.10	6.75	6.09	0.61	
2010	0.65	36.42	0.82	41.26	6.74	6.04	0.66	
2011	0.61	38.08	0.85	44.12	6.20	5.47	0.55	
2012	0.62	35.42	1.02	44.15	6.93	5.76	0.83	
2013	0.64	35.18	0.96	46.44	8.52	6.88	0.80	
2014	0.69	25.10	0.96	46.75	8.21	6.73	0.94	
2015	0.67	14.56	1.00	46.79	7.37	6.36	0.91	

10-7 农作物产量

单位：吨

年 份	粮食作物	夏粮	小麦	稻谷	早稻	中稻	晚稻
2000	2037821	248605	222821	1585740	54424	1454463	76853
2001	1938228	242392	218667	1525209	40260	1426773	58176
2002	1873918	171637	143184	1514806	34852	1419534	60420
2003	1682359	181525	147648	1319463	43006	1220490	55967
2004	2010128	196695	170080	1646316	52467	1534352	59497
2005	2107595	267180	238463	1668445	47494	1571255	49696
2006	2154316	375773	345040	1603385	46611	1510545	46229
2007	2318825	497139	467320	1669727	46863	1578054	44810
2008	2404962	444675	422439	1785291	52675	1679155	53461
2009	2514005	448309	430328	1853956	61671	1727175	65110
2010	2524144	464922	443119	1831087	64368	1700851	65868
2011	2557207	464972	440361	1841931	63600	1717045	61286
2012	2621448	488685	459551	1893757	65443	1765910	62404
2013	2676025	527092	499766	1893838	71848	1759868	62122
2014	2729330	537705	505457	1892543	73736	1754019	64788
2015	2781845	513000	480211	1929409	74931	1788259	66219

10–7　续表 1

年　份	豆类	大豆	薯类	玉米	油料作物	油菜籽	花生
2000	73438	55200	55024	87473	358700	225719	114543
2001	51945	48384	43580	74921	359508	213669	130143
2002	55216	51371	49693	82413	321727	176172	130634
2003	50459	46930	53297	77542	345597	220447	112106
2004	60437	45622	37930	84939	391093	293262	84406
2005	53338	40762	31260	98118	366592	267140	87610
2006	53427	41897	35367	96456	340795	239539	90347
2007	44157	32155	35980	82191	316224	222277	83760
2008	46392	36197	39444	99904	347483	255969	81644
2009	47905	46374	31079	132756	362467	272670	80383
2010	55415	48445	43677	142841	361198	274301	77434
2011	54224	48034	72650	140467	347028	254475	80591
2012	48850	42425	69711	143369	359535	263636	85341
2013	44937	39666	64745	166009	387977	293711	84255
2014	52912	46119	73250	199431	395632	301711	84014
2015	56982	50216	75150	234107	400357	305000	82559

10–7　续表 2

年　份	芝麻	糖料	棉花(皮棉)	蔬菜	果用瓜	西瓜	香瓜(甜瓜)
2000	18438	47576	30803	2034483	379974	330073	49901
2001	15696	31809	34466	1978268	356201	338164	16100
2002	14921	33867	30885	1977610	287926	271758	16168
2003	13044	30691	36753	1896995	322361	301928	19209
2004	13425	24044	42733	1724190	226508	209091	16965
2005	11842	18862	43369	1652060	208156	188420	16069
2006	10904	25286	48350	1708189	231521	217490	13050
2007	10187	24209	45588	1625740	174237	159388	14622
2008	9870	25582	42845	1582214	202913	189755	12764
2009	9414	24973	40516	1526285	203121	186782	14706
2010	9463	27854	43297	1645050	203772	188770	14669
2011	11962	28404	47884	1811516	192171	165225	15041
2012	10558	27369	49240	1902903	206518	176112	20838
2013	10011	26425	47690	1978348	245766	213533	21819
2014	9907	31143	30541	2044714	250076	221941	27603
2015	10999	30579	21441	2090380	227866	205634	21089

10-8 主要农特产种植情况

年 份	年末实有茶园面积（公顷）	年末实有果园面积（公顷）	柑桔	梨	葡萄	桃
2000	1423	26702	8837	10337	231	4253
2001	1330	26247	8711	10676	218	3315
2002	1280	24662	8378	10576	239	3300
2003	1156	20903	8714	7022	759	2560
2004	1317	19710	8506	6651	699	2093
2005	1013	16867	6991	5496	476	1951
2006	1000	17264	7362	5648	413	2145
2007	988	18991	9212	5567	381	2106
2008	911	20244	10337	5527	345	2476
2009	917	23070	10747	7601	347	2838
2010	880	23221	11448	6879	381	2911
2011	898	23827	11980	7130	385	2739
2012	943	25669	11375	8224	549	3466
2013	1270	20981	5638	8234	511	4250
2014	949	26603	10887	7823	641	4563
2015	956	24296	10716	5496	535	4691

10-8 续表

年 份	茶叶产量（吨）	园林水果产量（吨）	柑桔	梨	葡萄	桃
2000		316158	100993	129432		45507
2001		305293	100183	137058		47543
2002		281144	78684	144266		47328
2003		260889	95728	100088		49892
2004		285823	107591	119317		45347
2005		276752	93008	128384		37406
2006		326834	98085	167900		45260
2007		314074	95695	161971		36711
2008		342880	132489	152114		38924
2009		355388	135620	160888	7769	39215
2010	173	377151	149580	166863	8367	41743
2011	185	359964	139732	162922	9244	35804
2012	198	444110	178593	218770	12146	22409
2013	203	446201	171600	225988	11058	27231
2014	201	431997	153946	227324	12535	28560
2015	219	373911	133355	177742	7792	42203

10-9　林业生产情况

年　份	当年造林面积（公顷）	当年零星植树（万株）	当年育苗面积（公顷）	木材采伐量（立方米）
2000	6204	1983.65	572	70115
2001	2501	1527.00	457	64034
2002	14103	940.99	542	65027
2003	17057	874.21	931	102809
2004	8136	861.83	697	132207
2005	11904	1220.63	643	116279
2006	4167	1176.93	584	149718
2007	5400	392.53	302	188735
2008	4871	914.52	573	207831
2009	5593	674.15	796	215230
2010	7616	828.71	1171	136884
2011	11237	986.09	4205	163561
2012	15597	1030.52	6228	177379
2013	11354	819.98	6359	178777
2014	12926	1021.00	6571	154735
2015	11088	765.13	7471	101700

10-9　续表

年　份	竹材采伐量（万根）	主要林产品产量		
		松脂（公斤）	核桃（吨）	板栗（吨）
2000	2239		96	6311
2001	2034		55	4519
2002	1890		44	4570
2003	2581		39	4444
2004	2140		127	5415
2005	1608		119	5060
2006	1613		137	5527
2007	1506		38	6120
2008	624		140	5952
2009	1495		238	7239
2010	1151	438005	222	7270
2011	83	797944	168	6743
2012	553	1010002	276	7011
2013	782	1521907	154	6049
2014	805	1720943	261	7531
2015	743	1775000	270	9450

10-10 畜牧业生产情况

年 份	年末大牲畜存栏（头）	牛	马	驴	骡	年末羊存栏（只）
2000	235762	233444	1774	496	48	51201
2001	222304	220478	1387	420	19	87803
2002	230243	228470	1411	347	15	244785
2003	231359	229278	1486	426	169	298100
2004	227275	225055	1641	336	243	269337
2005	216592	214997	1432	151	12	225780
2006	212624	209939	2541	137	7	218956
2007	209683	208775	795	113		217343
2008	207655	206937	590	82	46	226373
2009	208461	207126	1055	268	12	265164
2010	212070	210811	928	318	13	289404
2011	199829	198784	632	390	23	320138
2012	214527	213288	402	832	5	373788
2013	223666	222546	339	729	52	432507
2014	237307	236140	399	768		489315
2015	244500	243304	331	865		474708

10-10 续表 1

年 份	年末生猪存栏（万头）	能繁母猪	年末家禽存笼（万只）	鸡	鸭	鹅
2000	123.91	7.38	1567.52	1376.24	167.59	
2001	134.76	8.61	1653.28	1464.39	159.20	
2002	132.28	8.19	1609.58	1409.11	178.04	
2003	139.69	8.72	1701.00	1503.93	172.77	
2004	148.50	9.43	1764.62	1575.35	170.58	
2005	157.56	11.61	1686.73	1483.07	186.95	
2006	160.57	10.40	1759.71	1563.03	161.41	
2007	183.95	15.76	2307.42	2043.65	233.11	
2008	221.71	20.28	2553.27	2261.90	250.86	
2009	229.54	22.06	2949.48	2598.56	299.99	
2010	242.16	20.54	3076.85	2705.46	350.02	21.37
2011	252.16	20.95	3212.80	2753.98	437.17	21.65
2012	274.75	23.16	3514.35	3037.47	446.49	30.39
2013	313.19	30.18	3948.47	3393.65	508.18	46.64
2014	285.26	23.90	4239.49	3747.35	460.16	
2015	273.33	22.35	4262.36	3632.07	467.78	

10–10 续表 2

年 份	当年牛出栏（头）	当年羊出栏（只）	当年生猪出栏（万头）	当年家禽出笼（万只）			
					鸡	鸭	鹅
2000			194.75	1772.76	1507.65	202.50	
2001			200.53	1933.69	1617.39	221.23	
2002			207.96	2034.93	1740.82	225.40	
2003			222.86	2159.69	1846.88	234.32	
2004			247.67	2374.59	2048.72	267.65	
2005			271.14	2803.18	2413.30	306.08	
2006			281.68	2941.57	2563.45	281.87	
2007			331.77	3444.98	3040.12	323.29	
2008			320.59	3364.74	2705.01	491.37	
2009			346.64	3903.75	3297.56	438.68	
2010	122377	430598	365.78	4290.22	3567.72	561.64	160.55
2011	131404	483583	377.12	4350.28	3491.19	687.62	171.47
2012	144054	504222	400.02	4676.55	3844.99	692.86	138.70
2013	153670	561901	415.22	4994.85	4133.24	770.69	90.92
2014	187691	610425	422.15	4950.02	4135.85	750.04	
2015	197076	622634	408.91	4752.00	4027.34	690.49	

10–10 续表 3

年 份	禽蛋产量（吨）	肉类总产量（吨）				
			牛肉	猪肉	羊肉	禽肉
2000	62522	178073	6616	145131	1044	25195
2001	67536	180385	6208	147052	1670	25334
2002	70846	197500	6062	158843	2663	28918
2003	74982	216078	6301	174766	4146	30524
2004	77306	235691	6800	190012	4713	34095
2005	85989	259663	6769	207970	4697	40160
2006	96142	268306	7352	213653	4459	39600
2007	116651	312350	10400	246956	4336	50025
2008	104306	324534	11873	254631	5265	52021
2009	110923	342971	12874	259937	6128	64012
2010	125448	358498	16402	274334	6882	60843
2011	140502	373362	18122	281703	7473	65380
2012	143392	408202	22807	305634	9539	69738
2013	151273	423022	22910	304632	13925	80916
2014	165003	443594	27541	318200	14585	83268
2015	172263	434377	28866	307500	14743	82855

10-11 渔业生产情况

年 份	淡水养殖面积（公顷）	池塘	湖泊	河沟	水库	水产品产量（吨）
2000	58653	21570	9780	1580	19830	209995
2001	59073	26510	9900	1510	20540	214251
2002	59626	23090	10190	1610	20300	225514
2003	59375	23330	10290	1420	18930	226994
2004	59602	23740	10450	1260	18930	232569
2005	59537	23030	10640	1240	21040	240199
2006	61561	24140	11180	1290	21080	248626
2007	63771	27230	10350	1570	21630	303860
2008	65676	30126	9625	2601	22124	320491
2009	69096	34130	10000	2890	20600	349178
2010	73375	34368	9009	3779	23927	383306
2011	76343	37766	9453	3322	23523	422471
2012	83980	43208	11224	2688	24999	464173
2013	85842	43923	9758	2696	27521	491703
2014	87729	44277	9920	3086	27404	519390
2015	89336	46408	10126	3067	27921	550813

10-11 续表

年 份	淡水捕捞产量	淡水养殖产量	鱼类	虾蟹类	贝类	其它类
2000	26233	183762	204540	2208	229	3018
2001	22869	191382	207990	2712	207	3342
2002	23118	202396	218375	2884	171	4084
2003	23697	203297	218992	3986	386	3630
2004	23647	208922	225156	3423	167	3823
2005	25135	215064	233339	3442	538	2880
2006	24065	224561	219845	1954	40	2722
2007	26489	277371	255739	17560	70	4002
2008	30149	290342	255818	29799	34	4691
2009	31329	317849	268784	42308	10	6747
2010	34449	348857	298042	41692	677	8446
2011	28777	393694	346668	38681	567	7778
2012	34285	429888	379919	40183	607	9179
2013	43846	447857	391783	43837	911	11326
2014	42230	477160	415603	49585	906	11066
2015	50127	500686	429385	59070	906	11325

备注：2000-2005 年，鱼类、虾蟹类、贝类和其他类产量含淡水捕捞产量。

10-12 农业机械拥有量

	单位	2010年	2011年	2012年	2013年	2014年	2015年
农业机械总动力	千瓦	3408355	3666740	4040878	4262148	4438661	4605448
大中型拖拉机	台	15901	17580	17860	19047	20432	21877
	千瓦	520561	626330	876233	717084	783081	867703
小型拖拉机	台	232690	242417	263997	266451	270410	274176
	千瓦	1660230	1748567	1932542	1991859	2038472	2067689
大中型拖拉机配套农具	部	27468	31142	32813	31024	38645	40896
小型拖拉机配套农具	部	432488	435836	451434	414535	492327	497734
农用排灌动力	台	27392	29361	28158	33371	33913	29705
	千瓦	301459	268379	269527	274334	292585	248612
农用水泵	台	71767	86152	85814	81104	82661	68495
联合收获机	台	9217	10525	11981	12822	14511	15547
机动脱粒机	台	2548	2264	1879	1288	1882	1403
动力喷雾（粉）机	部	23546	24325	29803	29340	30316	31164
农副产品加工动力	台	13218	14105	15242	14585	14460	14685
	千瓦	139612	140989	148770	140679	143565	143726
农副产品加工机械	部	8743	8577	8682	8911	8903	9084
农用运输车	辆	8744	8708	9016	8715	8518	6746

10-13 农业生产条件

单位：千公顷

	2005年	2006年	2007年	2008年	2009年	2010年
年初耕地总资源	251.35	252.27	253.20	253.73	255.81	258.41
年内新增耕地面积	2.19	1.19	0.83	2.42	2.82	1.61
#新开荒耕地	1.20	1.02	0.09	0.31	2.02	0.49
当年减少耕地	2.42	0.26	0.30	0.34	0.22	2.69
年末耕地总资源	251.12	253.20	253.73	255.81	258.41	257.33
#常用耕地面积	249.44	250.98	251.45	253.49	254.65	255.69
#水田	172.97	175.54	176.74	178.17	178.99	179.61
旱地	76.47	75.44	74.71	75.32	75.66	76.08
有效灌溉面积	174.31	179.05	174.75	181.18	179.67	188.00
旱涝保收面积	128.08	132.08	136.30	137.64	145.45	150.36
机电排灌面积	101.67	104.93	104.24	105.02	105.52	109.67
当年实际机耕面积	220.29	221.72	224.27	418.20	432.32	468.03
当年机械播种面积	14.69	24.33	28.71	56.00	71.48	102.24
当年机械收获面积	167.27	173.84	228.28	264.92	280.38	318.44
乡村水电站（个）	13	12	12	12	12	11
装机容量（万千瓦）	0.28	0.26	1.81	8.83	8.83	14.13
发电量（万千瓦时）	136	133	174	318	300	587
农村用电量（万千瓦时）	39107	44399	48360	50976	57919	57264
化肥施用量(折纯，吨)	242230	250459	242870	268199	260824	293163
氮肥	103267	91078	103254	108877	102441	104465
磷肥	62295	73514	64252	71217	67735	63594
钾肥	24235	25720	23165	25016	24512	29442
复合肥	52433	60147	52199	63089	66136	95662

10-13 续表

单位：千公顷

	2011年	2012年	2013年	2014年	2015年
年初耕地总资源	257.33	262.84	271.69	271.66	271.32
年内新增耕地面积	5.85	9.91	0.63	0.21	1.02
#新开荒耕地	1.54	1.96	0.35	0.21	0.60
当年减少耕地	0.34	1.05	0.66	0.5	0.79
年末耕地总资源	262.84	271.70	271.66	271.37	271.55
#常用耕地面积	261.09	265.02	266.69	266.92	268.66
#水田	185.88	188.09	188.96	189.11	191.32
旱地	75.21	76.93	77.73	77.81	77.34
有效灌溉面积	191.61	196.35	208.13	212.48	215.28
旱涝保收面积	153.69	152.04	158.98	160	163.21
机电排灌面积	106.03	105.38	108.35	108.75	106.71
当年实际机耕面积	497.68	517.76	557.10	558.36	552.09
当年机械播种面积	149.60	188.76	258.76	293.96	325.31
当年机械收获面积	422.20	373.12	418.06	445.2	460.34
乡村水电站（个）	9	10	10	9	9
装机容量（万千瓦）	9.01	8.96	9.59	9.42	9.42
发电量（万千瓦时）	298	299	1233	208	234
农村用电量(万千瓦时)	68366	87545	95612	104729	101042
化肥施用量(折纯，吨)	266750	287778	350343	324525	304041
氮肥	94425	101260	115378	104861	95175
磷肥	54835	59908	83728	74578	66696
钾肥	30587	34179	34646	33384	31997
复合肥	86903	92431	116591	111702	110173

10–14 县、市、区乡村从业人员数

单位：万人

	2010年			2014年			2015年		
	乡村人口数	乡村从业人员数	农业	乡村人口数	乡村从业人员数	农业	乡村人口数	乡村从业人员数	农业
合 计	188.46	100.99	55.66	191.83	108.46	36.64	192.66	109.66	19.48
京山县	43.89	22.91	15.74	44.80	24.58	7.59	45.01	24.92	3.90
沙洋县	48.00	27.15	14.75	46.96	28.01	9.40	46.89	28.84	4.96
钟祥市	69.66	35.84	17.58	70.26	38.71	13.16	70.46	38.46	7.03
东宝区	18.42	10.31	4.60	15.77	9.68	2.35	15.78	9.68	1.16
掇刀区	8.49	4.78	2.99	7.72	4.46	2.52	7.72	4.69	1.27
漳河新区				6.32	2.80	1.62	6.80	3.07	1.16
屈家岭管理区									
沙洋监狱局									
沙洋强戒所									

10–15 县、市、区常用耕地面积

单位：千公顷

	2010年			2014年			2015年		
	常用耕地面积	水田	旱田	常用耕地面积	水田	旱田	常用耕地面积	水田	旱田
合 计	255.69	179.61	76.08	266.92	189.11	77.81	268.65	191.32	77.32
京山县	57.49	46.69	10.80	60.34	47.91	12.43	60.31	47.96	12.35
沙洋县	62.94	52.97	9.97	64.46	54.76	9.70	64.50	55.32	9.18
钟祥市	82.19	44.43	37.76	83.01	45.33	37.68	84.55	46.89	37.66
东宝区	16.95	14.79	2.16	15.92	13.25	2.67	15.96	13.29	2.67
掇刀区	13.87	11.05	2.82	14.01	10.70	3.31	14.02	10.70	3.32
漳河新区				5.90	4.90	1.00	6.07	4.74	1.33
屈家岭管理区	9.50	3.06	6.44	9.30	3.00	6.30	9.30	3.00	6.30
沙洋监狱局	11.68	5.89	5.79	12.88	8.53	4.35	12.86	9.15	3.70
沙洋强戒所	1.07	0.73	0.34	1.10	0.73	0.37	1.09	0.27	0.81

10–16　县、市、区农林牧渔业总产值及指数

单位：万元、%

	2010年		2014年		2015年	
	总产值	指数	总产值	指数	总产值	指数
合　计	2531445	105.3	3516653	105.0	3658406	105.0
京山县	571847	105.2	848702	105.1	889513	105.4
沙洋县	643853	106.6	915708	105.1	945728	105.0
钟祥市	852725	105.0	1144951	105.2	1195345	105.1
东宝区	215647	103.9	216237	105.1	225284	105.2
掇刀区	150602	106.1	178506	105.2	186000	105.3
漳河新区			86772	104.8	89804	105.2
屈家岭管理区	47363	111.3	61727	104.7	64995	104.7
沙洋监狱局	46149	95.2	54800	103.0	52096	98.2
沙洋强戒所	3259	120.4	9250	103.3	9641	101.1

注：本表中总产值按当年价格计算；指数按可比价格计算，上年=100。

10–17　县、市、区农林牧渔业总产值

2015年，按当年价格计算

	农林牧渔业总产值（万元）	农业	林业	牧业	渔业	农林牧渔服务业
合　计	3658406	1557193	60031	1234585	709692	96905
京山县	889513	347422	11120	350085	151243	29643
沙洋县	945728	366759	13761	317086	227564	20558
钟祥市	1195345	537822	22143	356002	245158	34220
东宝区	225284	100579	5588	86204	29059	3854
掇刀区	186000	88503	1476	57833	33523	4665
漳河新区	89804	39247	3438	32034	13274	1811
屈家岭管理区	64995	33367	1091	24748	4515	1274
沙洋监狱局	52096	36873	195	8992	5156	880
沙洋强戒所	9641	6621	1219	1601	200	

10-18 县、市、区农林牧渔业总产值构成

2015 年，按当年价格计算

	农林牧渔业总产值（%）	农业	林业	牧业	渔业	农林牧渔服务业
合 计	100.0	42.6	1.6	33.8	19.4	2.6
京山县	100.0	39.1	1.3	39.4	17.0	3.3
沙洋县	100.0	38.8	1.5	33.5	24.1	2.2
钟祥市	100.0	45.0	1.9	29.8	20.5	2.9
东宝区	100.0	44.6	2.5	38.3	12.9	1.7
掇刀区	100.0	47.6	0.8	31.1	18.0	2.5
漳河新区	100.0	43.7	3.8	35.7	14.8	2.0
屈家岭管理区	100.0	51.3	1.7	38.1	6.9	2.0
沙洋监狱局	100.0	70.8	0.4	17.3	9.9	1.7
沙洋强戒所	100.0	68.7	12.6	16.6	2.1	

10-19 县、市、区农林牧渔业总产值指数

2015 年，按可比价格计算，上年 = 100

	农林牧渔业总产值指数	农业	林业	牧业	渔业	农林牧渔服务业
全 市	105.0	103.0	102.6	105.5	108.5	110.2
京山县	105.4	102.6	99.0	105.2	113.9	104.2
沙洋县	104.9	104.8	105.2	104.7	104.7	114.0
钟祥市	105.1	102.7	100.5	105.9	109.0	113.7
东宝区	105.0	104.1	103.2	105.9	105.7	105.9
掇刀区	105.4	101.9	109.9	108.2	109.4	110.1
漳河新区	105.2					
屈家岭管理区	104.7	109.8	105.8	102.7	83.6	103.9
沙洋监狱局	98.1	89.4	25.3	124.4	152.4	154.6
沙洋强戒所	101.1	94.6	376.0	77.1	105.6	

10-20　县、市、区农业机械拥有量

2015年

	单位	合 计	京山县	沙洋县	钟祥市	东宝区	掇刀区	漳河新区	屈家岭管理区	沙洋监狱局
农业机械总动力	千瓦	4605448	1013678	1017277	1696228	383156	240309	129220	95241	30340
大中型拖拉机	台	21877	7590	2861	8416	1390	687	343	428	162
	千瓦	867703	303798	143952	303705	42348	26184	14002	22318	11396
小型拖拉机	台	274176	50300	66911	107191	23133	14660	9929	2042	10
	千瓦	2067689	419332	548816	723272	161907	122667	76406	15229	59
大中型拖拉机配套农具	部	40896	11075	5357	17108	2715	1356	838	2122	325
小型拖拉机配套农具	部	497734	64554	128532	187861	57136	26112	26904	6602	33
农用排灌动力	台	29705	5800	3018	11704	2124	6075	722	122	140
	千瓦	248612	23500	39279	122999	24614	18651	7049	5240	7280
农用水泵	台	68495	11000	2772	18796	21578	8871	5038	370	70
联合收获机	台	15547	3939	3425	4827	1265	980	433	610	68
机动脱粒机	台	1403	320		379	676	22	6		
动力喷雾（粉）机	部	31164	5300	13173	5984	2440	1570	2501	196	
农副产品加工动力	台	14685	3153	4667	4500	1450	467	218	82	148
	千瓦	143726	28701	31225	55707	14642	5513	2918	1506	3514
农副产品加工机械	部	9084	2146	1781	2541	1645	204	322	275	170
农用运输车	辆	6746	580	92	4329	1627		98	20	

10-21 县、市、区农作物播种面积与产量

2015 年　　单位：千公顷、吨、公斤/公顷

	农作物总播种面积	全年粮食			夏粮		
		播种面积	总产	单产	播种面积	总产	单产
合　计	601.34	384.42	2781845	483	123.59	513000	278
京山县	148.04	106.31	674717	423	38.00	133500	234
沙洋县	145.97	85.78	724521	563	20.06	97202	323
钟祥市	182.03	114.20	908207	530	37.42	176000	314
东宝区	40.12	21.68	139549	429	6.65	27611	277
掇刀区	31.56	11.61	86955	499	1.44	7555	350
漳河新区	11.74	7.37	41818	433	2.43	8834	242
屈家岭管理区	17.54	15.37	74708	324	7.80	26300	225
沙洋监狱局	22.79	21.13	127962	404	9.56	35233	246
沙洋强戒所	1.55	0.98	3408	517	0.23	765	225

10-21 续表 1

	#小麦			稻谷		
	播种面积	总产	单产	播种面积	总产	单产
合　计	116.88	480211	275	198.41	1929409	648
京山县	35.57	123677	232	53.94	446940	552
沙洋县	19.76	95677	323	56.58	585201	590
钟祥市	35.84	163667	304	50.59	593819	783
东宝区	6.17	25005	270	12.09	89973	496
掇刀区	1.19	6801	382	9.18	75165	546
漳河新区	2.43	8834	242	3.68	27995	507
屈家岭管理区	7.80	26300	225	3.17	25681	540
沙洋监狱局	7.89	29485	249	8.78	82075	623
沙洋强戒所	0.23	765	225	0.40	2560	430

10–21 续表 2

	#早稻			#中稻		
	播种面积	总产	单产	播种面积	总产	单产
合　计	9.31	74931	536	180.81	1788259	659
京山县	8.80	70646	535	36.93	310726	561
沙洋县	0.44	3728	559	56.06	580822	691
钟祥市				50.59	593819	783
东宝区				12.09	89973	496
掇刀区				9.18	75165	546
漳河新区				3.68	27995	508
屈家岭管理区				3.17	25681	540
沙洋监狱局	0.07	557	542	8.72	81518	624
沙洋强戒所				0.40	2560	430

10–21 续表 3

	#晚稻			玉米		
	播种面积	总产	单产	播种面积	总产	单产
合　计	8.28	66219	533	37.93	234107	411
京山县	8.21	65568	532	10.37	69184	445
沙洋县	0.07	651	584	5.11	30557	398
钟祥市				14.98	87071	388
东宝区				1.95	15726	539
掇刀区				0.52	2760	354
漳河新区				1.06	4061	255
屈家岭管理区				2.96	18527	417
沙洋监狱局				0.95	6171	433
沙洋强戒所				0.03	50	100

10–21 续表 4

	大豆			薯类		
	播种面积	总产	单产	播种面积	总产	单产
合　计	19.96	56982	190	9.48	75150	528
京山县	2.98	9384	210	3.45	25532	494
沙洋县	3.67	9104	165	0.65	3982	407
钟祥市	9.51	30505	214	3.19	32907	687
东宝区	0.24	388	109	1.23	8457	457
掇刀区	0.31	650	140	0.42	1579	253
漳河新区	0.09	155	115	0.11	773	468
屈家岭管理区	1.01	2280	150	0.43	1920	300
沙洋监狱局	1.83	4483	163			
沙洋强戒所	0.32	33	7			

10–21 续表 5

	油料			#油菜籽		
	播种面积	总产	单产	播种面积	总产	单产
合　计	141.61	400357	188	121.11	305000	168
京山县	23.40	51309	146	18.94	37980	134
沙洋县	45.78	134282	196	41.49	115100	185
钟祥市	43.75	132146	201	36.45	89300	163
东宝区	10.35	29361	189	8.48	21850	172
掇刀区	14.06	43208	205	12.47	33888	181
漳河新区	2.35	5208	148	2.35	5208	148
屈家岭管理区	1.09	2233	136	0.69	1390	134
沙洋监狱局	0.55	1566	191	0.16	108	46
沙洋强戒所	0.28	1044	249	0.07	176	160

10-21 续表 6

	花生			芝麻		
	播种面积	总产	单产	播种面积	总产	单产
合　计	15.49	82559	355	5.00	10999	147
京山县	2.82	9859	233	1.63	1821	74
沙洋县	2.64	15017	379	1.65	4165	169
钟祥市	6.35	39191	411	0.94	3655	258
东宝区	1.36	6533	319	0.51	828	108
掇刀区	1.52	9149	402	0.07	171	171
漳河新区						
屈家岭管理区	0.20	484	160	0.20	359	120
沙洋监狱局	0.39	1458	249			
沙洋强戒所	0.21	868	280			

10-21 续表 7

	糖料			棉花（皮棉）		
	播种面积	总产	单产	播种面积	总产	单产
合　计	0.67	30575	3048	14.56	21441	98
京山县	0.08	1877	1621	2.59	3440	88
沙洋县	0.51	26711	3526	2.03	3292	108
钟祥市	0.03	500	1000	8.51	13022	102
东宝区				0.67	705	70
掇刀区	0.03	970	1940	0.37	473	84
漳河新区	0.02	521	1737	0.17	204	80
屈家岭管理区				0.17	250	95
沙洋监狱局				0.038	55	96
沙洋强戒所						

10–21 续表 8

	蔬菜		药材面积	果用瓜	
	播种面积	总产		播种面积	总产
合 计	46.82	2090380	1.00	7.37	227866
京山县	9.86	373114	0.03	1.85	56626
沙洋县	10.76	432156		0.71	22315
钟祥市	12.36	854478	0.66	2.42	82175
东宝区	6.27	195747	0.27	0.70	22550
掇刀区	4.88	162135		0.56	13120
漳河新区	0.89	31998		0.93	26580
屈家岭管理区	0.46	8420	0.04	0.20	4500
沙洋监狱局	1.04	18332			
沙洋强戒所	0.29	14000			

10–21 续表 9

	#西瓜		#甜瓜	
	播种面积	总产	播种面积	总产
合 计	6.37	205634	0.92	21089
京山县	1.64	51759	0.19	4627
沙洋县	0.63	19776	0.08	2531
钟祥市	2.20	76386	0.21	5636
东宝区	0.57	20189	0.11	1745
掇刀区	0.39	9511	0.16	3609
漳河新区	0.73	23513	0.16	2941
屈家岭管理区	0.20	4500		
沙洋监狱局				
沙洋强戒所				

10–22　县、市、区主要农特产种植情况

2015 年

	年末实有茶园面积（公顷）	年末实有果园面积（公顷）				
			柑桔	梨	葡萄	桃
合　计	955.53	24295.27	10716.13	5495.80	535.07	4690.87
京山县	189.73	3042.27	652.60	1610.00	46.40	514.33
沙洋县		1224.93	583.47	256.07	204.13	109.27
钟祥市	356.80	7399.87	1779.93	3100.87	86.53	1439.07
东宝区	185.67	2344.13	919.40	268.53	17.67	286.53
掇刀区		1552.73	769.07	177.00	11.33	113.33
漳河新区	200.00	6234.00	5811.00		169.00	15.00
屈家岭管理区		2416.67	200.00	50.00		2166.67
沙洋监狱局	23.33	14.00	0.67			13.33
沙洋强戒所		66.67		33.33		33.33

10–22　续表

	茶叶产量（吨）	园林水果产量（吨）				
			柑橘	梨	葡萄	桃
合　计	219	373911	133355	177742	7792	42203
京山县	19	49621	14621	28998	598	4698
沙洋县		22442	11034	6746	2693	1909
钟祥市	140	212608	46512	130405	2723	21733
东宝区	37	27307	16991	6538	251	3018
掇刀区		12293	8435	3055	39	619
漳河新区	22	36080	33957		1488	471
屈家岭管理区		11800	1800	1000		9000
沙洋监狱局	1	10	5			5
沙洋强戒所		1750		1000		750

10-23 县、市、区林业生产情况

2015 年

	当年造林面积（公顷）	当年零星植树（万株）	当年育苗面积（公顷）	木材采伐量（万立方米）
合 计	11087.93	765.13	7469.67	10.17
京山县	3460.00	88.69	37.00	2.85
沙洋县	1722.93	0.03	6200.00	2.41
钟祥市	3000.00	450.00	166.67	1.60
东宝区	1094.20	110.82	58.67	2.50
掇刀区	576.87	59.57	422.67	0.31
漳河新区	548.00	36.44	280.00	0.20
屈家岭管理区	666.67	15.00	300.00	0.10
沙洋监狱局	19.27	3.60	4.67	0.20
沙洋强戒所		0.98		

10-23 续表

	竹材采伐量（万根）	主要林产品产量		
		松脂（公斤）	核桃（吨）	板栗（吨）
合 计	743.45	1775000	270	9450
京山县	0.45	214000	28	6412
沙洋县	180	1300000		23
钟祥市	563		143	1975
东宝区		261000	99	940
掇刀区				
漳河新区				
屈家岭管理区				100
沙洋监狱局				
沙洋强戒所				

10–24　县、市、区畜牧业生产情况

2015 年

	年末大牲畜存栏（头）	牛	马	驴	年末羊存栏（只）	年末兔存笼（万只）
合　计	244500	243304	331	865	474708	2.72
京山县	34638	34638			82324	2.00
沙洋县	119081	119081			32554	
钟祥市	62083	61169	331	583	130055	0.19
东宝区	14941	14889		52	210460	0.43
掇刀区	12860	12630		230	10690	0.10
漳河新区	517	517			5835	
屈家岭管理区	380	380			2790	
沙洋监狱局						
沙洋强戒所						

10–25　县、市、区畜牧业生产情况

2015 年

	年末生猪存栏（万头）	能繁母猪	当年生猪出栏（万头）	当年牛出栏（头）	当年羊出栏（只）	当年兔出笼（万只）
合　计	273.33	22.35	408.91	197076	622634	4.59
京山县	62.32	5.56	104.70	23732	56593	2.00
沙洋县	67.15	4.28	92.41	105354	31171	
钟祥市	84.37	8.18	125.80	49555	185696	1.64
东宝区	28.30	1.80	42.03	10772	324311	0.69
掇刀区	9.49	0.60	13.05	7000	12597	0.26
漳河新区	5.00	0.28	9.30	159	10496	
屈家岭管理区	12.90	1.26	14.67	504	1770	
沙洋监狱局	3.23	0.34	6.08			
沙洋强戒所	0.57	0.05	0.87			

10-26 县、市、区家禽存笼与出笼

2015 年

	年末家禽存笼（万只）	鸡	鸭	年末家禽出笼（万只）	鸡	鸭
合 计	4262.36	3632.07	467.78	4752.00	4027.34	690.49
京山县	1431.09	1251.46	179.53	1130.60	1000.80	129.80
沙洋县	1218.55	988.75	73.77	1471.70	1343.80	123.60
钟祥市	1144.70	1006.65	136.87	1478.07	1207.87	270.20
东宝区	262.00	250.70	11.30	288.30	251.80	36.50
掇刀区	137.72	77.31	55.21	250.33	117.37	103.09
漳河新区	40.30	34.40	5.90	106.00	83.70	22.30
屈家岭管理区	28.00	22.80	5.20	27.00	22.00	5.00
沙洋监狱局						
沙洋强戒所						

10-27 县、市、区畜禽产品产量

2015 年

	肉类总产量（吨）	猪肉(万吨)	牛肉	羊肉	禽肉	禽蛋（吨）	蜂蜜(公斤)
合 计	434377	30.75	28868	14743	82855	172263	5712
京山县	105831	7.85	3560	1132	22612	48652	320
沙洋县	109378	6.92	15770	763	23645	50092	1375
钟祥市	125115	9.19	6789	4457	21728	48811	2382
东宝区	49271	3.15	1605	7783	8361	12038	1110
掇刀区	18090	1.21	1050	315	4504	8980	497
漳河新区	8888	0.7	17	251	1620	2180	28
屈家岭管理区	12102	1.16	75	42	385	1510	
沙洋监狱局	5000	0.5					
沙洋强戒所	700	0.07					

10-28　县、市、区渔业生产情况

2015 年

	水产品产量（吨）	淡水捕捞产量（吨）	淡水养殖产量（吨）					淡水养殖面积（公顷）
				鱼类	虾蟹类	贝类	其它类	
合　计	550813	50127	500686	429385	59070	906	11325	89335
京山县	91008	10405	80603	65754	8542		6307	16267
沙洋县	210940	5140	205800	181557	23029		1214	26023
钟祥市	177648	20920	156728	132082	21317	906	2423	22872
东宝区	26203	2039	24164	19125	4525		514	10988
掇刀区	19834	2779	17055	15434	1064		557	4255
漳河新区	15007	4645	10362	9729	473		160	6862
屈家岭管理区	3002		3002	2732	120		150	1000
沙洋监狱局	7080	4183	2897	2897				1046
沙洋强戒所	91	16	75	75				23

10–29 县、市、区农业生产条件

2015 年　　单位：千公顷

	合 计	京山县	沙洋县	钟祥市	东宝区
年初耕地总资源	271.31	62.11	64.46	85.05	16.58
年内新增耕地面积	1.01		0.10	0.50	0.05
#新开荒耕地	0.59		0.10	0.50	
当年减少耕地	0.79	0.10	0.05	0.46	0.01
年末耕地总资源	271.54	62.01	64.50	85.09	16.61
#常用耕地面积	268.65	60.31	64.50	84.55	15.96
#水田	191.33	47.96	55.32	46.89	13.29
旱地	77.32	12.35	9.18	37.66	2.67
有效灌溉面积	215.28	54.61	63.46	58.31	10.03
旱涝保收面积	163.22	33.70	54.84	46.56	7.08
机电排灌面积	106.70	16.79	40.40	32.22	4.08
当年实际机耕面积	552.09	133.40	126.13	183.89	27.60
当年机械播种面积	325.31	82.41	101.39	100.25	7.68
当年机械收获面积	460.34	112.51	121.44	136.90	26.00
乡村水电站（个）	9	5		3	1
装机容量（万千瓦）	9.42	9.29		0.10	0.03
发电量（万千瓦时）	234	86		70	78
农村用电量（万千瓦）	101042	22957	21297	44698	5610
化肥施用量（折纯，吨）	304041	57937	104366	103010	10739
氮肥	95175	17514	29553	34276	4169
磷肥	66696	7653	23627	27670	2767
钾肥	31997	6791	11367	10342	918
复合肥	110173	25979	39819	30722	2885

10-29 续表

	掇刀区	漳河新区	屈家岭管理区	沙洋监狱局	沙洋强戒所
年初耕地总资源	14.02	5.90	9.30	12.81	1.09
年内新增耕地面积		0.33		0.04	
#新开荒耕地					
当年减少耕地		0.16			
年末耕地总资源	14.02	6.07	9.30	12.86	1.09
#常用耕地面积	14.02	6.07	9.30	12.86	1.09
#水田	10.70	4.74	3.00	9.15	0.27
旱地	3.32	1.33	6.30	3.70	0.81
有效灌溉面积	11.53	4.83	4.67	7.44	0.41
旱涝保收面积	8.63	3.61	3.90	4.62	0.27
机电排灌面积	4.14	1.02	1.53	6.38	0.13
当年实际机耕面积	24.47	9.76	9.76	22.50	
当年机械播种面积	5.52	3.93	3.93	15.00	
当年机械收获面积	20.87	8.96	13.66	20.00	
乡村水电站（个）					
装机容量（万千瓦）					
发电量（万千瓦时）					
农村用电量（万千瓦）	2490	1595	500	1095	800
化肥施用量（折纯）	10076	2686	5180	9663	384
氮肥	4459	962	1300	2772	170
磷肥	3602	687	280	402	8
钾肥	805	279	750	719	26
复合肥	1210	758	2850	5770	180

十一、工　业

资料整理：黄芬芬　邱晓云

11-1 规模以上工业基本情况

单位：个、万元

年 份	企业单位数	工业总产值	主营业务收入	利润总额	税金总额
1998	355	1244900	1268283	47910	96262
1999	316	1368222	1284094	20677	98964
2000	329	1753077	1646563	-4961	107491
2001	329	1702569	1636051	31614	111891
2002	314	1711505	1660883	15925	114141
2003	348	2012990	1961527	17041	123455
2004	365	2647650	2554525	40643	144645
2005	424	3539169	3388963	40139	157953
2006	482	4380658	4195145	-4202	157041
2007	607	5585383	5403820	174919	214022
2008	793	7182574	7111413	56189	260360
2009	1007	8832340	8939261	938993	623348
2010	1159	12001085	11978471	1048046	740902
2011	709	17328373	17238788	1025757	854435
2012	863	22005823	21461473	1079595	1041022
2013	971	26054397	25454990	1315555	1178746
2014	1097	29251251	28516289	1382340	1154282
2015	1132	30895970	29657462	1498558	1398696

注：规模以上工业统计范围，1998 年-2010 年为年主营业务收入 500 万元及以上的工业法人企业，2011 年为年主营业务收入 2000 万元及以上的工业法人企业。

11-2 规模以上工业企业单位数

单位：个

	2005年	2006年	2007年	2008年	2009年	2010年
总　计	424	482	607	793	1007	1159
按注册登记类型分						
内资企业	391	448	570	750	963	1115
国有企业	25	17	17	16	15	17
集体企业	27	24	34	45	36	35
股份合作企业	5	3	7	6	4	6
联营企业	2	1	1			
有限责任公司	106	126	139	148	169	172
股份有限公司	30	23	27	30	32	33
私营企业	193	251	342	502	695	838
其它企业	3	3	3	3	12	14
港澳台商投资企业	23	23	26	29	31	30
外商投资企业	10	11	11	14	13	14
按轻重工业分						
轻工业	184	205	261	350	418	487
重工业	240	277	346	443	589	672
按企业规模分						
大型企业	7	8	9	9	9	10
中型企业	41	47	47	56	65	62
小型企业	376	427	551	728	933	1087
微型企业						
按隶属关系分						
中央企业	8	8	9	11	10	9
省属企业	12	12	13	12	14	16
地方企业	404	462	585	770	983	1134
农村工业	55	23	29	15	25	26

11-2 续表

单位：个

	2011 年	2012 年	2013 年	2014 年	2015 年
总　计	709	863	971	1097	1132
按注册登记类型分					
内资企业	678	831	938	1063	1101
国有企业	9	7	4	7	5
集体企业	22	20	12	11	9
股份合作企业	1	1			
联营企业					
有限责任公司	114	134	158	179	187
股份有限公司	28	26	34	33	31
私营企业	480	535	708	815	855
其它企业	24	108	22	18	14
港澳台商投资企业	20	22	23	24	21
外商投资企业	11	2	10	10	10
按轻重工业分					
轻工业	314	387	437	502	515
重工业	395	476	534	595	617
按企业规模分					
大型企业	21	23	26	23	23
中型企业	62	62	69	74	73
小型企业	605	758	851	970	1008
微型企业	21	20	25	30	28
按隶属关系分					
中央企业	7	6	7	8	8
省属企业	8	11	9	10	9
地方企业	694	846	955	1079	1115
农村工业	3	6			

11-3 规模以上工业总产值

按当年价格计算

单位：亿元

	2005 年	2006 年	2007 年	2008 年	2009 年	2010 年
总　计	353.92	438.07	558.54	718.26	883.23	1200.11
按注册登记类型分						
内资企业	330.90	410.81	525.37	670.39	830.38	1122.35
国有企业	27.45	37.27	46.87	28.81	35.15	45.05
集体企业	5.44	4.82	7.16	10.69	11.20	13.57
股份合作企业	1.07	1.19	1.43	3.49	0.40	1.43
联营企业	0.84	0.54	0.06			
有限责任公司	43.89	64.64	90.59	126.05	134.30	191.39
股份有限公司	202.80	237.14	279.70	258.29	319.78	389.91
私营企业	49.14	64.80	98.99	242.60	300.01	447.87
其它企业	0.27	0.41	0.56	0.46	29.53	33.13
港澳台商投资企业	15.79	17.13	21.27	24.93	21.34	27.20
外商投资企业	7.22	10.12	11.90	22.94	31.52	50.56
按轻重工业分						
轻工业	67.11	89.85	127.68	183.61	271.40	401.57
重工业	286.81	348.22	430.86	534.65	611.83	798.54
按企业规模分						
大型企业	192.40	245.54	287.20	321.08	306.08	384.77
中型企业	75.93	89.15	120.52	150.71	208.86	252.76
小型企业	85.58	103.38	150.82	246.46	368.30	562.57
微型企业						
按隶属关系分						
中央企业	169.37	207.62	240.10		268.79	305.70
省属企业	4.97	9.91	14.98		26.70	41.15
地方企业	179.57	220.54	303.46		587.75	853.26
农村工业	15.96	4.48	5.96	3.17	6.49	6.71

11-3　续表

按当年价格计算　　　　单位：亿元

	2011 年	2012 年	2013 年	2014 年	2015 年
总　计	1732.84	2200.58	2605.44	2925.13	3089.60
按注册登记类型分					
内资企业	1599.40	2024.54	2434.37	2765.59	2919.94
国有企业	35.68	31.84	2.63	2.95	2.30
集体企业	23.71	20.19	19.00	20.69	17.08
股份合作企业	0.57	0.73			
联营企业					
有限责任公司	311.14	394.80	515.06	635.95	660.49
股份有限公司	479.02	489.85	517.06	498.40	434.83
私营企业	678.45	890.11	1346.00	1569.66	1775.45
其它企业	70.82	197.02	34.62	37.93	29.78
港澳台商投资企业	51.14	77.13	77.27	64.62	68.06
外商投资企业	82.30	98.91	93.80	94.92	101.60
按轻重工业分					
轻工业	658.83	884.54	1076.72	1242.84	1329.40
重工业	1074.00	1316.04	1528.72	1682.29	1760.20
按企业规模分					
大型企业	648.44	722.66	777.45	748.65	724.71
中型企业	217.10	286.46	351.16	422.26	444.67
小型企业	853.09	1179.10	1464.62	1741.57	1910.11
微型企业	14.20	12.37	12.21	12.65	10.10
按隶属关系分					
中央企业	358.45	361.16	372.77	340.21	280.26
省属企业	4.64	36.26	27.72	24.66	25.99
地方企业	1369.75	1803.17	2204.96	2560.26	2783.35
农村工业	3.19	10.03			

11–4 县、市、区规模以上工业增加值指数

按可比价格计算，上年=100

	全　市	京山县	沙洋县	钟祥市	东宝区	掇刀区	屈家岭管理区	沙洋监狱局
2005年	121.1	128.5	124.0	138.9	130.5	157.5	116.9	112.7
2006年	120.3	126.2	124.8	130.2	124.9	125.1	107.9	127.1
2007年	123.0	133.8	129.5	133.8	138.3	123.5	129.0	102.5
2008年	125.0	147.1	136.6	136.2	148.9	122.0	120.7	87.9
2009年	127.5	148.2	148.3	150.9	145.6	144.8	124.4	108.9
2010年	125.0	131.4	131.7	130.1	130.2	132.1	128.2	111.1
2011年	126.2	141.5	138.1	141.5	138.1	139.1	219.9	105.4
2012年	116.9	121.9	121.8	122.1	122.1	121.9	123.1	87.5
2013年	113.0	117.1	118.0	117.2	117.2	117.3	118.0	97.0
2014年	111.2	112.3	112.3	112.4	112.5	112.3	111.9	93.1
2015年	110.6	111.0	111.5	111.9	111.4	111.5	111.1	97.1

11-5 规模以上工业企业主要经济指标（一）

2015 年　　　　单位：万元

	企业单位数（个）		工业总产值（当年价格）	工业销售产值（当年价格）		年初存货
		亏损企业			出口交货值	
总计	1132	62	30895970	30195582	534091	1620442
一、按登记注册类型分组:						
内资企业	1101	53	29199360	28526813	424195	1504781
国有企业	5	1	23006	22545		3867
地方企业	5	1	23006	22545		3867
集体企业	9		170750	170249		1699
有限责任公司	187	19	6604929	6384839	117235	563551
国有独资公司	4	0	13396	13090		1951
其他有限责任公司	183	19	6591533	6371749	117235	561600
股份有限公司	31	1	4348349	4317277	38685	330978
私营企业	855	32	17754506	17333579	248409	601553
私营独资企业	44	1	656578	646034		12739
私营合伙企业	6	0	92919	91353		559
私营有限责任公司	762	28	15926132	15537943	243805	546800
私营股份有限公司	43	3	1078877	1058249	4604	41456
其他企业	14	0	297820	298325	19865	3132
港、澳、台商投资企业	21	7	680632	670056	75152	61725
合资经营企业(港或澳、台资）	14	5	396893	399095	21162	35672
港澳台商独资经营企业	7	2	283739	270961	53991	26053
外商投资企业	10	2	1015978	998713	34744	53936
中外合资经营企业	6	1	929575	898362	22682	39930
外资企业	3	1	83022	96970	8798	13694
其他外商投资企业	1		3380	3380	3264	312
二、按经济组织类型分组						
独资企业	68	5	1217096	1206759	62789	58052
国有企业	5	1	23006	22545		3867
集体企业	9		170750	170249		1699
私营独资企业	44	1	656578	646034		12739
港澳台商独资经营企业	7	2	283739	270961	53991	26053
外资企业	3	1	83022	96970	8798	13694
合作、合伙企业	21		394119	393058	23129	4002
私营合伙企业	6		92919	91353		559
其他企业（内资）	14		297820	298325	19865	3132
其他外商投资企业	1		3380	3380	3264	312
股份有限公司	74	4	5427225	5375526	43289	372434
股份有限公司(内资)	31	1	4348349	4317277	38685	330978
私营股份有限公司	43	3	1078877	1058249	4604	41456
有限责任公司	969	53	23857529	23220239	404884	1185953
国有独资公司	4		13396	13090		1951
私营有限责任公司	762	28	15926132	15537943	243805	546800
合资经营企业(港或澳、台资）	14	5	396893	399095	21162	35672
中外合资经营企业	6	1	929575	898362	22682	39930
其他有限责任公司	183	19	6591533	6371749	117235	561600

11-5 续表1

单位：万元

	产成品	资产总计	流动资产合计	应收账款	存货	产成品
总计	560238	13687981	5329873	1003114	1810714	802912
一、按登记注册类型分组:						
内资企业	478821	12947524	4940376	902000	1670984	719413
国有企业	1479	63226	26021	6342	3804	1827
地方企业	1479	63226	26021	6342	3804	1827
集体企业	287	34609	9457	2098	3069	1264
有限责任公司	169745	4115226	1621200	354445	596962	262586
国有独资公司	200	33617	15356	395	1717	501
其他有限责任公司	169545	4081610	1605844	354050	595245	262085
股份有限公司	75425	2335949	982458	95554	320537	92225
私营企业	229667	6340434	2276953	440576	740910	357896
私营独资企业	7004	236511	79314	14314	22893	11726
私营合伙企业	409	17907	4219	1742	914	708
私营有限责任公司	206557	5689041	2047111	404244	668852	321396
私营股份有限公司	15696	396974	146309	20276	48252	24066
其他企业	2219	58081	24287	2985	5702	3615
港、澳、台商投资企业	44598	326560	171750	61529	71284	48533
合资经营企业(港或澳、台资)	23813	231989	107421	40499	36620	22966
港澳台商独资经营企业	20785	94571	64329	21029	34664	25567
外商投资企业	36820	413897	217747	39586	68446	34966
中外合资经营企业	29055	299701	140285	11312	36147	25404
外资企业	7765	111225	76058	27357	32053	9542
其他外商投资企业		2972	1405	917	246	20
二、按经济组织类型分组						
独资企业	37320	540141	255180	71140	96483	49925
国有企业	1479	63226	26021	6342	3804	1827
集体企业	287	34609	9457	2098	3069	1264
私营独资企业	7004	236511	79314	14314	22893	11726
港澳台商独资经营企业	20785	94571	64329	21029	34664	25567
外资企业	7765	111225	76058	27357	32053	9542
合作、合伙企业	2628	78960	29910	5644	6861	4343
私营合伙企业	409	17907	4219	1742	914	708
其他企业(内资)	2219	58081	24287	2985	5702	3615
其他外商投资企业		2972	1405	917	246	20
股份有限公司	91121	2732923	1128767	115830	368790	116292
股份有限公司(内资)	75425	2335949	982458	95554	320537	92225
私营股份有限公司	15696	396974	146309	20276	48252	24066
有限责任公司	429170	10335957	3916017	810500	1338581	632353
国有独资公司	200	33617	15356	395	1717	501
私营有限责任公司	206557	5689041	2047111	404244	668852	321396
合资经营企业(港或澳、台资)	23813	231989	107421	40499	36620	22966
中外合资经营企业	29055	299701	140285	11312	36147	25404
其他有限责任公司	169545	4081610	1605844	354050	595245	262085

11-5 续表 2

单位：万元

	固定资产合计	固定资产原价	累计折旧	本年折旧	负债合计	流动负债合计
总计	6245801	15292337	9545943	1107164	6178274	4562910
一、按登记注册类型分组:						
内资企业	5951589	14842590	9378172	1064511	5759851	4268929
国有企业	32988	58941	30626	2908	30246	16414
地方企业	32988	58941	30626	2908	30246	16414
集体企业	21754	29490	7992	1733	6797	5321
有限责任公司	1810645	4162009	2390393	173476	2367010	1803278
国有独资公司	3070	7748	4762	325	22018	21396
其他有限责任公司	1807574	4154261	2385631	173152	2344992	1781882
股份有限公司	1002352	1681885	928276	94632	942140	851588
私营企业	3057517	8845810	5982652	786846	2395907	1576562
私营独资企业	122302	162624	45552	9211	79869	47496
私营合伙企业	10474	22280	12523	1891	5210	1617
私营有限责任公司	2761612	8172153	5577907	725985	2166785	1422005
私营股份有限公司	163129	488753	346672	49759	144044	105444
其他企业	26334	64455	38233	4916	17751	15766
港、澳、台商投资企业	128484	183074	56373	17425	170435	132455
合资经营企业(港或澳、台资)	103396	146896	45102	8704	102729	84285
港澳台商独资经营企业	25088	36178	11271	8722	67706	48170
外商投资企业	165728	266674	111398	25228	247987	161525
中外合资经营企业	133052	228516	95769	23509	182283	103612
外资企业	31350	36570	15367	1457	64779	56988
其他外商投资企业	1326	1587	261	261	925	925
二、按经济组织类型分组						
独资企业	233482	323803	110808	24031	249397	174390
国有企业	32988	58941	30626	2908	30246	16414
集体企业	21754	29490	7992	1733	6797	5321
私营独资企业	122302	162624	45552	9211	79869	47496
港澳台商独资经营企业	25088	36178	11271	8722	67706	48170
外资企业	31350	36570	15367	1457	64779	56988
合作、合伙企业	38134	88322	51017	7068	23885	18308
私营合伙企业	10474	22280	12523	1891	5210	1617
其他企业（内资）	26334	64455	38233	4916	17751	15766
其他外商投资企业	1326	1587	261	261	925	925
股份有限公司	1165480	2170638	1274948	144391	1086183	957032
股份有限公司(内资)	1002352	1681885	928276	94632	942140	851588
私营股份有限公司	163129	488753	346672	49759	144044	105444
有限责任公司	4808704	12709574	8109171	931675	4818808	3413180
国有独资公司	3070	7748	4762	325	22018	21396
私营有限责任公司	2761612	8172153	5577907	725985	2166785	1422005
合资经营企业(港或澳、台资)	103396	146896	45102	8704	102729	84285
中外合资经营企业	133052	228516	95769	23509	182283	103612
其他有限责任公司	1807574	4154261	2385631	173152	2344992	1781882

11-5 续表 3

单位：万元

	应付账款	非流动负债合计	所有者权益合计	实收资本	国家资本	集体资本
总计	875641	957562	7506602	3241879	716445	31098
一、按登记注册类型分组:						
内资企业	779862	851093	7184568	3041267	716445	30917
国有企业	3038	9580	32980	9414	5211	
地方企业	3038	9580	32980	9414	5211	
集体企业	470	1148	27812	18616	4609	7692
有限责任公司	242336	465251	1748215	940486	244636	20037
国有独资公司	388	622	11599	6231	4500	
其他有限责任公司	241948	464629	1736617	934255	240136	20037
股份有限公司	190375	78776	1393809	800245	459189	
私营企业	340414	294913	3941423	1249433	2800	3187
私营独资企业	3728	810	156642	69911		
私营合伙企业	315		12698	3564		
私营有限责任公司	310342	274673	3519152	1067473	2800	1857
私营股份有限公司	26029	19430	252931	108484		1330
其他企业	3229	1426	40330	23073		
港、澳、台商投资企业	36460	20007	156124	101500		181
合资经营企业(港或澳、台资)	14733	1876	129259	69327		181
港澳台商独资经营企业	21727	18131	26865	32173		
外商投资企业	59319	86462	165910	99112		
中外合资经营企业	31498	78671	117418	73153		
外资企业	27386	7791	46445	25826		
其他外商投资企业	435		2047	132		
二、按经济组织类型分组						
独资企业	56350	37459	290743	155941	9820	7692
国有企业	3038	9580	32980	9414	5211	
集体企业	470	1148	27812	18616	4609	7692
私营独资企业	3728	810	156642	69911		
港澳台商独资经营企业	21727	18131	26865	32173		
外资企业	27386	7791	46445	25826		
合作、合伙企业	3978	1426	55074	26769		
私营合伙企业	315		12698	3564		
其他企业（内资）	3229	1426	40330	23073		
其他外商投资企业	435		2047	132		
股份有限公司	216404	98205	1646740	908729	459189	1330
股份有限公司(内资)	190375	78776	1393809	800245	459189	
私营股份有限公司	26029	19430	252931	108484		1330
有限责任公司	598910	820472	5514044	2150439	247436	22076
国有独资公司	388	622	11599	6231	4500	
私营有限责任公司	310342	274673	3519152	1067473	2800	1857
合资经营企业(港或澳、台资)	14733	1876	129259	69327		181
中外合资经营企业	31498	78671	117418	73153		
其他有限责任公司	241948	464629	1736617	934255	240136	20037

11-5　续表 4

单位：万元

	法人资本	个人资本	港澳台资本	外商资本	营业收入	主营业务收入
总计	881639	1491064	36456	85177	29726325	29657462
一、按登记注册类型分组:						
内资企业	805662	1454919	3459	29865	28090585	28029820
国有企业	4103	100			29934	23100
地方企业	4103	100			29934	23100
集体企业	2955	3360			170395	170395
有限责任公司	309973	365840			6356211	6339642
国有独资公司	1731				13776	13310
其他有限责任公司	308242	365840			6342436	6326332
股份有限公司	119151	192040		29865	4184041	4156133
私营企业	362830	877157	3459		17056529	17047077
私营独资企业	3508	66404			636636	633013
私营合伙企业	1337	2227			84789	84789
私营有限责任公司	308846	750511	3459		15290893	15285697
私营股份有限公司	49139	58015			1044211	1043578
其他企业	6650	16423			293474	293474
港、澳、台商投资企业	47856	16305	32997	4162	665941	663488
合资经营企业（港或澳、台资）	40373	16305	11451	1018	400861	398409
港澳台商独资经营企业	7483		21546	3144	265080	265080
外商投资企业	28122	19840		51150	969799	964154
中外合资经营企业	6645	19840		46668	866182	862242
外资企业	21477			4350	100237	98648
其他外商投资企业				132	3380	3264
二、按经济组织类型分组						
独资企业	39525	69863	21546	7494	1202282	1190235
国有企业	4103	100			29934	23100
集体企业	2955	3360			170395	170395
私营独资企业	3508	66404			636636	633013
港澳台商独资经营企业	7483		21546	3144	265080	265080
外资企业	21477			4350	100237	98648
合作、合伙企业	7986	18651		132	381644	381527
私营合伙企业	1337	2227			84789	84789
其他企业（内资）	6650	16423			293474	293474
其他外商投资企业				132	3380	3264
股份有限公司	168291	250055		29865	5228252	5199711
股份有限公司(内资)	119151	192040		29865	4184041	4156133
私营股份有限公司	49139	58015			1044211	1043578
有限责任公司	665837	1152495	14910	47686	22914147	22885989
国有独资公司	1731				13776	13310
私营有限责任公司	308846	750511	3459		15290893	15285697
合资经营企业（港或澳、台资）	40373	16305	11451	1018	400861	398409
中外合资经营企业	6645	19840		46668	866182	862242
其他有限责任公司	308242	365840			6342436	6326332

11-5 续表 5

单位：万元

	营业成本	主营业务成本	营业税金及附加	主营业务税金及附加	其他业务收入	其他业务利润
总计	25438974	25329699	825063	824375	68863	7326
一、按登记注册类型分组:						
内资企业	23982702	23915349	815036	814348	60765	5668
国有企业	22170	17343	156	156	6835	421
地方企业	22170	17343	156	156	6835	421
集体企业	147037	147037	3250	3250		
有限责任公司	5594904	5589064	30720	30414	16570	5244
国有独资公司	8575	8105	121	77	466	44
其他有限责任公司	5586330	5580959	30599	30336	16104	5201
股份有限公司	3128385	3106123	644731	644684	27908	
私营企业	14833326	14798902	133844	133508	9453	3
私营独资企业	513315	513315	15295	15293	3624	
私营合伙企业	67372	67372	1526	1526		
私营有限责任公司	13339194	13305080	103691	103383	5196	3
私营股份有限公司	913445	913135	13332	13307	633	
其他企业	256881	256881	2336	2336		
港、澳、台商投资企业	557720	556474	3916	3916	2452	1206
合资经营企业（港或澳、台资）	305134	303889	3586	3586	2452	1206
港澳台商独资经营企业	252586	252586	330	330		
外商投资企业	898551	857876	6111	6111	5645	451
中外合资经营企业	802639	763117	5915	5915	3940	
外资企业	93722	92653	162	162	1589	451
其他外商投资企业	2190	2105	35	35	116	
二、按经济组织类型分组						
独资企业	1028829	1022934	19192	19190	12047	873
国有企业	22170	17343	156	156	6835	421
集体企业	147037	147037	3250	3250		
私营独资企业	513315	513315	15295	15293	3624	
港澳台商独资经营企业	252586	252586	330	330		
外资企业	93722	92653	162	162	1589	451
合作、合伙企业	326443	326358	3897	3897	116	
私营合伙企业	67372	67372	1526	1526		
其他企业（内资）	256881	256881	2336	2336		
其他外商投资企业	2190	2105	35	35	116	
股份有限公司	4041830	4019258	658063	657991	28541	
股份有限公司(内资)	3128385	3106123	644731	644684	27908	
私营股份有限公司	913445	913135	13332	13307	633	
有限责任公司	20041871	19961149	143912	143297	28158	6453
国有独资公司	8575	8105	121	77	466	44
私营有限责任公司	13339194	13305080	103691	103383	5196	3
合资经营企业（港或澳、台资）	305134	303889	3586	3586	2452	1206
中外合资经营企业	802639	763117	5915	5915	3940	
其他有限责任公司	5586330	5580959	30599	30336	16104	5201

11–5　续表 6

单位：万元

	销售费用	管理费用	税金	财务费用	利息收入	利息支出
总计	804755	928122	50519	271784	5436	226842
一、按登记注册类型分组:						
内资企业	772128	888132	47925	260419	5210	216538
国有企业	1860	3966	63	971	17	877
地方企业	1860	3966	63	971	17	877
集体企业	4566	4100	371	1535	4	938
有限责任公司	174131	169537	12953	95147	421	89692
国有独资公司	134	3444	5	614	85	995
其他有限责任公司	173997	166092	12948	94534	336	88698
股份有限公司	123434	137465	7612	15803	2071	17563
私营企业	463346	567054	25558	146144	2697	107028
私营独资企业	24030	16678	4502	11150	10	3915
私营合伙企业	3128	4030		1028		532
私营有限责任公司	399663	523260	19892	128632	2680	98149
私营股份有限公司	36525	23086	1163	5335	7	4433
其他企业	4791	6010	1368	818	1	439
港、澳、台商投资企业	19514	21915	2161	4564	93	3699
合资经营企业（港或澳、台资）	17690	16873	1872	2890	109	2403
港澳台商独资经营企业	1824	5042	290	1675	–16	1296
外商投资企业	13113	18075	433	6801	133	6605
中外合资经营企业	11153	12218	99	6137	96	5748
外资企业	1944	5304	334	649	38	850
其他外商投资企业	15	554		15	1	6
二、按经济组织类型分组						
独资企业	34225	35089	5560	15980	53	7876
国有企业	1860	3966	63	971	17	877
集体企业	4566	4100	371	1535	4	938
私营独资企业	24030	16678	4502	11150	10	3915
港澳台商独资经营企业	1824	5042	290	1675	–16	1296
外资企业	1944	5304	334	649	38	850
合作、合伙企业	7934	10594	1368	1860		977
私营合伙企业	3128	4030		1028		532
其他企业（内资）	4791	6010	1368	818	1	439
其他外商投资企业	15	554		15	1	6
股份有限公司	159959	160551	8775	21138	2078	21996
股份有限公司(内资)	123434	137465	7612	15803	2071	17563
私营股份有限公司	36525	23086	1163	5335	7	4433
有限责任公司	602638	721887	34817	232806	3305	195993
国有独资公司	134	3444	5	614	85	995
私营有限责任公司	399663	523260	19892	128632	2680	98149
合资经营企业（港或澳、台资）	17690	16873	1872	2890	109	2403
中外合资经营企业	11153	12218	99	6137	96	5748
其他有限责任公司	173997	166092	12948	94534	336	88698

11–5　续表 7

单位：万元

	营业利润	资产减值损失	公允价值变动收益	投资收益	营业外收入	政府补助
总计	1432086	70197	−1794	22227	100528	15984
一、按登记注册类型分组:						
内资企业	1345517	52406	−1897	21869	95684	13759
国有企业	956			145	505	
地方企业	956			145	505	
集体企业	9908					
有限责任公司	290697	1555	147	335	24279	10500
国有独资公司	885	3			112	
其他有限责任公司	289812	1552	147	335	24166	10500
股份有限公司	140885	13625	−3056	17552	60119	63
私营企业	885781	31879	1012	3838	10676	3194
私营独资企业	56088	80			88	
私营合伙企业	7706					
私营有限责任公司	769804	31495	1012	3838	9506	2629
私营股份有限公司	52183	304			1082	565
其他企业	17290	5348			105	2
港、澳、台商投资企业	41409	16903			2920	1910
合资经营企业(港或澳、台资)	37785	16903			2512	1910
港澳台商独资经营企业	3624				408	
外商投资企业	45160	888	104	358	1925	316
中外合资经营企业	46560				671	298
外资企业	−1971	888	104	358	1199	18
其他外商投资企业	571				54	
二、按经济组织类型分组						
独资企业	68605	969	104	503	2200	18
国有企业	956			145	505	
集体企业	9908					
私营独资企业	56088	80			88	
港澳台商独资经营企业	3624				408	
外资企业	−1971	888	104	358	1199	18
合作、合伙企业	25568	5348			160	2
私营合伙企业	7706					
其他企业（内资）	17290	5348			105	2
其他外商投资企业	571				54	
股份有限公司	193067	13928	−3056	17552	61200	628
股份有限公司(内资)	140885	13625	−3056	17552	60119	63
私营股份有限公司	52183	304			1082	565
有限责任公司	1144846	49953	1159	4172	36968	15337
国有独资公司	885	3			112	
私营有限责任公司	769804	31495	1012	3838	9506	2629
合资经营企业(港或澳、台资)	37785	16903			2512	1910
中外合资经营企业	46560				671	298
其他有限责任公司	289812	1552	147	335	24166	10500

11-5 续表 8

单位：万元

	营业外支出	利润总额	应交所得税	亏损企业亏损总额	利税总额	应交税金及附加	本年应付职工薪酬
总计	34054	1498558	111281	41393	2897943	1561184	730705
一、按登记注册类型分组:							
内资企业	33267	1407932	70674	31934	2765796	1476463	665496
国有企业	658	804	12	73	2089	1360	4224
地方企业	658	804	12	73	2089	1360	4224
集体企业		9908	85		18451	9000	8549
有限责任公司	5953	309023	36981	7582	435917	176828	195085
国有独资公司	751	247			1829	1587	2179
其他有限责任公司	5202	308777	36981	7582	434088	175241	192906
股份有限公司	5867	195136	24139	9294	989466	826082	141943
私营企业	20685	875769	8499	14985	1295613	453900	308991
私营独资企业	327	55849	334	1115	75426	24413	10617
私营合伙企业		7706			10971	3265	1252
私营有限责任公司	20108	759200	8099	9009	1124647	393438	277407
私营股份有限公司	251	53014	66	4862	84569	32785	19716
其他企业	104	17292	957		24260	9293	6703
港、澳、台商投资企业	681	43648	4291	4862	64673	27477	43968
合资经营企业（港或澳、台资）	80	40217	4230	2439	56693	22578	24134
港澳台商独资经营企业	601	3432	61	2422	7980	4899	19835
外商投资企业	107	46978	36316	4597	67474	57245	21241
中外合资经营企业	70	47161	35169	2854	65929	54036	11730
外资企业	37	-808	1054	1743	884	3080	9089
其他外商投资企业		626	94		661	129	422
二、按经济组织类型分组							
独资企业	1622	69184	1546	5353	104829	42751	52314
国有企业	658	804	12	73	2089	1360	4224
集体企业		9908	85		18451	9000	8549
私营独资企业	327	55849	334	1115	75426	24413	10617
港澳台商独资经营企业	601	3432	61	2422	7980	4899	19835
外资企业	37	-808	1054	1743	884	3080	9089
合作、合伙企业	104	25624	1051		35892	12687	8377
私营合伙企业		7706			10971	3265	1252
其他企业（内资）	104	17292	957		24260	9293	6703
其他外商投资企业		626	94		661	129	422
股份有限公司	6118	248150	24205	14156	1074036	858867	161659
股份有限公司(内资)	5867	195136	24139	9294	989466	826082	141943
私营股份有限公司	251	53014	66	4862	84569	32785	19716
有限责任公司	26211	1155601	84478	21884	1683186	646880	508356
国有独资公司	751	247			1829	1587	2179
私营有限责任公司	20108	759200	8099	9009	1124647	393438	277407
合资经营企业（港或澳、台资）	80	40217	4230	2439	56693	22578	24134
中外合资经营企业	70	47161	35169	2854	65929	54036	11730
其他有限责任公司	5202	308777	36981	7582	434088	175241	192906

11-5 续表 9

单位：万元

	本年应交增值税	总资产贡献率（%）	资产负债率（%）	流动资产周转率(次/年)	成本费用利润率（%）	产品销售率（%）	从业人员平均人数(万人)
总计	574321	22.79	45.14	5.58	5.46	97.73	17.36
一、按登记注册类型分组:							
内资企业	542827	22.99	44.49	5.69	5.44	97.70	15.89
国有企业	1129	4.66	47.84	1.15	2.77	98.00	0.10
地方企业	1129	4.66	47.84	1.15	2.77	98.00	0.10
集体企业	5293	56.01	19.64	18.02	6.30	99.71	0.21
有限责任公司	96173	12.76	57.52	3.92	5.12	96.67	4.24
国有独资公司	1461	8.15	65.50	0.90	1.93	97.72	0.04
其他有限责任公司	94712	12.80	57.45	3.95	5.13	96.67	4.20
股份有限公司	149600	43.02	40.33	4.26	5.73	99.29	2.42
私营企业	286000	22.08	37.79	7.49	5.47	97.63	8.76
私营独资企业	4282	33.54	33.77	8.03	9.88	98.39	0.37
私营合伙企业	1739	64.24	29.09	20.10	10.20	98.31	0.04
私营有限责任公司	261755	21.45	38.09	7.47	5.28	97.56	7.79
私营股份有限公司	18223	22.42	36.29	7.14	5.42	98.09	0.56
其他企业	4632	42.52	30.56	12.08	6.44	100.17	0.16
港、澳、台商投资企业	17109	20.91	52.19	3.88	7.23	98.45	1.09
合资经营企业（港或澳、台资）	12891	25.43	44.28	3.73	11.74	100.55	0.51
港澳台商独资经营企业	4218	9.82	71.59	4.12	1.31	95.50	0.58
外商投资企业	14385	17.87	59.92	4.45	5.02	98.30	0.38
中外合资经营企业	12854	23.88	60.82	6.17	5.67	96.64	0.28
外资企业	1531	1.53	58.24	1.32	–0.80	116.80	0.09
其他外商投资企业		22.45	31.13	2.41	22.55	100.00	0.01
二、按经济组织类型分组							0.00
独资企业	16453	20.86	46.17	4.71	6.21	99.15	1.35
国有企业	1129	4.66	47.84	1.15	2.77	98.00	0.10
集体企业	5293	56.01	19.64	18.02	6.30	99.71	0.21
私营独资企业	4282	33.54	33.77	8.03	9.88	98.39	0.37
港澳台商独资经营企业	4218	9.82	71.59	4.12	1.31	95.50	0.58
外资企业	1531	1.53	58.24	1.32	–0.80	116.80	0.09
合作、合伙企业	6372	46.69	30.25	12.76	7.39	99.73	0.21
私营合伙企业	1739	64.24	29.09	20.10	10.20	98.31	0.04
其他企业（内资）	4632	42.52	30.56	12.08	6.44	100.17	0.16
其他外商投资企业		22.45	31.13	2.41	22.55	100.00	0.01
股份有限公司	167823	40.03	39.74	4.63	5.66	99.05	2.98
股份有限公司(内资)	149600	43.02	40.33	4.26	5.73	99.29	2.42
私营股份有限公司	18223	22.42	36.29	7.14	5.42	98.09	0.56
有限责任公司	383674	18.15	46.62	5.85	5.35	97.33	12.82
国有独资公司	1461	8.15	65.50	0.90	1.93	97.72	0.04
私营有限责任公司	261755	21.45	38.09	7.47	5.28	97.56	7.79
合资经营企业（港或澳、台资）	12891	25.43	44.28	3.73	11.74	100.55	0.51
中外合资经营企业	12854	23.88	60.82	6.17	5.67	96.64	0.28
其他有限责任公司	94712	12.80	57.45	3.95	5.13	96.67	4.20

11-6 规模以上工业企业主要经济指标（二）

2015 年　　单位：万元

	企业单位数（个）	亏损企业	工业总产值（当年价格）	工业销售产值（当年价格）	出口交货值	年初存货
总计	1132	62	30895970	30195582	534091	1620442
三、在总计中:亏损企业	62	62	873842	846578	22012	131871
在总计中:国有控股企业	30	4	3786352	3711518	102077	300242
在总计中:轻工业	515	23	13294013	13009157	332614	570225
重工业	617	39	17601957	17186424	201478	1050216
在总计中:大型企业	23	2	7247135	7083804	189767	741510
中型企业	73	13	4446652	4366343	168506	173512
小型企业	1008	45	19101140	18647683	175818	694108
微型企业	28	2	101043	97752		11312
在总计中:中央企业	8	1	2802595	2745812	87385	192838
省属企业	9		259867	231232	4288	75688
地方企业	1115	61	27833508	27218538	442419	1351916
四、按地域分组						
市直	10	2	2721046	2671267	29815	174394
市直东宝	5	1	226447	225225	9880	33929
市直掇刀	5	1	2494599	2446042	19935	140464
东宝区	143	3	3507469	3503109	11759	217199
掇刀区	147	13	2724146	2671979	112067	331735
荆门高新区	84	7	1989379	1969600	91945	278322
掇刀区属	63	6	734767	702379	20122	53412
京山县	301	7	8424748	8200829	158642	366792
沙洋县	185	11	3671931	3592901	57468	154212
钟祥市	306	24	9566773	9288257	154792	341221
屈家岭管理区	35	2	260495	247750	9547	26513
沙洋监狱局	5		19362	19491		8376

11-6 续表 1

单位：万元

	产成品	资产总计	流动资产合计	应收账款	存货	产成品
总计	560238	13687981	5329873	1003114	1810714	802912
三、在总计中:亏损企业	73419	1121580	518737	95551	155120	74862
在总计中:国有控股企业	77154	2391278	745611	149458	263092	83706
在总计中:轻工业	234703	4697271	1892408	363892	659606	303112
重工业	325535	8990710	3437465	639222	1151108	499799
在总计中:大型企业	202768	4605093	1895927	301042	759485	296640
中型企业	86625	1880714	684604	151698	193898	106472
小型企业	265178	7090840	2711534	539223	845893	394096
微型企业	5668	111335	37809	11151	11439	5704
在总计中:中央企业	36166	1509158	319628	86218	162337	42444
省属企业	14265	285865	174771	45866	46595	14630
地方企业	509807	11892958	4835474	871030	1601782	745838
四、按地域分组						
市直	31882	1499638	403906	95842	127386	28211
市直东宝	10675	397631	196701	22708	30914	9784
市直掇刀	21206	1102007	207205	73134	96472	18428
东宝区	61383	2032718	761536	74930	231538	74500
掇刀区	122761	2178064	1073644	259600	417887	233208
荆门高新区	99700	1774189	870531	211032	354631	201814
掇刀区属	23061	403876	203113	48569	63257	31393
京山县	122029	3159865	1211026	240853	376369	159880
沙洋县	50334	1216475	496646	83797	195404	83086
钟祥市	155667	3394507	1281372	228547	420008	206963
屈家岭管理区	14940	182186	83233	18049	34266	15492
沙洋监狱局	1244	24528	18509	1497	7856	1571

11-6　续表 2

单位：万元

	固定资产合计	固定资产原价	累计折旧	本年折旧	负债合计	流动负债合计
总计	6245801	15292337	9545943	1107164	6178274	4562910
三、在总计中:亏损企业	430047	687601	286755	42665	661988	568417
在总计中:国有控股企业	1425911	2275064	996945	105853	1338398	1111951
在总计中:轻工业	1850205	7089891	5379253	538282	1820240	1230263
重工业	4395596	8202446	4166690	568882	4358034	3332647
在总计中:大型企业	2003169	4426122	2686756	168460	2380369	1972824
中型企业	876173	1780890	917860	147241	896324	535702
小型企业	3312881	9026849	5935962	790772	2840032	2023249
微型企业	53578	58477	5365	691	61549	31135
在总计中:中央企业	1125860	1778335	780986	81794	974928	810783
省属企业	103580	131060	42422	6330	151177	139896
地方企业	5016361	13382943	8722535	1019040	5052169	3612231
四、按地域分组						
市直	867739	1561775	840859	68950	771848	624456
市直东宝	147277	255791	126826	14497	146680	118701
市直掇刀	720462	1305984	714033	54453	625169	505755
东宝区	1074295	1431301	390606	90531	801632	605235
掇刀区	664613	863360	231582	57009	1317454	1026079
荆门高新区	520305	707077	193197	51210	1125258	857065
掇刀区属	144309	156283	38386	5799	192195	169014
京山县	1540126	8506414	7151526	726918	1128769	772627
沙洋县	494118	568435	103000	26616	620308	373463
钟祥市	1526459	2268727	807648	132119	1439787	1089551
屈家岭管理区	72769	79184	13176	3898	83505	57185
沙洋监狱局	5682	13142	7545	1124	14971	14314

11-6 续表3

单位：万元

	应付账款	非流动负债合计	所有者权益合计	实收资本	国家资本	集体资本
总计	875641	957562	7506602	3241879	716445	31098
三、在总计中:亏损企业	156244	71782	459591	316680	64628	3960
在总计中:国有控股企业	175540	202988	1052880	978735	703739	10543
在总计中:轻工业	302566	274141	2874128	928245	24505	8970
重工业	573075	683421	4632474	2313634	691940	22128
在总计中:大型企业	313698	360147	2224724	1318977	664671	
中型企业	114628	185652	984189	414465	20314	18429
小型企业	433667	385070	4247904	1475659	29960	12669
微型企业	13647	26693	49785	32778	1500	
在总计中:中央企业	101298	148520	534230	728141	651789	
省属企业	23820	11282	134688	75247	20111	
地方企业	750523	797761	6837684	2438491	44546	31098
四、按地域分组						
市直	102490	147392	727790	736837	555317	
市直东宝	18443	27979	250952	59552	13391	
市直掇刀	84047	119414	476838	677285	541926	
东宝区	135510	138592	1231086	418486	17703	16632
掇刀区	190138	257650	857707	501325	18397	3950
荆门高新区	142988	248210	646027	406168	15396	150
掇刀区属	47150	9441	211680	95156	3001	3800
京山县	167780	142857	2031098	461355		30
沙洋县	103341	132125	596166	202956		1856
钟祥市	162322	130776	1954518	870294	120962	8630
屈家岭管理区	12480	7512	98680	45527		
沙洋监狱局	1579	657	9557	5097	4066	

11-6 续表 4

单位：万元

	法人资本	个人资本	港澳台资本	外商资本	营业收入	主营业务收入
总计	881639	1491064	36456	85177	29726325	29657462
三、在总计中:亏损企业	50620	167730	19745	9997	785889	778706
在总计中:国有控股企业	223930	10659		29865	3778319	3738574
在总计中:轻工业	254672	538262	28188	73649	12772293	12754133
重工业	626967	952802	8269	11528	16954032	16903329
在总计中:大型企业	120156	494067	7073	33009	7027907	6988996
中型企业	224199	125421	16623	9479	4227810	4221054
小型企业	517810	859771	12761	42689	18369980	18346785
微型企业	19473	11804			100627	100627
在总计中:中央企业	76352				2846958	2820504
省属企业	16224	38911			232472	230643
地方企业	789062	1452152	36456	85177	26646896	26606315
四、按地域分组						
市直	29147	122508		29865	2748060	2719045
市直东宝	5154	11143		29865	199145	191256
市直掇刀	23994	111365			2548916	2527789
东宝区	320606	62545	1000		3500591	3484975
掇刀区	94785	327603	10890	45700	2609120	2594402
荆门高新区	62026	274940	10890	42766	1969746	1956214
掇刀区属	32758	52663		2935	639374	638188
京山县	124813	325292	2242	8979	8132114	8132017
沙洋县	35510	164650	440	500	3507939	3507533
钟祥市	264921	456148	19500	132	8961054	8954734
屈家岭管理区	10825	32318	2384		246677	245736
沙洋监狱局	1031				20770	19021

11-6 续表 5

单位：万元

	营业成本	主营业务成本	营业税金及附加	主营业务税金及附加	其他业务收入	其他业务利润
总计	25438974	25329699	825063	824375	68863	7326
三、在总计中:亏损企业	724789	719612	2991	2967	7183	276
在总计中:国有控股企业	2771369	2744845	646134	645823	39745	5422
在总计中:轻工业	11220382	11208050	94858	94704	18160	1591
重工业	14218591	14121649	730205	729671	50703	5735
在总计中:大型企业	5640408	5577013	651896	651865	38911	2780
中型企业	3744239	3739373	41317	41305	6756	130
小型企业	15963136	15922123	131322	130676	23195	4415
微型企业	91191	91191	528	528		
在总计中:中央企业	2015391	1996982	637162	636922	26453	3247
省属企业	189680	188010	2272	2237	1829	160
地方企业	23233904	23144708	185629	185216	40581	3918
四、按地域分组						
市直	1915271	1893095	640873	640842	29016	
市直东宝	130823	124976	6993	6993	7889	
市直掇刀	1784449	1768118	633881	633850	21127	
东宝区	2839871	2829516	51008	50807	15615	3247
掇刀区	2303192	2292571	9328	9290	14718	2926
荆门高新区	1739466	1730803	7934	7920	13533	2780
掇刀区属	563726	561768	1395	1370	1185	146
京山县	7054865	7053514	33937	33697	98	98
沙洋县	3302721	3280048	10746	10735	406	29
钟祥市	7789073	7749102	78241	78137	6320	864
屈家岭管理区	219789	219299	776	748	941	3
沙洋监狱局	14191	12554	154	118	1749	160

11-6　续表 6

单位：万元

	销售费用	管理费用	税金	财务费用	利息收入	利息支出
总计	804755	928122	50519	271784	5436	226842
三、在总计中:亏损企业	27270	65180	4665	17821	2927	16701
在总计中:国有控股企业	68509	124066	5820	36377	861	36493
在总计中:轻工业	351212	393124	22442	123752	1278	102142
重工业	453543	534998	28077	148032	4158	124700
在总计中:大型企业	175310	224536	16922	78452	3989	78106
中型企业	100564	126826	4311	39013	77	36514
小型企业	527216	574406	29202	152908	1356	111052
微型企业	1666	2354	84	1411	15	1171
在总计中:中央企业	22003	74934	4481	30699	752	28779
省属企业	8470	18042	138	2071	–945	2939
地方企业	774282	835146	45901	239014	5630	195124
四、按地域分组						
市直	27731	93901	4758	18525	1013	19533
市直东宝	21956	19396	872	2747	421	3247
市直掇刀	5775	74505	3886	15778	592	16286
东宝区	159990	112859	10013	26372	982	27057
掇刀区	58723	85556	6548	34993	334	29832
荆门高新区	41140	64572	5776	28014	285	25890
掇刀区属	17583	20985	772	6979	48	3942
京山县	244462	361654	6654	64889	1904	63978
沙洋县	52031	48946	1595	21685	563	18074
钟祥市	256702	214555	20671	101255	669	66147
屈家岭管理区	4619	5711	272	4080	8	2189
沙洋监狱局	499	4939	7	–15	–37	34

11-6 续表 7

单位：万元

	营业利润	资产减值损失	公允价值变动收益	投资收益	营业外收入	政府补助
总计	1432086	70197	-1794	22227	100528	15984
三、在总计中:亏损企业	-46719	767	-20	442	10321	1108
在总计中:国有控股企业	137880	1473		1700	16470	9404
在总计中:轻工业	540544	57725	275	9034	62805	2932
重工业	891542	12472	-2069	13193	37723	13052
在总计中:大型企业	276268	13685	-3056	11475	73341	3369
中型企业	175595	500	12	232	13209	8807
小型企业	976744	56013	1250	10519	13169	3530
微型企业	3478				808	278
在总计中:中央企业	71900	659			2500	407
省属企业	11687	358		109	4868	1960
地方企业	1348498	69180	-1794	22118	93160	13618
四、按地域分组						
市直	48490	12341		3283	56232	272
市直东宝	18568	363		1700	1916	196
市直掇刀	29922	11979		1583	54316	76
东宝区	311274	-91	1	690	7135	1989
掇刀区	122463	650		5786	12233	4981
荆门高新区	94017	563		5959	9111	3816
掇刀区属	28446	87		-174	3122	1165
京山县	377518	3094	-2743	11049	9077	529
沙洋县	71905	184		280	3332	758
钟祥市	487736	54017	949	1140	11627	7013
屈家岭管理区	11701				678	442
沙洋监狱局	1000	3			213	

11-6 续表 8

单位：万元

	营业外支出	利润总额	应交所得税	亏损企业亏损总额	利税总额	应交税金及附加	本年应付职工薪酬
总计	34054	1498558	111281	41393	2897943	1561184	730705
三、在总计中:亏损企业	4994	-41393	251	41393	-16663	29646	93585
在总计中:国有控股企业	6528	147822	30140	10533	964183	852321	167488
在总计中:轻工业	18473	584876	7436	10477	864775	309777	267891
重工业	15581	913682	103845	30916	2033167	1251407	462814
在总计中:大型企业	6548	343062	82556	10134	1198785	955201	263049
中型企业	1035	187770	10146	13020	334213	160900	137656
小型企业	25933	963980	18517	17922	1359654	443393	328058
微型企业	539	3747	62	317	5291	1690	1942
在总计中:中央企业	4866	69535	19181	9294	850266	804392	113133
省属企业	1122	15433	4702		26683	16089	14426
地方企业	28066	1413591	87398	32098	2020994	740703	603147
四、按地域分组							
市直	4858	99864	17635	9367	901885	824414	120275
市直东宝	212	20271	2746	73	39015	22361	21477
市直掇刀	4646	79592	14889	9294	862870	802053	98797
东宝区	393	318017	29400	1319	460211	181606	123696
掇刀区	1079	133616	13176	2046	180396	66504	113729
荆门高新区	805	102322	10949	948	142787	57189	93433
掇刀区属	274	31294	2228	1099	37609	9315	20295
京山县	15309	371286	2163	8110	555368	192899	153633
沙洋县	6794	68442	1317	3681	94559	29028	58185
钟祥市	4594	494768	46761	16827	688213	260877	151298
屈家岭管理区	3	12377	830	41	15298	4023	7113
沙洋监狱局	1024	189			2014	1833	2778

11-6 续表 9

单位：万元

	本年应交增值税	总资产贡献率（%）	资产负债率（%）	流动资产周转率(次/年)	成本费用利润率（%）	产品销售率（%）	从业人员平均人数(万人)
总计	574321	22.79	45.14	5.58	5.46	97.73	17.36
三、在总计中:亏损企业	21738	-0.26	59.02	1.52	-4.96	96.88	1.93
在总计中:国有控股企业	170227	41.81	55.97	5.07	4.93	98.02	2.14
在总计中:轻工业	185041	20.56	38.75	6.75	4.84	97.86	7.74
重工业	389281	23.95	48.47	4.93	5.95	97.64	9.62
在总计中:大型企业	203827	27.64	51.69	3.71	5.61	97.75	4.67
中型企业	105127	19.71	47.66	6.18	4.68	98.19	3.72
小型企业	264351	20.72	40.05	6.77	5.60	97.63	8.89
微型企业	1016	5.79	55.28	2.66	3.88	96.74	0.08
在总计中:中央企业	143569	58.20	64.60	8.91	3.24	97.97	1.08
省属企业	8978	10.69	52.88	1.33	7.07	88.98	0.28
地方企业	421775	18.59	42.48	5.51	5.64	97.79	16.00
四、按地域分组							
市直	161148	61.38	51.47	6.80	4.86	98.17	1.48
市直东宝	11751	10.52	36.89	1.01	11.59	99.46	0.47
市直掇刀	149397	79.72	56.73	12.30	4.23	98.05	1.01
东宝区	91186	23.92	39.44	4.60	10.13	99.88	2.78
掇刀区	37452	9.64	60.49	2.43	5.38	98.09	2.62
荆门高新区	32531	9.49	63.42	2.26	5.46	99.01	2.06
掇刀区属	4921	10.28	47.59	3.15	5.14	95.59	0.56
京山县	150144	19.54	35.72	6.72	4.81	97.34	3.97
沙洋县	15371	9.21	50.99	7.06	2.00	97.85	1.98
钟祥市	115204	22.20	42.42	6.99	5.92	97.09	4.27
屈家岭管理区	2146	9.59	45.84	2.96	5.28	95.11	0.22
沙洋监狱局	1672	8.50	61.04	1.12	0.96	100.66	0.05

11-7　规模以上工业企业主要经济指标（三）

单位：万元

	企业单位数（个）	亏损企业	工业总产值（当年价格）	工业销售产值（当年价格）	出口交货值
总计	1132	62	30895970	30195582	534091
煤炭开采和洗选业	10	1	164749	167380	
黑色金属矿采选业	1		2153	2153	
有色金属矿采选业	1		27734	27179	
非金属矿采选业	59		1366031	1346933	
农副食品加工业	262	5	7671903	7537087	130621
食品制造业	23	2	714982	694976	359
酒、饮料和精制茶制造业	16	1	360876	350111	
纺织业	36	6	1406592	1380533	27495
纺织服装、服饰业	34		851739	839846	115895
皮革、毛皮、羽毛及其制品和制鞋业	6	1	245381	246318	14541
木材加工和木、竹、藤、棕、草制品业	16	1	384800	371077	
家具制造业	15		127117	126385	
造纸和纸制品业	20	1	158928	157828	
印刷和记录媒介复制业	9	1	73433	72704	
文教、工美、体育和娱乐用品制造业	5	1	24320	24062	536
石油加工、炼焦和核燃料加工业	9		2335662	2280267	
化学原料和化学制品制造业	113	10	5681073	5554136	106055
医药制造业	22	2	327907	325295	21457

11-7 续表 1

单位：万元

	年初存货	产成品	资产总计	流动资产合计	应收账款
总计	1620442	560238	13687981	5329873	1003114
煤炭开采和洗选业	3857	2042	92352	41214	611
黑色金属矿采选业	157	84	2884	787	220
有色金属矿采选业	248	168	14008	2504	563
非金属矿采选业	22447	5961	370289	143176	18965
农副食品加工业	309739	98655	2174554	948200	153651
食品制造业	9158	4051	190355	63492	8259
酒、饮料和精制茶制造业	36703	15367	259830	105812	11181
纺织业	74586	44156	556070	198994	37337
纺织服装、服饰业	42555	25717	304035	142878	25625
皮革、毛皮、羽毛及其制品和制鞋业	16913	10446	111278	67459	26202
木材加工和木、竹、藤、棕、草制品业	37028	21531	180073	96434	13269
家具制造业	5698	1140	55767	17767	2534
造纸和纸制品业	8665	2247	70379	36352	11742
印刷和记录媒介复制业	2315	802	33308	11776	3356
文教、工美、体育和娱乐用品制造业	1654	164	25484	10470	3898
石油加工、炼焦和核燃料加工业	115213	21878	571571	148869	44932
化学原料和化学制品制造业	344194	116038	2521161	1067521	80562
医药制造业	26077	11713	380618	81187	20700

11-7 续表 2

单位：万元

	流动资产合计		固定资产合计	固定资产原价	累计折旧
	存货	产成品			
总计	1810714	802912	6245801	15292337	9545943
煤炭开采和洗选业	3409	2196	49435	69182	20942
黑色金属矿采选业	166	82	2098	2855	757
有色金属矿采选业	328	231	11505	38976	30172
非金属矿采选业	28149	16425	189632	359920	178461
农副食品加工业	361768	137052	832314	4833876	4082895
食品制造业	17588	13324	69693	135396	70805
酒、饮料和精制茶制造业	37174	15630	112306	304386	206827
纺织业	74309	42562	253467	564393	317561
纺织服装、服饰业	48079	27704	118514	297764	180011
皮革、毛皮、羽毛及其制品和制鞋业	20478	12104	31204	102154	71049
木材加工和木、竹、藤、棕、草制品业	30729	16236	72667	143161	74180
家具制造业	6600	4447	26746	29579	3484
造纸和纸制品业	12363	4547	21599	58860	37806
印刷和记录媒介复制业	3481	1704	18276	21331	4384
文教、工美、体育和娱乐用品制造业	3661	740	11316	14782	3466
石油加工、炼焦和核燃料加工业	83108	13213	408490	715517	437029
化学原料和化学制品制造业	395492	147673	1185449	1873191	713847
医药制造业	27714	15042	100882	162171	72970

11-7 续表 3

单位：万元

	本年折旧	负债合计	流动负债合计	应付账款	非流动负债合计
总计	1107164	6178274	4562910	875641	957562
煤炭开采和洗选业	2960	30560	26981	1786	3579
黑色金属矿采选业	112	814	294	141	520
有色金属矿采选业	4494	1585	1585	620	
非金属矿采选业	25914	126965	82446	7994	13462
农副食品加工业	350646	716146	508510	112879	41299
食品制造业	8939	41677	29690	5162	2815
酒、饮料和精制茶制造业	25515	121303	100464	8130	13766
纺织业	49347	276317	146685	37105	99416
纺织服装、服饰业	27806	150359	104137	32511	25033
皮革、毛皮、羽毛及其制品和制鞋业	10273	78698	55611	24929	21839
木材加工和木、竹、藤、棕、草制品业	13457	102137	76141	10761	11617
家具制造业	1174	20447	8111	2827	2840
造纸和纸制品业	5104	24426	20709	3477	1104
印刷和记录媒介复制业	1044	15432	10805	1368	2760
文教、工美、体育和娱乐用品制造业	1126	11760	6814	3276	2038
石油加工、炼焦和核燃料加工业	28937	382379	378506	60723	1127
化学原料和化学制品制造业	108923	1017483	805480	160472	121430
医药制造业	9578	127492	83157	19201	32932

11-7　续表 4

单位：万元

	所有者权益合计	实收资本	国家资本	集体资本	法人资本
总计	7506602	3241879	716445	31098	881639
煤炭开采和洗选业	61792	21504	858	11151	5746
黑色金属矿采选业	2070	2000			
有色金属矿采选业	12423	500			
非金属矿采选业	243323	76761	450	998	35657
农副食品加工业	1458408	304268	4331	6955	103218
食品制造业	148678	50787		1000	16766
酒、饮料和精制茶制造业	138527	87353	7584	100	9988
纺织业	279753	103262			18025
纺织服装、服饰业	153676	45602			8964
皮革、毛皮、羽毛及其制品和制鞋业	32580	25870			1800
木材加工和木、竹、藤、棕、草制品业	77936	13667			6562
家具制造业	35320	17154		172	4590
造纸和纸制品业	45953	13542			3023
印刷和记录媒介复制业	17877	5779	510		3145
文教、工美、体育和娱乐用品制造业	13724	5200			
石油加工、炼焦和核燃料加工业	189192	414581	399183		1881
化学原料和化学制品制造业	1503478	437043	106458	884	136334
医药制造业	253126	177741			42315

11-7 续表 5

单位：万元

	个人资本	港澳台资本	外商资本	营业收入	主营业务收入
总计	1491064	36456	85177	29726325	29657462
煤炭开采和洗选业	3749			167376	167335
黑色金属矿采选业	2000			2153	2153
有色金属矿采选业	500			27179	27179
非金属矿采选业	39655			1254670	1254670
农副食品加工业	182044	7719		7448669	7445815
食品制造业	33021			630956	630440
酒、饮料和精制茶制造业	39816		29865	315469	314132
纺织业	43714	883	40640	1353017	1349124
纺织服装、服饰业	28085	5409	3144	831071	829400
皮革、毛皮、羽毛及其制品和制鞋业	10100	13970		241496	241496
木材加工和木、竹、藤、棕、草制品业	7105			367606	363982
家具制造业	12393			110800	110800
造纸和纸制品业	10312	207		161397	161372
印刷和记录媒介复制业	2125			71580	71529
文教、工美、体育和娱乐用品制造业	5200			25193	25193
石油加工、炼焦和核燃料加工业	13517			2382559	2366101
化学原料和化学制品制造业	193293	75		5449724	5438034
医药制造业	135426			308120	308065

11-7 续表 6

单位：万元

	营业成本	主营业务成本	营业税金及附加	主营业务税金及附加	其他业务收入
总计	25438974	25329699	825063	824375	68863
煤炭开采和洗选业	129327	129327	2971	2971	41
黑色金属矿采选业	1973	1973	7	7	
有色金属矿采选业	21607	21607	101	101	
非金属矿采选业	1040473	1039468	16847	16847	
农副食品加工业	6597534	6594233	32772	32737	2854
食品制造业	538326	537292	8978	8970	517
酒、饮料和精制茶制造业	257230	256920	9714	9689	1336
纺织业	1226902	1225570	12761	12761	3894
纺织服装、服饰业	739253	738080	3494	3494	1670
皮革、毛皮、羽毛及其制品和制鞋业	211513	211513	1604	1604	
木材加工和木、竹、藤、棕、草制品业	309735	309735	4755	4747	3624
家具制造业	91830	91830	1509	1509	
造纸和纸制品业	133854	133854	1720	1716	25
印刷和记录媒介复制业	60544	60544	730	730	51
文教、工美、体育和娱乐用品制造业	21767	21767	81	81	
石油加工、炼焦和核燃料加工业	1673158	1657325	631412	631381	16458
化学原料和化学制品制造业	4855199	4787905	21603	21589	11690
医药制造业	259741	259726	4021	4020	55

11–7 续表 7

单位：万元

	其他业务利润	销售费用	管理费用	税金	财务费用
总计	7326	804755	928122	50519	271784
煤炭开采和洗选业		3107	6239	169	368
黑色金属矿采选业		94	51		2
有色金属矿采选业		1087	2174		8
非金属矿采选业		50217	36620	887	7302
农副食品加工业	558	206521	189659	7384	67793
食品制造业		13212	23402	2172	6867
酒、饮料和精制茶制造业		22112	13546	460	2854
纺织业	32	29671	27506	441	18560
纺织服装、服饰业		14557	32534	1939	4578
皮革、毛皮、羽毛及其制品和制鞋业		2413	18697	1959	4428
木材加工和木、竹、藤、棕、草制品业		8754	11464	2939	5519
家具制造业		3715	3893	699	953
造纸和纸制品业		7689	9865	445	2447
印刷和记录媒介复制业		2583	2136	188	706
文教、工美、体育和娱乐用品制造业		580	974	7	333
石油加工、炼焦和核燃料加工业		7586	50719	414	5867
化学原料和化学制品制造业	98	150901	119093	9183	40153
医药制造业		15653	16337	2532	4456

11-7　续表 8

单位：万元

			营业利润	资产减值损失	公允价值变动收益
	利息收入	利息支出			
总计	5436	226842	1432086	70197	-1794
煤炭开采和洗选业	650	628	25365		
黑色金属矿采选业			27		
有色金属矿采选业		8	2202		
非金属矿采选业	1	6318	102681	576	45
农副食品加工业	298	55004	317080	44107	214
食品制造业	5	5604	40172		
酒、饮料和精制茶制造业	326	994	10110	556	
纺织业	332	18311	37618		
纺织服装、服饰业	138	4343	36624	32	
皮革、毛皮、羽毛及其制品和制鞋业	3	4092	2842		
木材加工和木、竹、藤、棕、草制品业	14	5125	21097	6281	
家具制造业	13	416	8930		29
造纸和纸制品业	1	2126	5826	2	6
印刷和记录媒介复制业	1	580	4882		
文教、工美、体育和娱乐用品制造业	4	317	1458		
石油加工、炼焦和核燃料加工业	225	5530	13174	642	
化学原料和化学制品制造业	1212	26929	281992	282	26
医药制造业	118	4213	-1915	11464	

11-7 续表 9

单位：万元

	投资收益	营业外收入	补贴收入	营业外支出	利润总额
总计	22227	100528	15984	34054	1498558
煤炭开采和洗选业		95		39	25421
黑色金属矿采选业					27
有色金属矿采选业					2202
非金属矿采选业		121		1637	101165
农副食品加工业	6585	4723	560	9095	312708
食品制造业		294	281	2946	37520
酒、饮料和精制茶制造业	655	595		346	10359
纺织业		899	197	238	38279
纺织服装、服饰业	1	611	419	4143	33093
皮革、毛皮、羽毛及其制品和制鞋业		471		533	2780
木材加工和木、竹、藤、棕、草制品业		1546	195	426	22217
家具制造业					8930
造纸和纸制品业		110		1	5935
印刷和记录媒介复制业		132	51	13	5001
文教、工美、体育和娱乐用品制造业					1458
石油加工、炼焦和核燃料加工业		608	274	1312	12471
化学原料和化学制品制造业	1035	4860	1200	1876	284975
医药制造业	1638	53086	505	166	51005

11-7　续表 10

单位：万元

	应交所得税	亏损企业亏损总额	利税总额	应交税金及附加	本年应付职工薪酬	本年应交增值税
总计	111281	41393	2897943	1561184	730705	574321
煤炭开采和洗选业	3748	821	39211	17707	17932	10820
黑色金属矿采选业	2		87	61	166	53
有色金属矿采选业			3466	1264	435	1163
非金属矿采选业	1049		155354	56124	20039	37342
农副食品加工业	1469	347	400040	96186	78366	54561
食品制造业	2	318	62130	26785	9737	15633
酒、饮料和精制茶制造业	134	1115	29199	19433	9512	9125
纺织业	1624	4544	91637	55424	29592	40598
纺织服装、服饰业	1192		56231	26270	48697	19644
皮革、毛皮、羽毛及其制品和制鞋业	552	2326	10436	10168	21434	6053
木材加工和木、竹、藤、棕、草制品业	116	328	33075	13913	6630	6103
家具制造业	121		13037	4927	4403	2598
造纸和纸制品业	64	135	9525	4099	4195	1870
印刷和记录媒介复制业	130	221	7859	3175	1963	2128
文教、工美、体育和娱乐用品制造业	21	54	2115	685	1806	576
石油加工、炼焦和核燃料加工业	2642		768245	758831	39627	124363
化学原料和化学制品制造业	58561	4088	339070	121839	115337	32492
医药制造业	737	427	62312	14577	17315	7286

11-7 续表 11

单位：万元

	总资产贡献率（%）	资产负债率（%）	流动资产周转率（次/年）	成本费用利润率（%）	产品销售率（%）	从业人员平均人数（人）
总计	22.79	45.14	5.58	5.46	97.73	173596
煤炭开采和洗选业	42.43	33.09	4.06	18.28	101.60	3797
黑色金属矿采选业	3.02	28.24	2.74	1.28	100.00	69
有色金属矿采选业	24.80	11.32	10.86	8.85	98.00	100
非金属矿采选业	43.66	34.29	8.76	8.92	98.60	6217
农副食品加工业	20.91	32.93	7.86	4.43	98.24	22032
食品制造业	35.58	21.89	9.94	6.45	97.20	3445
酒、饮料和精制茶制造业	11.49	46.69	2.98	3.50	97.02	2854
纺织业	19.71	49.69	6.80	2.94	98.15	8503
纺织服装、服饰业	19.88	49.45	5.82	4.18	98.60	13972
皮革、毛皮、羽毛及其制品和制鞋业	13.05	70.72	3.58	1.17	100.38	5873
木材加工和木、竹、藤、棕、草制品业	21.21	56.72	3.81	6.62	96.43	2695
家具制造业	24.10	36.66	6.24	8.90	99.42	1419
造纸和纸制品业	16.55	34.71	4.44	3.86	99.31	1403
印刷和记录媒介复制业	25.33	46.33	6.08	7.58	99.01	732
文教、工美、体育和娱乐用品制造业	9.53	46.15	2.41	6.16	98.94	642
石油加工、炼焦和核燃料加工业	135.34	66.90	16.00	0.72	97.63	3608
化学原料和化学制品制造业	14.47	40.36	5.11	5.52	97.77	25446
医药制造业	17.45	33.50	3.80	17.22	99.20	4233

11-8 规模以上工业企业主要经济指标（四）

单位：万元

	企业单位数（个）	亏损企业	工业总产值（当年价格）	工业销售产值（当年价格）	出口交货值
化学纤维制造业	2		94879	94805	
橡胶和塑料制品业	62	2	1158503	1061863	4984
非金属矿物制品业	155	8	2778648	2732650	11592
黑色金属冶炼和压延加工业	18	2	345008	344247	3522
有色金属冶炼和压延加工业	7	1	646037	641450	
金属制品业	25	2	328623	326667	4834
通用设备制造业	74	7	1614287	1522249	69060
专用设备制造业	36	1	393498	383964	
汽车制造业	20	1	479390	471901	938
铁路、船舶、航空航天和其他运输设备制造业	4		73095	72577	10813
电气机械和器材制造业	28	3	312496	302096	5758
计算机、通信和其他电子设备制造业	13		122223	117753	2212
仪器仪表制造业	2		45140	43904	
其他制造业	5	1	28848	28078	3422
废弃资源综合利用业	4		44652	43777	
电力、热力生产和供应业	9	1	410787	410093	
燃气生产和供应业	3		49262	49116	
水的生产和供应业	8	1	45216	44124	

11-8 续表1

单位：万元

	年初存货	产成品	资产总计	流动资产合计	应收账款
化学纤维制造业	2220	465	22272	14141	4721
橡胶和塑料制品业	34614	10761	375719	131723	39667
非金属矿物制品业	69405	17079	1389567	403294	77980
黑色金属冶炼和压延加工业	19566	15626	177998	86726	8872
有色金属冶炼和压延加工业	136558	24529	892142	383505	71314
金属制品业	15642	8610	160007	54188	14180
通用设备制造业	151823	51393	1056374	518518	128485
专用设备制造业	9250	4308	154038	66608	19066
汽车制造业	53295	22800	292587	155605	52910
铁路、船舶、航空航天和其他运输设备制造业	12196	9443	64882	38065	17353
电气机械和器材制造业	15835	9119	189041	100011	33477
计算机、通信和其他电子设备制造业	5673	1978	62173	27936	10367
仪器仪表制造业	1416	263	5501	3509	1164
其他制造业	1172	151	18721	7965	2886
废弃资源综合利用业	1447	816	8025	5292	875
电力、热力生产和供应业	30401	63	782575	108960	49819
燃气生产和供应业	1986	157	42077	9067	693
水的生产和供应业	736	519	80266	29870	5680

11-8 续表 2

单位：万元

	流动资产合计		固定资产合计	固定资产原价	累计折旧
	存货	产成品			
化学纤维制造业	2247	1328	3568	4451	1327
橡胶和塑料制品业	45585	19665	176771	698548	528415
非金属矿物制品业	91762	38553	693632	1129635	464084
黑色金属冶炼和压延加工业	24776	20947	64301	235615	172856
有色金属冶炼和压延加工业	186841	102171	257861	277151	19290
金属制品业	21544	15970	83517	137116	56677
通用设备制造业	136102	68024	473867	1225076	887034
专用设备制造业	18040	10069	64628	136148	78851
汽车制造业	60594	27469	86594	216696	130708
铁路、船舶、航空航天和其他运输设备制造业	12191	9390	19895	28823	8928
电气机械和器材制造业	21107	11795	66991	95936	32234
计算机、通信和其他电子设备制造业	6750	3378	17841	50020	32757
仪器仪表制造业	1514	327	1963	65333	63369
其他制造业	1027	339	9320	21786	13921
废弃资源综合利用业	2034	948	2733	3234	618
电力、热力生产和供应业	19332	299	651107	1131662	485475
燃气生产和供应业	3181	372	11742	25737	13995
水的生产和供应业	1493	957	43878	81878	48758

11-8 续表3

单位：万元

	本年折旧	负债合计	流动负债合计	应付账款	非流动负债合计
化学纤维制造业	364	13088	13018	1151	
橡胶和塑料制品业	75282	132730	99147	25669	19319
非金属矿物制品业	99420	582511	385940	107535	118688
黑色金属冶炼和压延加工业	13299	77509	69094	12493	4445
有色金属冶炼和压延加工业	16164	649536	506549	14654	142988
金属制品业	6460	80121	55110	7251	12158
通用设备制造业	123968	465306	338665	71604	55750
专用设备制造业	11946	61012	36854	10303	2208
汽车制造业	21298	141614	133833	34693	2965
铁路、船舶、航空航天和其他运输设备制造业	1970	32800	30532	12195	1600
电气机械和器材制造业	7837	93678	85120	19775	8316
计算机、通信和其他电子设备制造业	3377	37670	24064	6767	2926
仪器仪表制造业	7825	1481	833	261	555
其他制造业	1916	8709	8509	4248	
废弃资源综合利用业	327	3151	2791	331	360
电力、热力生产和供应业	35267	496788	307907	48722	174436
燃气生产和供应业	1543	24083	2621	1550	3213
水的生产和供应业	3554	30508	16197	3080	10058

11-8 续表 4

单位：万元

	所有者权益合计	实收资本	国家资本	集体资本	法人资本
化学纤维制造业	9184	6702			
橡胶和塑料制品业	242989	75285			31110
非金属矿物制品业	804152	407469	17046	8210	209101
黑色金属冶炼和压延加工业	100489	72116		200	7743
有色金属冶炼和压延加工业	242606	176251		781	3965
金属制品业	79886	34101		181	14048
通用设备制造业	591068	191791	5265		26500
专用设备制造业	93026	46425	1500		20094
汽车制造业	150973	77352	12800	84	24034
铁路、船舶、航空航天和其他运输设备制造业	32082	7565	3060		3072
电气机械和器材制造业	95363	46378			29138
计算机、通信和其他电子设备制造业	24502	18661	836	150	551
仪器仪表制造业	4021	1510			1510
其他制造业	10012	5900			1800
废弃资源综合利用业	4874	2510			1590
电力、热力生产和供应业	285787	249112	145743		103369
燃气生产和供应业	17994	5800	1800		1400
水的生产和供应业	49758	14340	9020	232	4603

11-8 续表5

单位：万元

	个人资本	港澳台资本	外商资本	营业收入	主营业务收入
化学纤维制造业	6702			94811	94811
橡胶和塑料制品业	44176			1065440	1065440
非金属矿物制品业	172112	1000		2682952	2679993
黑色金属冶炼和压延加工业	57127		7046	330187	330187
有色金属冶炼和压延加工业	171504			644526	644526
金属制品业	19751	121		312428	312268
通用设备制造业	155677		4350	1482754	1481708
专用设备制造业	24831			378169	378169
汽车制造业	33361	7073		484484	479871
铁路、船舶、航空航天和其他运输设备制造业	1433			72142	71487
电气机械和器材制造业	17108		132	285092	284965
计算机、通信和其他电子设备制造业	17124			112212	112112
仪器仪表制造业				43904	43904
其他制造业	4100			41334	41334
废弃资源综合利用业	920			43372	43372
电力、热力生产和供应业				404613	399029
燃气生产和供应业	2600			49116	44536
水的生产和供应业	485			49756	42933

11-8 续表 6

单位：万元

	营业成本	主营业务成本	营业税金及附加	主营业务税金及附加	其他业务收入
化学纤维制造业	92053	92053	193	193	
橡胶和塑料制品业	869091	869090	6418	6339	
非金属矿物制品业	2293096	2288570	27728	27554	2959
黑色金属冶炼和压延加工业	268302	268302	6595	6595	
有色金属冶炼和压延加工业	602683	602683	960	960	
金属制品业	267678	267584	4005	4003	161
通用设备制造业	1279717	1279002	6754	6705	1046
专用设备制造业	324435	323356	2068	2066	
汽车制造业	381293	379632	2433	2387	4613
铁路、船舶、航空航天和其他运输设备制造业	57856	57793	305	305	655
电气机械和器材制造业	237205	234831	6087	6087	128
计算机、通信和其他电子设备制造业	98519	98519	243	243	100
仪器仪表制造业	42013	42013	16	16	
其他制造业	32656	32656	1100	1100	
废弃资源综合利用业	41148	41148	532	532	
电力、热力生产和供应业	303553	302993	3686	3678	5585
燃气生产和供应业	38539	36460	433	231	4580
水的生产和供应业	39175	34349	431	431	6822

11-8 续表 7

单位：万元

	其他业务利润	销售费用	管理费用	税金	财务费用
化学纤维制造业		806	950	68	347
橡胶和塑料制品业		43679	64253	2703	8269
非金属矿物制品业	3	90714	84709	5690	20791
黑色金属冶炼和压延加工业		10615	14989	432	5503
有色金属冶炼和压延加工业		6335	9437	1151	12729
金属制品业		9272	12824	1004	3859
通用设备制造业	169	44225	78604	1263	10266
专用设备制造业		12104	15897	848	1814
汽车制造业	2188	20917	25472	659	6431
铁路、船舶、航空航天和其他运输设备制造业	593	2531	4752	181	835
电气机械和器材制造业	4	10670	14028	211	3020
计算机、通信和其他电子设备制造业		5263	4232	46	1158
仪器仪表制造业		237	327	3	33
其他制造业		1649	3447	1180	444
废弃资源综合利用业		364	323	4	61
电力、热力生产和供应业	773	1707	23241	3155	21410
燃气生产和供应业	2501	1107	2292	31	420
水的生产和供应业	409	2109	3436	73	1205

11-8 续表 8

单位：万元

			营业利润	资产减值损失	公允价值变动收益
	利息收入	利息支出			
化学纤维制造业	2	346	462		
橡胶和塑料制品业	32	6851	72063	1646	-20
非金属矿物制品业	1121	17469	165589	680	
黑色金属冶炼和压延加工业		4016	24184		
有色金属冶炼和压延加工业	-3	12612	12335	48	
金属制品业	5	3888	14765	64	37
通用设备制造业	55	8456	68945	1589	-3056
专用设备制造业	8	1099	22503	52	44
汽车制造业	108	4821	47720	1880	880
铁路、船舶、航空航天和其他运输设备制造业	8	760	5586	276	
电气机械和器材制造业	38	2640	14083		
计算机、通信和其他电子设备制造业	203	205	2798		
仪器仪表制造业		31	1277		
其他制造业		444	2049		
废弃资源综合利用业	1	55	945		
电力、热力生产和供应业	504	20602	56786	20	
燃气生产和供应业		930	6327		
水的生产和供应业	16	1081	3504	1	

11-8　续表 9

单位：万元

	投资收益	营业外收入	补贴收入	营业外支出	利润总额
化学纤维制造业		178	160	125	515
橡胶和塑料制品业		240	153	27	72276
非金属矿物制品业	355	17545	8305	2802	180332
黑色金属冶炼和压延加工业		1185	298	1277	24091
有色金属冶炼和压延加工业		4293		54	16574
金属制品业		195	35	17	14943
通用设备制造业	10401	2605	115	1010	70540
专用设备制造业	659	625	51	1658	21469
汽车制造业	782	2328	2248	110	49938
铁路、船舶、航空航天和其他运输设备制造业		307	300	63	5830
电气机械和器材制造业		524	372	115	14491
计算机、通信和其他电子设备制造业		150	150	2	2946
仪器仪表制造业					1277
其他制造业	11	65	65		2114
废弃资源综合利用业					945
电力、热力生产和供应业		1638	52	3522	54902
燃气生产和供应业		15			6342
水的生产和供应业	105	484		501	3488

11-8 续表 10

单位：万元

	应交所得税	亏损企业亏损总额	利税总额	应交税金及附加	本年应付职工薪酬	本年应交增值税
化学纤维制造业			1236	789	975	529
橡胶和塑料制品业	375	559	106882	37685	20307	28188
非金属矿物制品业	11039	3594	270094	106490	72127	62033
黑色金属冶炼和压延加工业	945	2862	38029	15314	5610	7343
有色金属冶炼和压延加工业	1375	15	23295	9247	15499	5761
金属制品业	847	188	29994	16902	10540	11046
通用设备制造业	2885	6914	108577	42184	50714	31283
专用设备制造业	168	86	30256	9802	11527	6719
汽车制造业	4544	1084	64529	19795	22529	12158
铁路、船舶、航空航天和其他运输设备制造业	616		9065	4032	7406	2929
电气机械和器材制造业	1064	1566	28611	15395	11855	8033
计算机、通信和其他电子设备制造业	212		4858	2170	4195	1670
仪器仪表制造业			1869	595	534	576
其他制造业	18	436	3747	2830	2189	533
废弃资源综合利用业	83		1591	733	609	114
电力、热力生产和供应业	14688	9294	76350	39292	60921	17763
燃气生产和供应业			11120	4809	1762	4346
水的生产和供应业	259	73	4810	1654	4221	892

11-8 续表 11

单位：万元

	总资产贡献率（%）	资产负债率（%）	流动资产周转率（次/年）	成本费用利润率（%）	产品销售率（%）	从业人员平均人数（人）
化学纤维制造业	7.10	58.76	6.70	0.55	99.92	178
橡胶和塑料制品业	30.26	35.33	8.09	7.34	91.66	5854
非金属矿物制品业	20.61	41.92	6.65	7.24	98.34	20474
黑色金属冶炼和压延加工业	23.62	43.54	3.81	8.05	99.78	1779
有色金属冶炼和压延加工业	4.03	72.81	1.68	2.63	99.29	2634
金属制品业	21.17	50.07	5.77	5.09	99.40	2412
通用设备制造业	11.07	44.05	2.86	4.99	94.30	11490
专用设备制造业	20.35	39.61	5.68	6.06	97.58	2656
汽车制造业	23.67	48.40	3.11	11.50	98.44	3864
铁路、船舶、航空航天和其他运输设备制造业	15.13	50.55	1.90	8.84	99.29	1621
电气机械和器材制造业	16.51	49.55	2.85	5.47	96.67	3486
计算机、通信和其他电子设备制造业	7.82	60.59	4.02	2.70	96.34	1454
仪器仪表制造业	34.54	26.91	12.51	3.00	97.26	190
其他制造业	22.38	46.52	5.19	5.53	97.33	672
废弃资源综合利用业	20.50	39.27	8.20	2.25	98.04	153
电力、热力生产和供应业	12.32	63.48	3.71	15.69	99.83	6404
燃气生产和供应业	28.64	57.24	5.42	14.97	99.70	206.00
水的生产和供应业	7.32	38.01	1.67	7.59	97.58	1029.00

11-9 规模以上工业主要产品产量

产品名称	单位	2010年	2011年	2012年	2013年	2014年	2015年
原煤	吨	1419685	1458180	1788288	1253800	1449098	1319549
磷矿石（折含 $P_2O_5$30%）	吨	3763999	4142554	6307850	6497284	7749656	8774538
小麦粉	万吨	45.32	49.48	51.22	53.47	84.48	88.87
大米	吨	2139283	2343749	2990624	3463741	4052576	4311941
饲料	吨	574165	952530	1307824	1836577	2020235	2710663
精制食用植物油	吨	336928	429556	580674	704474	751913	1163699
鲜、冷藏肉	吨	53670	76375	97634	111951	128855	141681
冷冻水产品	吨			8577	6415	8270	6687
罐头	吨	42334	84526	70871	78103	91829	113130
饮料酒	千升	253225	267540	316717	350091	321669	316500
#啤酒	千升	219239	233405	288940	318237	275130	261285
软饮料	吨	77180	185538	236999	230880	199534	609920
#碳酸饮料类（汽水）	吨			180268	107705	101989	
果汁和蔬菜汁饮料类	吨				47519	49670	58693
纱	吨	75811	81032	92025	98407	144804	154937
布	万米	39316	56663	85387	112248	39548	38249
棉布	万米	37524	55018	61751	76853	11476	2273
印染布	万米			16715	13046	10307	18561
无纺布	吨			84542	103863	96686	103684
服装	万件	1801	8525	13479	14528	12724	11059
梭织服装	万件	1710	5968	10575	11128	10136	9568
衬衫	万件			57	67	91	178
针织服装	万件	92	2557	2904	3400	2589	1492
人造板	立方米	934533	20078392	34284795	1225357	1277760	1280509
#胶合板	立方米			138177	204284	243734	256341
纤维板	立方米	321167	312804	336327	681454	778562	844878
刨花板	立方米		115151	90352	85295	132877	93034
家具	件	46514	38835	49371	143198	181147	191541

11-9 续表 1

产品名称	单位	2010 年	2011 年	2012 年	2013 年	2014 年	2015 年
木制家具	件	20479	38835	49371	57342	86965	72603
纸制品	吨	22054		10052	12067	54475	86277
单色印刷品	万令	33.80	11.15	9.95	9.82	12.13	6.66
多色印刷品	万对开色	10.05	22.78	34.23	29.90	22.20	11.52
原油加工量	吨	5038840	5001865	4758826	5000318	4566483	4797357
汽油	吨	1052934	1054105	1196619	1343975	1310680	1524173
煤油	吨	257038	267077	288862	255611	270993	280361
柴油	吨	1799072	1743987	1635339	1770869	1535850	1570979
润滑油	吨	55952	52493	22891	36314	50388	46667
燃料油	吨	13825	48895	40888	33230	33827	17813
液化石油气	吨	299936	283820	279010	256498	232572	261817
石油焦	吨				342537	307120	285780
石油沥青	吨	170974	83137	73433	51495	59159	54501
硫酸（折 100%）	吨	5066461	3766532	2868358	2375239	2296446	2715059
盐酸（含量 31%以上）	吨	241578	176428	210016	217779	228679	240074
合成氨	吨	371082	382063	390828	347566	492343	516065
农用氮、磷、钾肥总计(折纯)	吨	3815135	4391069	4667048	5491456	5614078	6158260
氮肥（折含 N100%）	吨	1229253	1537553	1781592	2003325	2289531	2479699
磷肥（折含 $P_2O_5$100%）	吨	2513389	2837266	2885456	3488131	3324547	3678561
化学农药原药	吨	21306	33106	34484	39563	37068	42259
#杀虫剂原药	吨	20656	33106	33787	38691	37068	42259
涂料	吨	7984	17330	15249	12934	10967	10415
初级形态的塑料	吨			136567	140900	118441	137757
聚丙烯树脂	吨			133462	137347	113607	132394
合成橡胶	吨			1716	2371	3861	4679
化学试剂	吨				58767	59812	57832
化学药品原药	吨	8259		11903	11002	11643	10702
化学纤维	吨	13918	30275	46401	56879	46246	48034
合成纤维	吨	13918	30275	46101	56879	46246	48034
丙纶纤维	吨	13918	30275	46401	56879	45150	43614

11-9 续表 2

产品名称	单位	2010 年	2011 年	2012 年	2013 年	2014 年	2015 年
塑料制品	吨	218286	388388	449656	603983	873476	1209050
#塑料薄膜	吨	822		48982	24611	22667	30012
日用塑料制品	吨	82859	181394	146532	168884	246975	300444
水泥	万吨	1096	1110	1085	1143	1183	975
商品混凝土	万立方米			249.54	373.20	451	452
石膏板	万平方米	4684	6321	8112	8213	7859	10648
砖（折标准砖）	万块	434728	562209	802508	885862	1006001	1214239
瓦	万片	5782	791	5168	9343	17800	22248
平板玻璃	万重量箱	945	1585	1317	1488	1323	1268
耐火材料制品	吨	9864	11364	151019	163364	168451	172717
铁合金	吨	34309	50419	60319	27439	33386	17501
铝材	吨	23598	39490	50117	61178	92367	137832
金属切削机床	台	42	37	32	11	14	11
铸造机械	台			25243	25815	29198	29655
阀门	吨	8402	5072	6057	18555	47084	39278
齿轮	吨	1522	3360	174699	241435	279594	336861
风机	台			3601	5597	7042	6993
包装专用设备	台	118	90	143	163	159	190
改装汽车	辆	1650	1748	1534	1589	1468	2535
交流电动机	千瓦	43382	44635	46456	44258	45223	34247
变压器	千伏安			3068	3096	4018	4759
电力电缆	公里	21981	60488	53287	62824	58306	62089
电子元件	万只	11166	9059	27105	23744	15954	15576
发电量	万千瓦小时	853527	821654	635912	683739	617641	778592
火力	万千瓦小时	848925	818731	634037	665156	598852	743920
风力	万千瓦小时				4182	3899	3902
竹木生物质燃料	万千瓦小时				14401	14890	30770
自来水生产量	万吨	9764	6451	7572	8887	10086	15598

11-10 规模以上工业生产能力及产能利用率

2015年

产品名称	单位	企业单位个数（个）	年初生产能力	年末生产能力	产品产量	产能利用率（%）
原煤	吨	10	1841000	1841000	1045176	56.77
棉纺锭／纺纱量	锭/吨	9	585034	595974	124842	
气流纺锭／纺纱量	头/吨	4	188560	240105	31125	
棉布织机／布	台/万米	4	611	449	38223	
原油加工能力／原油加工量	吨/吨	1	5500000	5500000	4797357	87.22
农用氮、磷、钾化学肥料总计(折纯)	吨	31	8243267	8525145	6158260	73.45
初级形态塑料	吨	3	145500	145500	137758	94.68
化学纤维	吨	1	60000	60000	48034	80.06
硅酸盐水泥熟料	吨	4	8980000	8480000	7389729	84.65
水泥	吨	6	11460000	11334000	9759501	85.63
平板玻璃	重量箱	4	22090000	14330990	12301001	67.55
铁合金	吨	1	70000	70000	17501	25.00
金属切削机床	台	1	44	44	11	25.00
民用钢质船舶	载重吨	1	2000	2000	1422	71.10
发电设备容量总计／发电量	万千瓦/万千瓦小时	6	210	210	773123	42.07
其中：火电设备容量／发电量	万千瓦/万千瓦小时	4	205	205	759500	42.21
风电设备容量／发电量	万千瓦/万千瓦小时	1	2	2	3902	19.37

11-11 重点工业园区分县市区主要指标表

2015 年

	全 市	荆门高新区	京山县	沙洋县
规模以上工业总产值（亿元）	1851.59	202.60	430.92	199.81
#高新技术产业	632.13	113.90	121.33	25.73
固定资产投资总额（亿元）	829.22	103.00	176.58	91.10
#基础设施建设投资额	158.30	10.80	23.91	35.72
亿元以上项目投资额	631.22	85.20	128.15	82.73
施工项目数量（个）	1255	148	251	78
#亿元以上项目	495	66	102	51
税收总额（万元）	368422	77555	82939	21756
出口总额（万美元）	72504	10169	17821	11116
招商引资总额（亿元）	1442	408	281	250
#实际外商直接投资额（万美元）	28578	6689	8949	3890

11-11 续表

	钟祥市	东宝区	掇刀区	屈家岭管理区
规模以上工业总产值（亿元）	639.02	282.50	75.38	21.36
#高新技术产业	241.31	116.02	12.77	1.07
固定资产投资总额（亿元）	230.03	148.17	65.37	14.97
#基础设施建设投资额	35.11	29.65	20.99	2.12
亿元以上项目投资额	169.30	96.49	57.12	12.23
施工项目数量（个）	294	378	83	23
#亿元以上项目	124	79	60	13
税收总额（万元）	108361	49920	26767	1124
出口总额（万美元）	24704	1881	5282	1531
招商引资总额（亿元）	278	124	42	60
#实际外商直接投资额（万美元）	8650			400

11-12 重点工业园区主要指标表

2015 年

	全 市	荆门高新区	京山经济开发区	宋河工业集中区	钱场工业集中区	沙洋经济开发区	后港工业集中区	纪山工业集中区
规模以上工业总产值（亿元）	1851.59	202.60	349.54	40.88	40.50	79.29	87.60	32.92
固定资产投资总额（亿元）	829.22	103.00	143.97	16.45	16.16	62.76	18.92	9.42
#基础设施建设投资额	158.30	10.80	19.20	1.96	2.75	27.32	5.89	2.51
亿元以上项目投资额	631.22	85.20	108.37	12.38	7.40	60.00	17.98	4.75
施工项目数量（个）	1255	148	189	27	35	45	18	15
#亿元以上项目	495	66	87	10	5	34	12	5
税收总额（万元）	368422	77555	77160	4186	1593	16533	4728	495
出口总额（万美元）	72504	10169	16428	1232	161	10952	162	2
招商引资总额（亿元）	1442	408	258	12	11	191	28	31
#实际外商直接投资额(万美元)	28578	6689	8949			3890		

11-12 续表

	钟祥经济开发区	胡集经济开发区	双河江北工业集中区	东宝工业园	洋丰产业园	荆门化工循环产业园	麻城工业集中区	屈家岭经济开发区
规模以上工业总产值（亿元）	287.64	195.18	156.20	189.42	93.08	53.64	21.74	21.36
固定资产投资总额（亿元）	140.18	41.79	48.06	123.72	24.45	40.58	24.79	14.97
#基础设施建设投资额	17.60	11.26	6.25	25.10	4.55	19.82	1.17	2.12
亿元以上项目投资额	105.10	36.45	27.75	91.06	5.43	33.70	23.42	12.23
施工项目数量（个）	184	51	59	267	111	56	27	23
#亿元以上项目	80	25	19	73	6	37	23	13
税收总额（万元）	56819	26665	24877	32444	17476	21744	5023	1124
出口总额（万美元）	10815	13889		1881		4142	1140	1531
招商引资总额（亿元）	206	30	42	91	33	25	17	60
#实际外商直接投资额(万美元)	8635	15						400

十二、建筑业

资料整理：苏秋萍

12–1 历年建筑业基本情况

年 份	企业个数（个）	年末从业人数（千人）	建筑业总产值（万元）	房屋建筑施工面积（万平方米）	房屋建筑竣工面积（万平方米）
1978		8.20	4559	25.90	18.50
1980		9.20	5522	29.80	19.30
1985		15.00	14910	94.30	50.50
1990		21.20	28625	124.10	63.30
1995		45.40	214700	454.30	147.20
1996		38.00	228380	425.00	180.00
1997		34.60	254477	516.00	163.00
1998		34.60	264439	603.00	149.00
1999	59	34.64	277500	538.38	197.49
2000	57	32.06	292601	571.89	150.79
2001	48	15.30	107700	104.60	57.05
2002	50	17.90	67977	109.48	70.65
2003	53	27.83	178840	185.59	108.60
2004	77	25.45	294509	254.59	191.05
2005	68	27.76	280222	217.92	148.09
2006	68	27.10	324474	251.35	165.43
2007	93	28.01	372007	333.00	200.06
2008	108	32.38	449350	292.40	201.10
2009	99	28.53	635200	339.63	256.24
2010	92	31.66	473779	379.14	264.80
2011	90	34.38	573312	446.86	296.52
2012	109	33.58	678351	639.82	330.31
2013	127	47.20	936481	771.85	388.88
2014	124	46.81	1148276	908.01	497.39
2015	123	52.07	1297933	860.76	467.35

12-2　建筑业企业生产情况

2015年

	企业个数（个）	签订的合同额（千元）	上年结转合同额	本年新签订合同额	承包工程完成产值（千元）	从建设单位承揽工程完成的产值
总计	123	17438014	5582812	11855202	13098199	12784439
其中：国有及国有控股企业	18	2173757	601617	1572140	1687986	1687983
一、按登记注册类型分组						
内资企业	123	17438014	5582812	11855202	13098199	12784439
国有企业	9	1139889	294729	845160	1038856	1038856
集体企业	2	166580	9260	157320	166380	166380
有限责任公司	49	9536143	3102401	6433742	6717047	6567961
国有独资公司	2	16299	10500	5799	13240	13240
其他有限责任公司	47	9519844	3091901	6427943	6703807	6554721
股份有限公司	4	487378	210457	276921	388466	379466
私营企业	59	6108024	1965965	4142059	4787450	4631776
私营有限责任公司	57	5815012	1890825	3924187	4572631	4416957
私营股份有限公司	2	293012	75140	217872	214819	214819
二、按隶属关系分组						
省（自治区、直辖市）	3	468336	130447	337889	309239	309239
地区（州、盟、省辖市）	22	5662194	1986137	3676057	4279264	4253538
县（区、市、旗）	18	2483913	987812	1496101	1432711	1309351
镇	5	462121	168614	293507	383741	383741
其他	75	8361450	2309802	6051648	6693244	6528570
三、按企业资质等级分组						
企业资质等级(施工总承包)	95	16696735	5472530	11224205	12396796	12095036
一级	5	2406449	739259	1667190	1945430	1919704
二级	36	10654217	3854268	6799949	7349851	7155957
三级及以下	54	3636069	879003	2757066	3101515	3019375
企业资质等级(专业总承包)	28	741279	110282	630997	701403	689403
二级	3	424747	94447	330300	414571	414571
三级及以下	25	316532	15835	300697	286832	274832
四、按营业状态分组						
营业	123	17438014	5582812	11855202	13098199	12784439
五、按控股情况分组						
国有控股	18	2173757	601617	1572140	1687983	1687983
集体控股	7	1773671	796146	977525	1022737	987011
私人控股	90	12643809	3958102	8685707	9521862	9243828
其他	8	846777	226947	619830	865617	865617

12–2　续表 1

2015 年

	从建设单位以外承揽工程完成的产值	建筑业总产值（千元）	建筑工程产值	安装工程产值	其他工程产值	竣工产值（千元）
总计	313760	12979330	11412964	994511	571855	9538838
其中：国有及国有控股企业		1687983	1535471	57852	94660	1281041
一、按登记注册类型分组						
内资企业	313760	12979330	11412964	994511	571855	9538838
国有企业		1038856	939751	57852	41253	760665
集体企业		166380	166380			166380
有限责任公司	149086	6683320	5602289	696317	384714	4943573
国有独资公司		13240	11221		2019	800
其他有限责任公司	149086	6670080	5591068	696317	382695	4942773
股份有限公司	9000	379466	374812	4462	192	282879
私营企业	155674	4711308	4329732	235880	145696	3385341
私营有限责任公司	155674	4496489	4114913	235880	145696	3191842
私营股份有限公司		214819	214819			193499
二、按隶属关系分组						
省（自治区、直辖市）		309239	257501	750	50988	252422
地区（州、盟、省辖市）	25726	4245537	3448310	564528	232699	2884036
县（区、市、旗）	123360	1432711	1210785	137966	83960	1021840
镇		383741	383741			324734
其他	164674	6608102	6112627	291267	204208	5055806
三、按企业资质等级分组						
企业资质等级(施工总承包)	301760	12279927	11221598	519898	538431	8918138
一级	25726	1911703	1688963	87546	135194	1260377
二级	193894	7349851	6823973	305416	220462	5234595
三级及以下	82140	3018373	2708662	126936	182775	2423166
企业资质等级(专业总承包)	12000	699403	191366	474613	33424	620700
二级		414571	44082	370489		401244
三级及以下	12000	284832	147284	104124	33424	219456
四、按营业状态分组						
营业	313760	12979330	11412964	994511	571855	9538838
五、按控股情况分组						
国有控股		1687983	1535471	57852	94660	1281041
集体控股	35726	989010	395031	458785	135194	900478
私人控股	278034	9436720	8724936	407772	304012	6699972
其他		865617	757526	70102	37989	657347

12-2 续表 2

2015 年

	房屋建筑施工面积（平方米）			直接从事生产经营活动的平均人数（人）		
		本年新开工面积	实行投标承包面积		工程技术人员	一级建造师
总计	8607600	5712655	6814816	52068	8480	347
其中：国有及国有控股企业	375500	278000	375500	5873	1650	67
一、按登记注册类型分组						
内资企业	8607600	5712655	6814816	52068	8480	347
国有企业	375500	278000	375500	3851	1407	57
集体企业	171136	151136	171136	705	30	
有限责任公司	4260322	2766342	2891686	27637	3439	183
国有独资公司				82		
其他有限责任公司	4260322	2766342	2891686	27555	3439	183
股份有限公司	346958	283704	343447	1208	131	
私营企业	3453684	2233473	3033047	18667	3473	107
私营有限责任公司	3429241	2209030	3033047	16879	3352	100
私营股份有限公司	24443	24443		1788	121	7
二、按隶属关系分组						
省（自治区、直辖市）				2167	80	2
地区（州、盟、省辖市）	2534280	1800026	2048785	16227	2707	153
县（区、市、旗）	1435688	684414	736232	4868	899	35
镇	450621	395699	450621	1640	179	
其他	4187011	2832516	3579178	27166	4615	157
三、按企业资质等级分组						
企业资质等级(施工总承包)	8607600	5712655	6814816	47996	8170	314
一级	1147567	842588	699321	7777	1957	99
二级	5703923	3630897	4707984	28272	3363	148
三级及以下	1756110	1239170	1407511	11947	2850	67
企业资质等级(专业总承包)				4072	310	33
二级				1441	86	5
三级及以下				2631	224	28
四、按营业状态分组						
营业	8607600	5712655	6814816	52068	8480	347
五、按控股情况分组						
国有控股	375500	278000	375500	5873	1650	67
集体控股	826463	295747	286274	5251	470	29
私人控股	6731397	4769044	5640633	37623	5889	237
其他	674240	369864	512409	3321	471	14

12–3 建筑业竣工房屋面积及价值情况

2015 年　　单位：平方米

	房屋建筑竣工面积合计	住宅房屋	商业及服务用房屋	商厦房屋(批发和零售用房)	宾馆用房屋(住宿用房)	餐饮用房屋(餐饮用房)
总计	4673537	3283368	356936	154971	6847	4082
其中：国有及国有控股企业	251100	251100				
一、按登记注册类型分组						
内资企业	4673537	3283368	356936	154971	6847	4082
国有企业	251100	251100				
集体企业	171136	163736				
有限责任公司	1983695	1212068	155253	76930		
国有独资公司						
其他有限责任公司	1983695	1212068	155253	76930		
股份有限公司	256804	189860	33928	33928		
私营企业	2010802	1466604	167755	44113	6847	4082
私营有限责任公司	2001339	1466604	167755	44113	6847	4082
私营股份有限公司	9463					
二、按隶属关系分组						
省（自治区、直辖市）						
地区（州、盟、省辖市）	1220313	998009				
县（区、市、旗）	479923	167247	162321	86858		
镇	329886	286186	24000	24000		
其他	2643415	1831926	170615	44113	6847	4082
三、按企业资质等级分组						
企业资质等级(施工总承包)	4673537	3283368	356936	154971	6847	4082
一级	487883	352109	87979			
二级	3126004	2208811	224614	110628	6847	4082
三级及以下	1059650	722448	44343	44343		
企业资质等级(专业总承包)						
二级						
三级及以下						
四、按营业状态分组						
营业	4673537	3283368	356936	154971	6847	4082
五、按控股情况分组						
国有控股	251100	251100				
集体控股	263450	163736	76930	76930		
私人控股	3750397	2533561	280006	78041	6847	4082
其他	408590	334971				

12-3 续表 1

单位：平方米

	其他商业及服务用房屋(居民服务业用房)	办公用房屋	科研、教育、医疗用房屋	科学研究用房屋	教育用房屋	医疗用房屋(卫生医疗用房)
总计	191036	250142	78199	4994	68808	4397
其中：国有及国有控股企业						
一、按登记注册类型分组						
内资企业	191036	250142	78199	4994	68808	4397
国有企业						
集体企业			1100		1100	
有限责任公司	78323	191096	36316		36316	
国有独资公司						
其他有限责任公司	78323	191096	36316		36316	
股份有限公司		7703	290			290
私营企业	112713	51343	40493	4994	31392	4107
私营有限责任公司	112713	46451	40493	4994	31392	4107
私营股份有限公司		4892				
二、按隶属关系分组						
省（自治区、直辖市）						
地区（州、盟、省辖市）		23487	4542		4252	290
县（区、市、旗）	75463	60584	1376		1376	
镇			1100		1100	
其他	115573	166071	71181	4994	62080	4107
三、按企业资质等级分组						
企业资质等级(施工总承包)	191036	250142	78199	4994	68808	4397
一级	87979		708		708	
二级	103057	223779	67765	4994	58374	4397
三级及以下		26363	9726		9726	
企业资质等级(专业总承包)						
二级						
三级及以下						
四、按营业状态分组						
营业	191036	250142	78199	4994	68808	4397
五、按控股情况分组						
国有控股						
集体控股		7355	1100		1100	
私人控股	191036	229202	75723	4994	66332	4397
其他		13585	1376		1376	

12-3 续表 2

单位：平方米

	文化、体育、娱乐用房屋	厂房及建筑物	厂房	仓库	其他未列明的房屋建筑物
总计	33228	496394	262660	9024	166246
其中：国有及国有控股企业					
一、按登记注册类型分组					
内资企业	33228	496394	262660	9024	166246
国有企业					
集体企业		6300			
有限责任公司	29868	253388	244288		105706
国有独资公司					
其他有限责任公司	29868	253388	244288		105706
股份有限公司		18271	5076		6752
私营企业	3360	218435	43296	9024	53788
私营有限责任公司	3360	213864	43296	9024	53788
私营股份有限公司		4571			
二、按隶属关系分组					
省（自治区、直辖市）					
地区（州、盟、省辖市）	29868	66355	26360		98052
县（区、市、旗）		73989	73989		14406
镇		18600			
其他	3360	337450	162311	9024	53788
三、按企业资质等级分组					
企业资质等级(施工总承包)	33228	496394	262660	9024	166246
一级		26216	25841		20871
二级	33228	253447	213827	4794	109566
三级及以下		216731	22992	4230	35809
企业资质等级(专业总承包)					
二级					
三级及以下					
四、按营业状态分组					
营业	33228	496394	262660	9024	166246
五、按控股情况分组					
国有控股					
集体控股		6675			7654
私人控股	33228	451261	224202	9024	138392
其他		38458	38458		20200

12–3 续表 3

单位：千元

	竣工房屋价值合计	住宅房屋	商业及服务用房屋	商厦房屋(批发和零售用房)	宾馆用房屋(住宿用房)	餐饮用房屋(餐饮用房)
总计	5307742	3574385	469410	185403	8597	5898
其中：国有及国有控股企业	325000	325000				
一、按登记注册类型分组						
内资企业	5307742	3574385	469410	185403	8597	5898
国有企业	325000	325000				
集体企业	166380	157105				
有限责任公司	2487458	1520233	196612	96118		
国有独资公司						
其他有限责任公司	2487458	1520233	196612	96118		
股份有限公司	246879	181772	36410	36410		
私营企业	2082025	1390275	236388	52875	8597	5898
私营有限责任公司	2070975	1390275	236388	52875	8597	5898
私营股份有限公司	11050					
二、按隶属关系分组						
省（自治区、直辖市）						
地区（州、盟、省辖市）	1548465	1267394				
县（区、市、旗）	636060	225271	206182	108528		
镇	324734	281619	24000	24000		
其他	2798483	1800101	239228	52875	8597	5898
三、按企业资质等级分组						
企业资质等级(施工总承包)	5307742	3574385	469410	185403	8597	5898
一级	616332	449870	119759			
二级	3399662	2252993	300391	136143	8597	5898
三级及以下	1291748	871522	49260	49260		
企业资质等级(专业总承包)						
二级						
三级及以下						
四、按营业状态分组						
营业	5307742	3574385	469410	185403	8597	5898
五、按控股情况分组						
国有控股	325000	325000				
集体控股	303880	157105	96118	96118		
私人控股	4109687	2690923	373292	89285	8597	5898
其他	569175	401357				

12-3 续表 4

单位：千元

	其他商业及服务用房屋(居民服务业用房)	办公用房屋	科研、教育、医疗用房屋	科学研究用房屋	教育用房屋	医疗用房屋(卫生医疗用房)
总计	269512	320602	96911	8855	82797	5259
其中：国有及国有控股企业						
一、按登记注册类型分组						
内资企业	269512	320602	96911	8855	82797	5259
国有企业						
集体企业			1075		1075	
有限责任公司	100494	230788	43860		43860	
国有独资公司						
其他有限责任公司	100494	230788	43860		43860	
股份有限公司		8199	283			283
私营企业	169018	81615	51693	8855	37862	4976
私营有限责任公司	169018	72602	51693	8855	37862	4976
私营股份有限公司		9013				
二、按隶属关系分组						
省（自治区、直辖市）						
地区（州、盟、省辖市）		23832	5166		4883	283
县（区、市、旗）	97654	85945	3440		3440	
镇			1075		1075	
其他	171858	210825	87230	8855	73399	4976
三、按企业资质等级分组						
企业资质等级(施工总承包)	269512	320602	96911	8855	82797	5259
一级	119759		792		792	
二级	149753	274603	83194	8855	69080	5259
三级及以下		45999	12925		12925	
企业资质等级(专业总承包)						
二级						
三级及以下						
四、按营业状态分组						
营业	269512	320602	96911	8855	82797	5259
五、按控股情况分组						
国有控股						
集体控股		10005	1075		1075	
私人控股	269512	286247	92396	8855	78282	5259
其他		24350	3440		3440	

12-3 续表5

单位：千元

	文化、体育、娱乐用房屋	厂房及建筑物	厂房	仓库	其他未列明的房屋建筑物
总计	39969	521394	295686	12732	272339
其中：国有及国有控股企业					
一、按登记注册类型分组					
内资企业	39969	521394	295686	12732	272339
国有企业					
集体企业		8200			
有限责任公司	35688	278587	243475		181690
国有独资公司					
其他有限责任公司	35688	278587	243475		181690
股份有限公司		13867	3127		6348
私营企业	4281	220740	49084	12732	84301
私营有限责任公司	4281	218703	49084	12732	84301
私营股份有限公司		2037			
二、按隶属关系分组					
省（自治区、直辖市）					
地区（州、盟、省辖市）	35688	65522	29510		150863
县（区、市、旗）		78047	78047		37175
镇		18040			
其他	4281	359785	188129	12732	84301
三、按企业资质等级分组					
企业资质等级(施工总承包)	39969	521394	295686	12732	272339
一级		29150	28600		16761
二级	39969	259951	224489	5541	183020
三级及以下		232293	42597	7191	72558
企业资质等级(专业总承包)					
二级					
三级及以下					
四、按营业状态分组					
营业	39969	521394	295686	12732	272339
五、按控股情况分组					
国有控股					
集体控股		8750			30827
私人控股	39969	447444	230486	12732	166684
其他		65200	65200		74828

12-4 县、市、区建筑业总产值

单位：万元

年 份	全 市	京山县	沙洋县	钟祥市	东宝区	掇刀区
2006	324475	58746	7290	24184	93990	140264
2007	372007	73433	9355	25292	101364	162563
2008	449351	91422	13286	40487	101043	203113
2009	635201	111164	17081	61063	146101	299793
2010	473779	101619	23057	79220	199126	70757
2011	573312	135382	27980	101732	210282	97936
2012	678351	173912	31768	124081	227243	121347
2013	936481	209941	40180	148419	363134	174807
2014	1148276	217638	43556	183318	497841	205923
2015	1297933	243936	54571	231972	566699	200755

注：京山县建筑业数据含屈家岭管理区。

12-5 县、市、区建筑业企业生产情况

2015 年

	企业个数（个）	建筑业总产值（万元）				竣工产值（万元）
			建筑工程产值	安装工程产值	其他产值	
全 市	123	1297933	1141296	99451	57186	953884
京山县	20	243936	237645	3415	2876	214660
沙洋县	11	54571	51529	2960	82	35691
钟祥市	27	231972	194573	15915	21484	170869
东宝区	44	566699	500533	49484	16682	388578
掇刀区	21	200755	157016	27677	16062	144086

12–6 县、市、区建筑业企业财务状况

2015 年　　单位：千元

	资产合计	流动资产合计	固定资产合计	负债合计	流动负债合计	所有者权益合计
全　市	11131687	8386147	1796277	5510934	4100518	5620753
京山县	1780413	1166285	464122	616094	572699	1164319
沙洋县	585599	455252	50168	324735	322410	260864
钟祥市	1438470	900042	356734	502876	436998	935594
东宝区	4083164	3225481	598256	2131769	1479093	1951395
掇刀区	3244041	2639087	326997	1935460	1289318	1308581

12–6 续表

	营业收入	主营业务收入	营业利润	利润总额	税金总额
全　市	11307401	11264408	646554	646128	640012
京山县	2505394	2502959	189277	191702	153326
沙洋县	368835	367689	22381	22993	28339
钟祥市	1888258	1869436	172361	170708	132910
东宝区	4891622	4886217	187445	189955	249224
掇刀区	1653292	1638107	75090	70770	76213

12-7　县、市、区建筑业房屋施工，竣工面积及价值情况

2015 年

	房屋建筑施工面积(平方米)	本年新开工面积	实行投标承包面积	房屋建筑竣工面积(平方米)	住宅房屋
全　市	8607600	5712655	6814816	4673537	3283368
京山县	1967222	1541128	1708965	1491647	1041703
沙洋县	519395	387437	514330	187015	43450
钟祥市	1758496	785603	906433	814948	517607
东宝区	3657175	2473909	3114342	1921537	1489942
掇刀区	705312	524578	570746	258390	190666

12-7　续表

	办公用房屋	竣工房屋价值(千元)	住宅房屋	办公用房屋
全　市	250142	5307742	3574385	320602
京山县	138572	1352994	846058	158822
沙洋县	45945	219645	39040	66965
钟祥市	28102	995869	631568	48379
东宝区	37523	2438246	1856146	46436
掇刀区		300988	201573	

十三、交通、运输和邮电

资料整理：陈　涛

13-1　全社会客货运输量

	单位	2005 年	2010 年	2011 年	2012 年	2013 年	2014 年	2015 年
货运量	万吨	3281	6890	8538	10555	12125	6876	7231
公路	万吨	3207	6834	8482	10498	12066	6814	7166
水路	万吨	74	56	56	57	59	62	65
货物周转量	万吨公里	279818	1226000	1523351	1891171	2211048	1402987	1466741
公路	万吨公里	236465	1207129	1500145	1863000	2179630	1371567	1432141
水路	万吨公里	43353	18871	23206	28171	31418	31420	34600
客运量	万人	4148	5890	6653	7135	8016	3894	4124
公路	万人	4143	5880	6644	7127	8008	3887	4116
水路	万人	5	10	9	8	8	8	8
旅客周转量	万人公里	234689	399862	443719	479349	554268	263405	282973
公路	万人公里	234598	399696	443569	479206	554126	263270	282827
水路	万人公里	91	166	150	143	142	135	146

注：2014 年，交通部门进行了统计方法改革。

13-2 民用车辆、船舶拥有量

	2005年	2010年	2011年	2012年	2013年	2014年	2015年
一、民用汽车（辆）	51637	102107	116623	136789	168226	191201	221272
1.载客汽车	17928	61805	75799	95039	122836	144587	174789
#大型		1613	1801	1753	1863	1906	2008
中型		1921	1848	1660	1611	1602	1506
小型		56609	70396	89812	117511	139926	170293
2.载货汽车	16573	31598	34286	35895	40250	42516	43054
#重型		5062	5972	6105	7000	8157	8590
中型		7612	6701	4456	4095	3737	3391
轻型		18884	21591	25320	29143	30610	31061
#普通载货		13722	15038	17054	19840	20917	21565
3.其他汽车	17136	8704	6538	5855	5140	4098	3429
#三轮汽车		3726	2145	1541	1021	770	459
低速汽车		3767	2993	2841	2475	1939	1486
二、摩托车（辆）	215821	329710	307926	29003	259591	268994	270558
#轻便		2528	1727	1208	1286	1157	1058
普通		327182	306199	288795	258305	267837	269500
三、挂车（辆）		1370	1781	2142	2639	2915	3258
四、机动船艘数（艘）	126	135	120	119	110	91	91
净载重量（吨位）	22136	31419	32733	31398	30642	24535	32215
净载客量（客位）	1128	1270	1096	1157	1131	1316	1271
1.客船艘数	37	53	44	44	47	47	44
2.货船艘数	74	69	64	63	58	39	42
3.拖船艘数	15	13	12	12	5	5	5
五、驳船艘数（艘）	40	33	32	32	17	15	15
净载重量（吨位）	17436	16782	15652	15652	10142	9116	10336

13–3 公路里程通达情况

单位：公里

	2005 年	2010 年	2011 年	2012 年	2013 年	2014 年	2015 年
公路通车里程	5575.60	10986.28	11209.11	11559.18	12240.75	13046.02	13917.70
晴雨通车里程	5129.97	10269.18	10521.34	10889.59	11600.55	12434.73	13368.64
养护里程	3871.32	10985.21	11199.30	11549.37	12240.75	13046.02	13915.98
绿化里程	4059.18	6241.38	6387.15	6630.83	7241.13	7979.67	8601.06
已实施 GBM 里程		792.85	792.85	792.85	792.85	792.85	792.85
公路密度（公里/万人）	18.92	38.54	39.01	40.14	42.43	45.19	48.17
公路密度（公里/百平方公里）	44.95	88.56	90.37	93.19	98.68	105.18	112.20
按技术等级分							
1. 等级公路合计	4212.07	10322.18	10572.50	10939.29	11649.83	12484.01	13355.69
一级公路	15.52	81.08	84.58	84.58	120.79	183.28	275.60
二级公路	937.75	1115.32	1169.61	1169.61	1265.86	1244.04	1441.65
三级公路	749.99	998.03	1010.06	1044.36	1013.81	1137.04	1085.34
四级公路	2508.80	8127.75	8308.25	8640.74	9249.37	9919.66	10553.10
2. 等外公路	1363.53	663.03	636.61	619.89	590.92	562.01	562.01
按道路等级分							
1.国道	127.06	127.86	127.86	127.86	127.86	127.86	127.86
2.省道	751.96	746.98	746.98	746.98	746.98	746.98	749.19
3.县道	858.95	854.74	854.74	854.74	854.74	854.74	854.74
4.乡道	3797.81	4507.48	4507.62	4507.62	4508.22	4509.50	4510.84
5.专用公路	39.81	38.63	38.63	38.63	38.63	38.63	38.63
6.村道		4709.53	4933.29	5283.36	5964.33	6768.32	7636.46

13-3 续表

单位：公里

	2005 年	2010 年	2011 年	2012 年	2013 年	2014 年	2015 年
按路面等级分							
1.有铺装路面里程	517.847	5834.030	6340.394	6832.464	7698.039	8798.040	9854.915
#沥青混凝土	75.460	915.734	1067.295	1080.109	1227.528	1455.332	1717.347
水泥混凝土	442.387	4918.296	5273.099	5752.355	6470.511	7342.708	8137.568
2.简易铺装路面里程	1539.780	2186.940	2032.031	1975.400	1888.587	1679.972	1517.668
3.未铺装路面里程	3517.968	2964.230	2836.689	2751.320	2654.124	2568.010	2545.115
本年新建数		1423.787	212.166	347.270	680.450	803.986	866.412
1.国道							
2.省道							
3.县道							
4.乡道		110.853	0.100				
5.专用公路							
6.村道		1312.934	212.066	347.270	680.450	803.986	866.412
本年改建变更数	0.598	4.591	11.741	19.522	1.116	1.286	5.264
1.国道		0.310					
2.省道		-6.496					2.209
3.县道	-2.074						
4.乡道	2.672	794.121	0.043	6.155	0.594	1.286	1.339
5.专用公路							
6.村道		-783.344	11.698	13.367	0.522		1.716

13-4 县、市、区公路里程通达情况

2015 年　　单位：公里

	公路通车里程	晴雨通车	绿化里程	养护里程	公路密度(公里/万人)
全　市	13917.698	13368.635	8601.060	13915.982	48.17
京山县	2805.100	2483.245	2598.683	2805.100	44.73
沙洋县	2287.626	2291.980	1692.509	2285.910	39.85
钟祥市	5425.852	5193.790	2232.191	5425.852	53.45
东宝区	1771.292	1770.462	474.641	1771.292	47.71
掇刀区	1139.511	1144.843	1123.284	1139.511	37.81
漳河新区					
屈家岭管理区	488.317	484.315	479.752	488.317	

13-5 县、市、区按有无路面分的公路线路实际到达数

2015 年　　单位：公里

	有铺装路面里程	沥青混凝土	水泥混凝土	简易铺装路面里程	未铺装路面里程
全　市	9854.915	1717.347	8137.568	1517.668	2545.115
京山县	2303.779	495.364	1808.415	86.911	414.410
沙洋县	1679.378	336.371	1343.007	372.054	236.194
钟祥市	3213.519	490.636	2722.883	544.403	1667.930
东宝区	1205.709	192.698	1013.011	382.535	183.048
掇刀区	1033.598	140.905	892.693	105.913	
漳河新区					
屈家岭管理区	418.932	61.373	357.559	25.852	43.533

13-6 邮政、电信主要指标

	单位	2005年	2010年	2011年	2012年	2013年	2014年	2015年
一、邮政行业业务总量	亿元					2.35	2.97	3.89
#快递出口件	万件					331.53	572.88	838.48
快递进口件	万件					461.18	1272.98	1891.17
函件	万件					247.07	92.73	69.24
包裹	万件					6.84	6.51	4.64
订销报纸累计数	万份					2762.17	2848.06	3009.36
订销杂志累计数	万份					126.21	137.48	134.89
汇兑	万笔					13.07	5.72	1.82
邮政行业业务收入	亿元					2.63	3.07	3.72
#快递业务收入	亿元					0.49	0.84	1.13
二、电信业务收入	万元	70821	113900	134227	154680	164936	172500	183400
局用电话交换机容量	万门	48.50	68.48	85.78	87.82	75.31	61.91	63.09
移动电话交换机容量	万户		308	300	326	308	333	337
本地固定电话用户	万户	46.29	36.82	46.80	49.60	38.38	36.25	35.59
城市	万户	23.05	20.27	20.54	27.86	22.34	21.91	21.82
农村	万户	23.24	16.55	18.39	21.74	16.04	14.34	10.40
移动电话年末用户	万户	81.22	140.68	161.65	186.69	195.33	212.28	213.06
互联网宽带接入用户	万户		18.86	22.50	26.98	32.23	34.68	40.77

十四、贸易、外经和旅游

资料整理：龙文胜　潘爱清　陈　涛

14-1 历年社会消费品零售总额及指数

年 份	社会消费品零售总额（万元）	指数(上年=100)	年 份	社会消费品零售总额（万元）	指数(上年=100)
1949	3592		1983	66206	111.9
1950	4348	121.1	1984	83132	125.6
1951	4769	109.7	1985	109038	131.2
1952	5567	116.7	1986	125331	114.9
1953	5808	104.3	1987	153187	122.2
1954	6339	109.1	1988	191364	124.9
1955	6956	109.7	1989	208738	109.1
1956	8226	118.3	1990	219679	105.2
1957	8899	108.2	1991	241910	110.1
1958	12862	144.5	1992	271473	112.2
1959	14026	109.1	1993	262657	96.8
1960	13807	98.4	1994	327207	124.6
1961	10761	77.9	1995	444282	135.8
1962	12409	115.3	1996	530542	119.4
1963	12384	99.8	1997	648704	122.3
1964	13805	111.5	1998	701319	108.1
1965	15713	113.8	1999	704538	100.5
1966	17092	108.8	2000	726908	103.2
1967	19210	112.4	2001	778279	107.1
1968	17369	90.4	2002	833147	107.1
1969	18538	106.7	2003	892855	107.2
1970	21754	117.4	2004	982556	110.1
1971	22221	102.2	2005	1120114	114.0
1972	23360	105.1	2006	1281102	114.4
1973	24758	106.0	2007	1515731	118.3
1974	28494	115.1	2008	1888616	124.6
1975	30547	107.2	2009	2288246	121.2
1976	36988	121.1	2010	2493304	120.8
1977	35161	95.1	2011	2982354	118.3
1978	39415	120.1	2012	3470485	116.1
1979	42435	107.7	2013	3954849	114.0
1980	45029	106.1	2014	4517795	114.1
1981	52032	115.6	2015	5414269	113.3
1982	59153	113.7			

注：2010 年社会消费品零售总额口径调整。

14–2　社会消费品零售总额

单位：万元

	2005 年	2010 年	2013 年	2014 年	2015 年
社会消费品零售总额	1120114	2493304	3954849	4517795	5414269
#限额以上	218526	683904	2001144	2620780	3070551
按经营地区分					
城镇		1871207	2960834	3385122	4067433
乡村		622097	994015	1132673	1346836
按行业分					
批发和零售业	871112	2151836	3446629	3742922	4637545
批发业		222388	451537	454214	624213
零售业		1929448	2995092	3288708	4013333
住宿和餐饮业	154897	341468	508220	774873	776724
住宿业		72388	112315	224833	204340
餐饮业		269080	395904	550040	572384

14–3　限额以上批发和零售业商品购销存总额

2015 年

单位：万元

	购进总额	销售总额			年末库存总额
			批发	零售	
总　计	4249863	4754141	2814565	1939575	2139632
一、批发业	2793635	3203200	2747005	456195	885141
国有企业	568713	690831	681385	9446	800384
集体企业					
有限责任公司	493444	540602	508282	32320	10118
股份有限公司	541481	591917	307408	284510	5140
私营企业	844828	945591	849453	96139	68572
二、零售业	1456228	1550941	67561	1483381	1254491
国有企业	5664	6708	67	6642	431
集体企业	480656	506472	10978	495494	68844
有限责任公司	197820	225762	27210	198552	53458
股份有限公司	6386	6832		6832	158
私营企业	749855	789067	29306	759760	

14–4 限额以上批发和零售业商品购、销、存总额

2015 年　　单位：万元

	购进总额	销售总额			年末库存总额
			批发	零售	
总　计	4249863	4754141	2814565	1939575	2139632
一、批发业	2793635	3203200	2747005	456195	885141
农、林、牧产品批发业	487458	457107	413602	43506	804288
食品、饮料及烟草制品批发业	501573	707252	644294	62958	32755
烟草制品批发业	312216	512568	509510	3058	22280
纺织、服装及日用品批发业	287602	373301	372134	1167	314
服装批发业	276167	361938	361382	556	81
医药及医疗器材批发业	37344	46529	46529		2196
矿产品、建材及化工产品批发业	1349461	1477386	1151502	325884	33969
煤炭及制品批发业	32146	35906	35906		4782
石油及制品批发业	1064696	1142995	833087	309908	11736
非金属及制品批发业	7910	7897	7897		13
金属及金属矿批发业	122385	144852	142173	2679	11219
化肥批发业	71715	74339	71281	3058	2473
机械设备、五金交电及电子产品	99803	113463	94397	19066	6767
其他批发业	30395	28162	24548	3614	4853
二、零售业	1456228	1550941	67561	1483381	1254491
综合零售业	677212	715980	22840	693140	83063
百货零售业	213681	221126	2686	218441	23951
超级市场零售业	445307	474235	14275	459960	57205
食品、饮料及烟草制品专门零售业	57240	59575	183	59392	2990
纺织、服装及日用品专门零售业	30321	45787	5637	40151	6587
服装零售业	23937	38375	5367	33008	6071
文化、体育用品及器材专门零售业	26417	28184	1599	26585	2861
体育用品零售业	2227	2250		2250	271
图书、报刊零售业	14142	15233	1149	14084	1185
医药及医疗器材专门零售业	74392	82943	16459	66484	7438
药品零售业	74392	82943	16459	66484	7438
汽车、摩托车、燃料及零配件专门零售	395180	410952	8702	402251	45213
汽车零售业	349656	363174	5472	357702	42682
机动车燃料零售业	32614	33629	3229	30399	1132
家用电器及电子产品专门零售业	131520	141457	8347	133110	9507
计算机、软件及辅助设备零售业	23991	28731		28731	1529
通信设备零售业	13352	15041	4620	10421	1483
五金、家具及室内装修材料专门零售业	55243	57169	3344	53825	1096565
无店铺及其他零售业	8702	8894	450	8444	266
邮购及电子销售业（互联网零售）	726	610		610	166

14–5　批发和零售业商品销售总额和分类销售额

2015 年　　单位：万元

	销售额合计	零售额
总计	4554364	2138078
1.粮油、食品类	676304	285809
其中:粮油类	381726	77474
肉禽蛋类	74912	47030
水产品类	22717	15378
蔬菜类	88867	50589
干鲜果品类	39840	34461
2.饮料类	29491	28006
3.烟酒类	597684	89565
4.服装、鞋帽、针纺织品类	634200	285705
(1)服装类	328016	189268
(2)鞋帽类	260742	56503
(3)针纺织品类	45442	39934
5.化妆品类	23670	23670
6.金银珠宝类	37256	37256
7.日用品类	75114	49764
其中：儿童玩具类	1730	1730
8.五金、电料类	49740	30182
9.体育、娱乐用品类	20582	2522
10.书报杂志类	18162	18162
11.电子出版物及音像制品类	2484	2484
12.家用电器和音像器材类	207338	202923
13.中西药品类	139561	94183
其中:西药类	101581	71413
中草药及中成药类	37842	22319
14.文化办公用品类	32112	31539
15.家具类	77572	77572
16.通讯器材类	27700	26290
17.煤炭及制品类	38100	547
18.木材及制品类	41	
19.石油及制品类	915416	363392
20.化工材料及制品类	63891	
其中：化肥类	21901	
21.金属材料类	126198	
22.建筑及装潢材料类	60049	31808
23.机电产品及设备类	80034	22386
其中：农机类	30934	
24.汽车类	418727	405760
25.种子饲料类	3489	
26.棉麻类	178011	21915
27.其他类	21440	6639

14-6 限额以上批发零售业基本情况

2015 年

	企业（单位）数(个)	年末从业人数(人)	年末零售营业面积(平方米)
总　计	541	21461	1156397
一、批发业	196	6617	324914
按登记注册类型分组			
内资	195	6557	324914
国有	22	921	21901
有限责任公司	19	602	73130
股份有限公司	3	776	21400
私营企业	144	3827	199629
港澳台商投资企业	1	60	
二、零售业	345	14844	831483
按登记注册类型分组			
内资	344	14772	821483
国有	2	67	3870
集体	6	6538	258100
有限责任公司	41	2140	185437
股份有限公司	2	15	2100
私营企业	288	5898	367161
港澳台商投资企业	1	72	10000
外商投资企业			

14-7　限额以上批发和零售业企业财务状况

2015 年　　单位：万元

	批发和零售业合计	批发业	零售业
企业数(个)	541	196	345
一、年末资产负债			
流动资产合计	1599892	1293467	306425
#存货	928704	831969	96735
固定资产原价	369161	238906	130255
累计折旧	104868	69996	34872
#本年折旧	21372	14639	6733
资产合计	2101481	1637834	463647
负债合计	1619778	1302325	317453
所有者权益合计	481703	335509	146194
#实收资本	278877	177494	101383
国家资本	32851	23348	9503
集体资本	7930	753	7178
法人资本	116383	72981	43402
个人资本	80437	39225	41211
港澳台资本	41277	41187	90
二、损益及分配			
主营业务收入	3754610	2455808	1298803
主营业务成本	3283608	2199569	1084039
主营业务税金及附加	33267	11624	21644
其他业务利润	4300	202	4098
销售费用	169776	108380	61396
管理费用	111839	52042	59797
#税金	16668	3524	13144
财务费用	78193	54952	23241
#利息支出	48775	44596	4179
营业利润	92772	39771	53001
利润总额	124651	84265	40386
应交所得税	15845	9401	6445
三、工资、福利费、增值税			
本年应付职工薪酬	76117	29247	46870
本年应交增值税	44011	26614	17398

14–8　限额以上住宿和餐饮业基本情况

2015 年

	法人企业数(个)	从业人员期末人数(人)	年末餐饮营业面积(平方米)
总　计	138	6931	348685
一、住宿业	53	2564	124082
旅游饭店	24	1508	59171
一般旅馆	29	1056	64911
二、餐饮业	85	4367	224603
正餐服务业	82	3995	218893
快餐服务业	2	344	5150
饮料及冷饮服务业	1	28	560

14–9　限额以上住宿和餐饮业经营情况

2015 年

	营业额(万元)	客房收入	餐费收入	商品销售收入	其他收入	年末住宿餐饮企业拥有床位数(个)	年末住宿餐饮企业拥有餐位数(位)
总　计	120324	32067	83501	3233	1524	13785	48373
一、住宿业	49959	18738	29154	1135	932	7890	17560
旅游饭店	26086	10253	14791	276	767	4389	11638
一般旅馆	23873	8485	14363	859	166	3501	5922
二、餐饮业	70365	13329	54347	2098	592	5895	30813
正餐服务业	65740	13311	49741	2095	592	5843	29721
快餐服务业	4560		4558	2			1029
饮料及冷饮服务业	65	18	48			52	63

14-10 限额以上住宿和餐饮业企业财务状况

2015 年　　单位：万元

	住宿和餐饮业合计	住宿业	餐饮业
企业数(个)	138	53	85
一、年末资产负债			
流动资产合计	47167	17192	29975
#存货	4661	1665	2996
固定资产原价	105644	53655	51990
累计折旧	26852	12092	14761
#本年折旧	4585	2016	2569
资产合计	159447	65777	93669
负债合计	108226	41860	66366
所有者权益合计	51221	23917	27303
#实收资本	51599	27559	24040
#国家资本	762	761	1
集体资本	538	502	36
法人资本	33657	24912	8745
个人资本	16050	1383	14667
外商资本	592		592
二、损益及分配			
主营业务收入	114571	47815	66757
主营业务成本	71427	32388	39039
主营业务税金及附加	5349	2249	3100
其他业务利润	2168	286	1882
销售费用	18609	8463	10146
管理费用	14708	5867	8841
#税金	1706	831	875
财务费用	4826	1781	3045
#利息支出	1626	342	1284
营业利润	3803	778	3025
利润总额	5186	880	4306
应交所得税	1300	536	764
三、工资、福利费			
本年应付职工薪酬	20499	7229	13270

14-11 县、市、区社会消费品零售总额

单位：万元

年 份	全 市	京山县	沙洋县	钟祥市	东宝区	掇刀区	漳河新区	屈家岭管理区
2005	1120114	229941	168173	300822	253444	133276		
2006	1281102	263133	192911	341540	286652	154286		26880
2007	1515731	315305	228699	407116	337209	184042		32243
2008	1888616	394551	284049	504496	419830	229684		35210
2009	2288246	480933	347108	617015	512277	278361		45872
2010	2493304	517295	352835	637364	665466	261644		40327
2011	2982354	626117	410723	774863	818460	309001		43190
2012	3470485	726990	476439	903616	954324	359059		50057
2013	3954849	830660	540234	1034115	1085097	408178		56565
2014	4517795	954302	617974	1177261	1238143	466914		64201
2015	5414269	1091421	722258	1440640	1433378	543925	99113	83534

14-12 县、市、区社会消费品零售总额指数

上年=100

单位：%

年 份	全 市	京山县	沙洋县	钟祥市	东宝区	掇刀区	漳河新区	屈家岭管理区
2006	114.4	116.0	114.0	113.5	115.1	115.8		113.8
2007	118.3	119.8	118.6	119.2	119.3	119.3		118.0
2008	124.6	125.2	124.2	124.2	124.5	124.8		122.5
2009	121.2	122.5	122.2	122.5	122.0	120.5		118.4
2010	120.8	121.4	119.3	119.1	122.0	121.3		113.2
2011	118.3	119.5	118.3	118.3	119.8	118.1		111.9
2012	116.1	116.1	116.0	116.1	116.2	116.2		115.9
2013	114.0	114.2	113.4	114.4	113.7	113.7		113.0
2014	114.1	114.7	114.4	113.8	113.7	114.4		113.5
2015	113.3	113.3	113.2	113.4	113.1	113.3	113.0	112.9

14-13 历年进出口总额和利用外资

单位：万美元

	2010年	2011年	2012年	2013年	2014年	2015年
一、进出口总额	38784	53596	64093	77698	96722	117501
进口总额	8981	15318	17516	15946	19928	29352
出口总额	29803	38278	46577	61752	76794	88149
二、利用外资合计	16309	18687	21656	26275	29559	34000
直接利用外资	14604	9675	6431	14056	12919	8120
间接利用外资	1705	9012	15225	12219	16640	25880

14-14 按贸易方式、企业构成分的进出口总额

单位：万美元

	进出口		进口		出口	
	2014年	2015年	2014年	2015年	2014年	2015年
总　值	96722	117501	19928	29352	76794	88149
一、按贸易方式						
一般贸易	90861	111681	18392	27481	72469	84200
来料加工装配	23	1	2		21	1
进料加工贸易	5786	4849	1484	904	4302	3945
其他	52	970	50	967	2	3
二、按企业构成						
国有企业	15163	19120	1057	1004	14106	18116
三资企业	24238	22431	7852	6482	16386	15949
其它企业	57321	75950	11019	21866	46302	54084

14-15　出口商品主要国别和地区

单位：万美元、%

	2010年		2013年		2014年		2015年	
	出口	比重	出口	比重	出口	比重	出口	比重
总　计	29803	100.0	61752	100.0	76794	100.0	88149	100.0
亚洲	16782	56.3	36794	59.6	42881	55.8	59034	67.0
香港	2868	9.6	5906	9.6	9237	12.0	16819	19.1
日本	2139	7.2	2378	3.9	2071	2.7	3064	3.5
印度					7852	10.2	11759	13.3
东盟	4168	13.9	12860	20.8	10726	14.0	10157	11.5
非洲	1053	3.5	2647	4.3	3300	4.3	3107	3.5
欧洲	6870	23.1	11028	17.9	15426	20.1	12238	13.9
欧盟	6343	21.2	10224	16.6	13942	18.2	11539	13.1
拉丁美洲	1099	3.7	1728	2.8	3181	4.1	3006	3.4
北美洲	3843	12.9	9205	14.9	11422	14.9	9827	11.1
美国	3707	12.4	8530	13.8	10707	13.9	9387	10.6
大洋洲	148	0.5	350	0.5	584	0.8	937	1.1

14-16　出口商品分类

单位：万美元、%

	2010年		2013年		2014年		2015年	
	出口	比重	出口	比重	出口	比重	出口	比重
总　计	29803	100.0	61752	100.0	76794	100.0	88149	100.0
农副产品	6035	20.2	17505	28.3	19358	25.2	17989	20.4
纺织服装	3917	13.2	6945	11.2	6255	8.1	6531	7.4
轻工产品	2910	9.8	10009	16.2	16134	21.0	26621	30.2
矿产品	1052	3.5	672	1.0	1392	1.8	866	1.0
化工医药	9563	32.1	18212	29.5	23770	31.0	25743	29.2
机电产品	6326	21.2	8409	13.6	9885	12.9	10399	11.8

14–17 县、市、区进出口总额

2015 年

单位：万美元

	进出口	进口	出口
全　市	117501	29352	88149
京山县	20856	284	20572
沙洋县	14003		14003
钟祥市	26430	1395	25035
东宝区	15975	7275	8700
掇刀区	9036	1014	8022
屈家岭管理区	1648		1648
荆门高新区	29553	19384	10169

14–18 县、市、区出口总额

单位：万美元

	2010 年	2011 年	2012 年	2013 年	2014 年	2015 年
全　市	29803	38278	46577	61752	76794	88149
京山县	7237	9443	12089	14163	17183	20572
沙洋县	2903	5519	6463	8559	11395	14003
钟祥市	7362	7188	9518	16088	21903	25035
东宝区	3458	4335	5124	6277	7399	8700
掇刀区	4564	10702	12612	15414	16975	18191
屈家岭管理区	1006	1091	771	1251	1939	1648
市直	3273					

14–19　实际利用外资

单位：万美元

	项目个数		合同外资		实际使用外资	
	2014 年	2015 年	2014 年	2015 年	2014 年	2015 年
总　计	10	9	27948	–6027	29559	34000
一、按产业划分						
第一产业	2	4	22007	–18020	5840	4283
第二产业	4	4	4218	12329	9307	21920
第三产业	4	1	1723	–336	14412	7797
二、按利用方式划分						
1.外商直接投资	10	9	27948	–6027	29559	34000
中外合资企业	9	4	26983	–17734	11351	11703
中外合作企业	1	1	326	8550		
外资企业		4	639	3157	18208	22297
2.外商其他投资						
国际租赁						
加工装配						

14–20　县、市、区实际利用外资

单位：万美元

	2010 年	2011 年	2012 年	2013 年	2014 年	2015 年
全　市	16309	18687	21656	26275	29559	34000
京山县	3961	4728	5733	6970	7800	8949
沙洋县	1678	2151	2521	3000	3455	3890
钟祥市	4297	5022	5894	6860	7700	8635
东宝区	1875	1934	2536	2948	3260	3677
掇刀区	1053	689	807	1122	1304	1760
屈家岭管理区				294	330	400
市直及其他	3445	4163	4165	5081	5710	6689

14-21 旅游基本情况

年份	接待海内外旅游人数（万人次）	海外游客	国内旅游收入（亿元）	旅游外汇收入（万美元）	旅行社个数（个）	旅游管理机构（个）	星级饭店（个）
2006	437.76	0.90	15.89	316.99	22	1	34
2007	507.71	1.09	18.34	413.62	25	1	34
2008	543.24	1.20	21.49	535.01	31	1	36
2009	663.59	1.46	30.28	619.62	33	1	37
2010	864.03	1.91	40.17	518.38	39	1	39
2011	1100.67	1.86	52.74	512.69	36	1	43
2012	1504.11	2.29	74.96	577.81	37	1	37
2013	1807.11	2.15	90.29	523.40	38	1	34
2014	2010.29	1.92	107.35	801.53	35	1	34
2015	2161.70	1.79	129.58	846.51	34	1	38

十五、财政、金融和保险

资料整理：陈　涛

15-1 财政收入

单位：万元

	2010年	2011年	2012年	2013年	2014年	2015年
财政总收入	799353	954600	1080550	1245673	1369407	1632934
地方财政收入	371043	780205	794181	1068336	1203293	1400932
(一)一般公共预算收入合计	232479	393865	506849	598408	674208	804271
税收收入	158246	290100	368269	420555	497614	564697
增值税	24707	45324	46476	62405	80006	90964
营业税	45988	99365	123967	132757	149482	161372
企业所得税	11222	31862	34272	35448	50455	55776
个人所得税	5640	13944	15373	15828	15282	16211
资源税	8805	10159	13073	15448	20525	18640
城市维护建设税	16018	22081	30277	25480	27630	42950
房产税	3845	4948	7948	10575	10611	12312
印花税	2093	3243	4999	5343	5873	6414
城镇土地使用税	9457	10014	14352	15591	17187	19673
土地增值税	3948	10195	15938	21306	31425	28317
车船税	2751	3837	4909	5516	6779	8087
耕地占用税	14964	18161	31382	40407	40228	61843
契税	8808	16967	25303	34451	42131	42138
非税收入	74233	103765	138580	177853	176594	239574
国有资本经营收入	1343	2406	2285	1860	1830	336
国有资源（资产）有偿使用收入	5858	12413	8758	17582	23083	26766
行政事业性收费收入	21584	36725	71219	79373	84448	100696
罚没收入	12835	16316	14471	33710	27948	23669
专项收入	12391	13226	22215	18574	16616	54714
其他收入	20222	22679	19632	26754	22669	33393
（二）政府性基金收入	138564	386340	287332	469928	529085	596661

15-2 财政支出

单位：万元

	2010年	2011年	2012年	2013年	2014年	2015年
支出合计	1166381	1724331	1780536	2090073	2460961	3017905
（一）一般公共预算支出	954584	1253407	1421953	1551810	1789572	2254797
一般公共服务	125092	168785	196561	221202	229454	251107
国防	960	1040	3768	4540	6116	6574
公共安全	51139	59072	63619	76715	78793	68673
教育	113792	175513	226788	213504	251501	292568
科学技术	7191	9711	14715	22983	28254	47459
文化体育与传媒	11101	14260	22209	19367	17718	23596
社会保障和就业	140238	178448	202129	220248	250734	336359
医疗卫生与计划生育	61234	96751	113831	119478	154483	191694
节能环保	31394	43849	34309	41764	54614	120945
城乡社区	37311	34443	70475	75474	91786	176279
农林水	178118	228743	221261	241348	244937	303459
交通运输	44729	80609	67367	103659	181962	170113
资源勘探信息等	27710	21958	34965	41458	47800	101598
粮油物资储备	22858	30064	29306	31216	39031	34814
商业服务业等	22617	19345	17929	10969	8833	12805
国土海洋气象等	23872	23755	17174	37354	22815	28220
住房保障	25808	49645	64762	60116	63494	73367
金融	436	3385	1829	1953	1372	1577
其他支出	28304	13914	18956	8462	15820	13590
（二）政府性基金支出	211797	470924	358583	538263	671389	763108

15–3 县、市、区财政总收入

单位：万元

	2005 年	2010 年	2011 年	2012 年	2013 年	2014 年	2015 年
全　市	205438	799353	954599	1080550	1245673	1369407	1632934
京山县	29395	69929	82920	108500	134298	157733	167440
沙洋县	12003	28414	41606	56189	63434	75245	83988
钟祥市	32237	87916	117857	149503	166324	195561	223532
东宝区	27270	75875	92805	105603	117038	122197	132439
掇刀区	13986	54540	96966	108387	119650	139843	163886
漳河新区			6688	8072	11040	22239	26997
屈家岭管理区	2512	5042	7180	7573	9441	12041	13943
市直	88035	477637	508578	536723	623448	644548	820709

15–4 县、市、区一般公共预算收入

单位：万元

	2005 年	2010 年	2011 年	2012 年	2013 年	2014 年	2015 年
全　市	93384	232479	393865	506849	598408	674208	804271
京山县	16521	39000	56419	77088	101008	118196	136913
沙洋县	6011	19260	31008	41954	49230	58110	67009
钟祥市	19482	53458	81500	110866	130300	151496	175786
东宝区	6306	40061	47187	58475	63830	70460	79788
掇刀区	4576	25856	47724	62385	73679	86374	101598
漳河新区			3678	5059	8243	17649	21843
屈家岭管理区	2264	4166	5955	5929	6424	9116	10985
市直	38224	50677	120394	145093	165694	162807	210349

15–5 县、市、区地方财政税收收入

单位：万元

	2005 年	2010 年	2011 年	2012 年	2013 年	2014 年	2015 年
全　市	56527	158246	290100	368269	420556	497614	564697
京山县		24656	38566	54513	71457	82818	89403
沙洋县		12859	23002	29706	35417	39920	46528
钟祥市		28156	49848	68581	79671	94564	110274
东宝区		35635	39543	48208	48545	53453	59594
掇刀区		22445	43314	56385	60797	68658	74212
漳河新区			3555	4937	7783	17054	20486
屈家岭管理区		1189	2834	3718	4967	7798	8372
市直		33306	89426	102221	111919	133349	155828

15–6 县、市、区一般公共预算支出

单位：万元

	2005 年	2010 年	2011 年	2012 年	2013 年	2014 年	2015 年
全　市	245769	954584	1253407	1421953	1551810	1789572	2254797
京山县	46585	175177	216001	261514	278065	319053	388758
沙洋县	33778	138185	187647	207666	231788	259541	290994
钟祥市	59671	292766	358882	406227	457558	496045	603231
东宝区	21600	81498	111098	122300	131100	155302	193480
掇刀区	11855	48697	75789	85311	108690	135239	148421
漳河新区				8576	12127	21357	31357
屈家岭管理区	4574	20601	31345	37841	27613	37159	69411
市直	67706	197660	272645	292518	304869	365876	529145

15-7 县、市、区一般公共预算教育支出

单位：万元

	2006 年	2010 年	2011 年	2012 年	2013 年	2014 年	2015 年
全　市	53760	113792	175513	228713	213504	251501	292568
京山县	8914	20070	32342	42741	42952	44992	54613
沙洋县	9999	22140	32443	37816	39370	39282	42579
钟祥市	13296	31693	47461	64831	61324	69259	78815
东宝区	5920	12148	17728	20306	20359	21860	24497
掇刀区	2929	5423	8152	12859	15677	15166	19134
漳河新区				880	1387	2563	2888
屈家岭管理区				2892	1906	3009	5057
市直				46388	30529	55370	64985

15-8 县、市、区一般公共预算科技支出

单位：万元

	2006 年	2010 年	2011 年	2012 年	2013 年	2014 年	2015 年
全　市	3392	7191	9711	14715	22983	28254	47459
京山县	965	1473	1432	2117	5164	4172	4611
沙洋县	300	714	965	1461	2633	3357	4241
钟祥市	550	1764	3225	5041	5874	9088	14823
东宝区	257	622	930	1018	1649	1902	2329
掇刀区	168	401	490	802	2038	2698	3378
漳河新区				18	151	245	412
屈家岭管理区				97	258	142	1788
市直				4161	5216	6650	15877

15-9　金融机构人民币存款年末余额

单位：亿元

各 项 存 款	2015 年
一、各项存款	1430.56
（一）境内存款	1430.19
1.住户存款	960.26
（1）活期存款	300.90
（2）定期及其他存款	659.36
2.非金融企业存款	196.10
（1）活期存款	119.49
（2）定期及其他存款	76.60
3.广义政府存款	271.78
（1）财政性存款	36.47
（2）机关团体存款	235.31
4.非存款类金融机构存款	2.05
（二）境外存款	0.38

注：本表采用数据为新口径数据。

15-10　金融机构人民币贷款年末余额

单位：亿元

各 项 存 款	2015 年
一、各项贷款	793.90
（一）境内贷款	793.90
1.住户贷款	192.32
（1）短期贷款	40.90
消费贷款	8.88
经营贷款	32.02
（2）中长期贷款	151.42
消费贷款	108.10
经营贷款	43.32
2.非金融企业及机关团体贷款	601.58
（1）短期贷款	305.99
（2）中长期贷款	280.51
（3）票据融资	14.88
（4）融资租赁	
（5）各项垫款	0.19
3.非存款类金融机构贷款	
（二）境外贷款	0.00

注：本表采用数据为新口径数据。

15-11 县、市存贷款年末余额

单位：亿元

	全 市	市 直	京山县	沙洋县	钟祥市
一、各项存款					
2010 年	685.20	296.22	123.47	86.38	179.13
2011 年	786.36	311.27	147.56	108.12	219.41
2012 年	933.06	375.55	173.91	125.47	258.13
2013 年	1121.25	473.53	205.76	143.65	298.32
2014 年	1256.98	530.45	230.81	163.52	332.22
2015 年	1430.56	608.91	258.34	184.49	378.83
二、各项贷款					
2010 年	317.21	171.36	62.10	26.94	56.81
2011 年	364.35	197.69	66.86	33.08	66.72
2012 年	437.34	236.72	78.78	42.00	79.85
2013 年	560.42	325.73	96.17	43.99	94.53
2014 年	653.26	382.81	112.05	52.49	105.91
2015 年	793.90	488.23	118.94	59.85	126.87

15-12 保险业主要指标

单位：亿元

年 份	原保费收入	产险	寿险	赔款和给付	产险公司	寿险公司
2005	5.76	1.21	4.55	2.48	0.73	1.75
2006	6.99	1.14	5.85	2.05	0.74	1.31
2007	11.69	2.27	8.65	4.25	1.00	3.25
2008	20.56	3.07	16.62	5.05	2.73	2.32
2009	23.27	3.91	18.41	4.86	2.80	2.06
2010	31.93	5.63	25.13	5.58	2.82	2.77
2011	35.00	6.28	27.34	6.27	3.14	3.13
2012	34.87	7.29	25.92	8.07	4.12	3.95
2013	33.98	8.63	22.99	11.66	5.08	6.58
2014	36.90	11.00	25.90	13.92	5.52	8.40
2015	37.37	10.87	26.50	12.68	5.33	7.35

15-13 县、市保险业主要指标

2015 年

单位：亿元

	原保费收入	产险公司	寿险公司	赔款和给付	产险公司	寿险公司
京山县	5.12	1.44	3.68	1.54	0.60	0.94
沙洋县	3.57	0.94	2.63	0.84	0.50	0.34
钟祥市	6.04	2.18	3.86	2.34	1.05	1.29

十六、教育和科技

资料整理：樊清萍　　陈　涛

16-1 教育事业基本情况

	2005年	2010年	2011年	2012年	2013年	2014年	2015年
学校数（所）	775	573	613	596	575	566	581
1.大学	2	1	1	1	1	1	1
2.中职教育	26	13	12	12	12	12	12
3.普通中学	158	129	127	122	122	122	124
初中	114	99	96	91	90	92	92
高中	44	30	31	31	32	30	32
4.小学	433	295	285	251	231	222	223
5.特殊学校	3	3	3	3	3	3	3
6.幼儿园	153	132	185	207	206	206	218
招生数（人）	110777	85719	76585	68910	68434	65256	85245
1.大学	6220	7009	6781	7379	7832	6093	5428
2.中职教育	15943	13586	7473	5358	4509	4569	4873
3.普通中学	66300	42594	39412	36227	34477	32904	32051
初中	40694	23968	21999	20894	19829	19024	19177
高中	25606	18626	17413	15333	14648	13880	12874
4.小学	22246	22483	22879	19846	21580	21632	23300
5.特殊学校	68	47	40	100	36	58	46
6.幼儿园							19547
班数（个）	9612	8336	8481	8604	8431	8490	8981
1.大学	328	477	569	569	549	510	482
2.中职教育	647	522	469	378	368	353	
3.普通中学	3367	2493	2407	2315	2209	2140	2891
初中	2206	1534	1462	1431	1363	1324	2093
高中	1161	959	945	884	846	816	798
4.小学	4059	3224	3335	3484	3445	3454	3498
5.特殊学校	39	39	40	42	41	41	41
6.幼儿园	1172	1581	1661	1816	1819	1992	2069

16-1 续表1

	2005年	2010年	2011年	2012年	2013年	2014年	2015年
在校学生数（人）	463206	365721	357420	341642	327399	327475	324532
1.大学	19426	19136	19921	21204	21223	20409	18436
2.中职教育	34556	27067	22840	18230	14594	14141	13796
3.普通中学	206889	136544	126614	116646	108741	103867	99658
初中	131047	77753	70716	65983	61779	59418	57986
高中	75842	58791	55898	50663	46962	44449	41672
4.小学	169296	129749	129735	126157	122390	123695	127095
5.特殊学校	384	600	385	378	373	360	365
6.幼儿园	32655	52625	57925	59027	60078	65003	65182
毕业生数（人）	133920	91658	83921	78756	76287	69088	91045
1.大学	6549	5361	5699	5898	6420	6446	6827
2.中职教育	7523	7861	7970	7617	7935	5161	5049
3.普通中学	79348	54182	48069	43808	40915	37948	36511
初中	56280	32569	28103	24280	23040	20986	20430
高中	23068	21613	19966	19528	17875	16962	16081
4.小学	40466	24213	22149	21333	20966	19468	19211
5.特殊学校	34	41	34	100	51	65	53
6.幼儿园							23394
毕业班学生数（人）	125055	85290	80995	77297	69449	67929	96800
1.大学	6211	5917	6034	6593	6839	7316	7408
2.中职教育	9173	7612	8001	7955	5161	5027	4390
3.普通中学	73316	49599	44836	41511	37964	36187	34622
初中	47862	28515	24529	23229	21032	20596	19665
高中	25454	21084	20307	18282	16932	15591	14957
4.小学	36355	22162	22124	21238	19485	19399	20525
5.特殊学校							
6.幼儿园							29855

16-1 续表 2

	2005年	2010年	2011年	2012年	2013年	2014年	2015年
教职工人数（人）	30244	28016	27670	27738	27861	27810	28015
1.大学	1131	1254	1305	1303	1273	1274	1392
2.中职教育	2063	1538	1463	1450	1405	1402	1358
3.普通中学	15387	12907	12885	12549	12037	11845	11653
初中	10533	8621	8701	8456	7971	7500	7122
高中	4854	4286	4184	4093	4066	4345	4531
4.小学	10499	9922	9536	9557	10007	9840	9836
5.特殊学校	101	105	107	117	116	104	103
6.幼儿园	1063	2290	2374	2762	3023	3345	3673
专任教师数（人）	25495	23967	23880	23019	22523	22546	22441
1.大学	885	879	1013	1023	1004	856	706
2.中职教育	1357	1150	1138	1117	1099	1095	1079
3.普通中学	12818	11007	10878	9970	9279	9807	9773
初中	8707	7478	7425	6509	5914	6149	5954
高中	4111	3529	3453	3461	3365	3658	3819
4.小学	9598	9152	9287	9140	9330	8832	8778
5.特殊学校	77	91	95	91	98	96	95
6.幼儿园	760	1688	1469	1678	1713	1860	2010
校舍建筑面积(万平方米)	479.6	478.0	439.4	440.2	431.0	435.0	443.6
1.大学	50.8	78.2	47.6	47.6	30.8	30.8	30.1
2.中职教育	52.3	42.0	42.1	42.1	39.2	33.1	34.7
3.普通中学	228.1	211.9	204.2	195.7	200.1	203.6	210.6
初中	126.8	121.7	117.2	109.1	111.8	117.2	111.5
高中	101.3	90.2	87.0	86.6	88.3	86.4	99.1
4.小学	135.3	126.9	123.8	129.2	133.0	135.2	133.6
5.特殊学校	1.5	1.8	1.5	1.9	1.7	1.7	1.7
6.幼儿园	11.6	17.2	20.2	23.7	26.2	30.6	32.9

16-2 县、市、区学校基本情况

	学校数(所)					
	2010年	2011年	2012年	2013年	2014年	2015年
全 市	573	613	596	575	566	580
京山县	105	106	107	92	91	91
沙洋县	94	89	89	84	84	96
钟祥市	216	213	197	197	181	181
东宝区	83	101	97	95	79	82
掇刀区	33	64	66	68	72	72
漳河新区					22	22
屈家岭管理区	11	11	11	10	10	10
市直	22	21	29	29	27	26
其他	9	8				
	招生数(人)					
	2010年	2011年	2012年	2013年	2014年	2015年
全 市	85719	76585	68910	68434	65256	60270
京山县	14868	12894	11496	11443	11253	10885
沙洋县	11016	9497	8820	8560	7974	8573
钟祥市	27341	26253	21486	20594	20149	20519
东宝区	7338	5978	5137	5417	4846	4459
掇刀区	5083	4512	4501	4719	4388	4758
漳河新区					581	651
屈家岭管理区	1436	1243	1083	1049	989	928
市直	17314	15519	16387	16652	15076	9497
其他	1323	689				
	班数(个)					
	2010年	2011年	2012年	2013年	2014年	2015年
全 市	8336	8481	8604	8431	8490	8042
京山县	1384	1389	1465	1471	1451	1448
沙洋县	1212	1206	1194	1143	1247	1214
钟祥市	2850	2946	2969	2850	2842	2890
东宝区	839	840	804	803	706	708
掇刀区	620	578	683	728	717	747
漳河新区					130	133
屈家岭管理区	141	143	132	128	130	128
市直	1192	1272	1357	1308	1267	774
其他	98	107				

16-2 续表1

	在校学生数（人）					
	2010年	2011年	2012年	2013年	2014年	2015年
全　市	365721	357420	341642	327399	327475	306096
京山县	64073	61668	57763	56766	56554	55407
沙洋县	50277	49170	45273	43676	45004	44852
钟祥市	126585	122670	117656	107885	106567	105142
东宝区	32746	32327	30070	28899	26204	25818
掇刀区	26090	26485	27462	28366	29297	30816
漳河新区					3502	3451
屈家岭管理区	6709	6378	5167	4889	4593	4339
市直	55150	54205	58251	56918	55754	36271
其他	4091	4517				
	毕业生数（人）					
	2010年	2011年	2012年	2013年	2014年	2015年
全　市	91658	83921	78756	76287	69088	60824
京山县	17165	15260	13567	12455	11659	11786
沙洋县	13028	11423	10303	9689	8339	8230
钟祥市	32097	29016	27302	26172	22254	20915
东宝区	7566	6605	6328	6228	5508	4899
掇刀区	4567	4432	4044	4227	4025	4094
漳河新区					430	732
屈家岭管理区	1788	1643	1459	1198	1166	1067
市直	14730	14694	15753	16318	15707	9101
其他	717	848				
	毕业班学生数（人）					
	2010年	2011年	2012年	2013年	2014年	2015年
全　市	85290	80995	77297	69449	67929	59537
京山县	15546	14296	12605	11659	11403	10977
沙洋县	11258	10338	9689	8339	8282	7972
钟祥市	29767	27832	26596	22254	20909	20564
东宝区	6642	6386	6246	5868	4958	5273
掇刀区	4513	4415	4394	4115	4122	4361
漳河新区					731	696
屈家岭管理区	1707	1634	1254	1166	1067	981
市直	15151	15413	16513	16048	16457	8713
其他	706	681				

16-2 续表2

	教职工数（人）					
	2010年	2011年	2012年	2013年	2014年	2015年
全　市	28016	27670	27738	27861	27810	26623
京山县	5082	5150	5082	5078	4877	4786
沙洋县	4716	4620	4630	4599	4637	4576
钟祥市	8723	8736	8617	8650	8497	8614
东宝区	2630	2644	2569	2616	2367	2441
掇刀区	1904	1605	2009	2101	2304	2394
漳河新区					362	353
屈家岭管理区	506	531	494	498	488	483
市直	4016	3947	4337	4319	4278	2976
其他	439	437				

	专任教师数（人）					
	2010年	2011年	2012年	2013年	2014年	2015年
全　市	23967	23880	23019	22523	22546	21735
京山县	4583	4502	4462	4430	4373	4257
沙洋县	4206	4157	3734	3336	3514	3545
钟祥市	7157	7543	7067	6974	6963	7054
东宝区	2252	2222	2182	2239	2030	2049
掇刀区	1757	1376	1608	1634	1680	1743
漳河新区					292	279
屈家岭管理区	423	431	415	412	405	397
市直	3284	3340	3551	3498	3289	2411
其他	305	309				

	校舍建筑面积（万平方米）					
	2010年	2011年	2012年	2013年	2014年	2015年
全　市	478.0	439.4	440.2	431.0	435.0	413.5
京山县	71.8	70.0	71.4	75.6	77.9	73.0
沙洋县	66.6	67.9	59.0	59.0	59.5	61.1
钟祥市	133.0	136.1	138.5	141.5	140.6	142.7
东宝区	36.5	37.6	36.1	37.9	34.6	36.3
掇刀区	22.4	18.9	25.2	27.1	30.7	31.5
漳河新区					5.6	5.7
屈家岭管理区	6.2	6.1	6.1	6.2	5.6	5.9
市直	125.1	93.3	103.9	83.7	80.5	57.3
其他	16.4	9.5				

16-3 县、市、区教育主要指标

单位：%

	学龄人口入学率				毕业生毛升学率			
	小学		初中		小学		初中	
	2014 年	2015 年	2014 年	2015 年	2014 年	2015 年	2014 年	2015 年
全　市	100.0	100.0	100.0	100.0	97.7	99.8	66.1	63.0
京山县	100.0	100.0	100.0	100.0	96.4	96.2	69.4	60.4
沙洋县	100.0	100.0	100.0	100.0	91.6	93.4	52.5	54.3
钟祥市	100.0	100.0	100.0	100.0	97.5	99.0	57.1	54.1
东宝区	100.0	100.0	100.0	100.0	73.4	58.6	65.3	63.7
掇刀区	100.0	100.0	100.0	100.0	66.5	68.7	69.8	64.0
漳河新区	100.0	100.0	100.0	100.0	58.4	60.5		
屈家岭管理区	100.0	100.0	100.0	100.0	72.5	77.9	61.5	48.6
市直	100.0	100.0	100.0	100.0	189.1	233.6	102.6	100.6

	辍学率				专任教师学历合格率			
	小学		初中		九年义务段		初中段	
	2014 年	2015 年	2014 年	2015 年	2014 年	2015 年	2014 年	2015 年
全　市	0.3	0.3	0.8	0.7	100.0	100.0	100.0	100.0
京山县	0.7	0.5	1.4	1.3	100.0	100.0	100.0	100.0
沙洋县	1.0	1.8	1.5	0.8	100.0	100.0	100.0	100.0
钟祥市	1.2	0.7	0.7	0.4	100.0	100.0	100.0	100.0
东宝区	0.0	0.1	0.6	0.6	100.0	100.0	100.0	100.0
掇刀区	0.0	-1.1	0.0	0.1	100.0	100.0	100.0	100.0
漳河新区	1.0	1.4	1.0	0.7	100.0	100.0	100.0	100.0
屈家岭管理区	1.1	2.0	1.5	-1.6	100.0	100.0	100.0	100.0
市直	0.0	-1.3	0.0	-0.8	100.0	100.0	100.0	100.0

16–4　科研机构人员

	2015 年
一、科研机构数（个）	8
二、科研机构从业人员数（个）	1045

16–5　科技成果登记、获奖情况

2015 年　　单位：项

级　别	科技成果登记				科技成果奖励				获奖按行业分		
	合计	工业	农业	社会发展	合计	一等	二等	三等	工业	农业	社会发展
省　级	94	40	16	38	4			4	3		1

16–6　技术合同交易情况

2015 年　　单位：万元

	合同数	合同成交总金额	
			技术交易额
技术合同	382	133935.72	87882.34

16-7 科技计划实施情况

2015 年　　单位：项、万元

	项目数	国家级	省级	市级	总投资	政府投入	国家级	省级	市级	银行贷款	企业自筹
合 计	133		30	103	20620	2920		1840	1080		17700
科技型中小企业技术创新基金											
重大关键技术研发类	10		5	5	9880	1300		900	400		8580
科技成果转化类	3		3		3080	440		440			2640
重点新产品新工艺研究类	8		8		2800	400		400			2400
科技创新创业服务能力建设类											
科技创新条件与平台建设类											
对外科技合作类											
自然科学基金	57		8	49	20	20		20			
中小企业技术创新计划	6		6		80	80		80			
科技研究与开发项目	49			49	4760	680			680		4080

16-8 专利申请量

2015 年

单位：件

	申请量				在三种专利中				
	合 计	发明	实用新型	外观设计	个人	企业	大专院校	机关团体	科研机构
全 市	2221	761	1245	215	499	1658	21	12	31
京山县	354	120	146	88	121	233			
沙洋县	223	56	123	44	74	149			
钟祥市	519	192	278	49	134	377		8	
东宝区	460	155	297	8	92	314	21	3	30
掇刀区	569	208	348	13	53	508		1	1
漳河新区	17	10	5	2	11	6			
屈家岭管理区	79	20	48	11	14	65			

16-9 专利授权量

2015 年

单位：件

	授权量				在三种专利中				
	合 计	发明	实用新型	外观设计	个人	企业	大专院校	机关团体	科研机构
全 市	952	66	718	168	251	679	10	2	10
京山县	219	3	138	78	83	136			
沙洋县	86	3	49	34	42	44			
钟祥市	195	25	143	27	53	142			
东宝区	220	20	189	11	40	158	10	2	10
掇刀区	218	14	195	9	22	196			
漳河新区	3		3		2	1			
屈家岭管理区	11	1	1	9	9	2			

16-10　工业企业科技活动情况

单位：万元

	2010年	2011年	2012年	2013年	2014年	2015年
企业个数（个）	1159	707	863	971	1097	1132
有R&D活动的企业数（个）	34	44	50	60	93	146
有科研机构的企业数（个）	22	27	31	30	40	71
从事R&D活动人员数（人）	2683	3131	3778	4979	6172	6943
R&D人员折合全时当量数（人）	2114	2224	2953	3816	4336	4644
R&D经费内部支出	46424	56260	71234	83732	99837	151555
政府部门资金	3327	2227	2463	1404	3131	3506
企业资金	43097	52343	68011	80522	96174	146729
国外资金		1690			145	1018
其他资金			760	1806	387	302
R&D项目数（个）	132	202	231	244	346	386
全部项目经费内部支出	31738	47657	65101	79427	91975	140388
新产品开发费支出	47205	42641	48306	60092	88594	135174
技术改造经费支出	89702	112412	82816	80891	67347	139490
引进国外技术经费支出	392	151	0.5	7	106	30
消化吸收经费支出		1375	5345	2	32	1
购买国内技术经费支出	393	73	50	272	162	471

注：R&D指研究与试验发展

16-11 高新技术产业发展情况

单位:亿元

	2010年	2011年	2012年	2013年	2014年	2015年
总产值	149.98	231.85	328.41	435.33	556.60	700.30
增加值	43.57	70.74	92.35	114.26	144.62	176.96
1.电子信息	2.52	1.93	2.90	1.46	1.40	1.44
2.生物技术与新医药	4.51	1.89	2.31	3.09	5.22	6.26
3.新材料	12.95	15.27	21.52	32.96	40.33	51.99
4.先进制造	10.53	17.94	18.19	22.62	27.03	31.28
产品出口交货值	10.28	12.08	13.40	16.55	20.64	22.35
产品销售收入	141.20	217.47	285.87	408.74	548.60	683.79
利税总额	12.19	19.49	20.46	21.92	42.28	53.57

16-12 县、市、区高新技术产业发展情况

2015年

单位:亿元

	总产值	增加值	产品出口交货值	产品销售收入	利税总额
全　市	700.30	176.96	22.35	683.79	53.57
京山县	120.76	32.46	4.54	114.07	5.83
沙洋县	29.94	7.63	0.20	29.52	1.42
钟祥市	242.20	60.05	10.12	225.63	15.12
东宝区	196.40	48.45	1.88	205.57	19.67
掇刀区	111.00	28.37	5.61	109.00	11.53

16-13 科学技术协会组织与活动

	2006年	2007年	2008年	2009年	2010年	2011年	2012年	2013年	2014年	2015年
一、机构与人员										
市直学会(个)	28	28	29	29	29	29	29	19	19	26
会员(人)							4120	4120	4210	5100
县及县以上科协(个)	6	6	6	6	6	6	6	6	6	6
厂矿科协(个)	12	12	12	12	12	12	12	12	12	16
二、学术活动										
县以上科协、学会学术活动(次)	25	33	49	84	89	86	90	92	109	120
参加人数(人次)	220	260	430	5420	10450	2010	2300	2360	2840	5600
论文数(篇)	162	175	191	239	292	331	355	356	371	580
三、科普活动										
科普讲座(次)	43	46	49	49	49	58	128	176	190	195
科普展览(次)	35	33	55	53	54	53	50	146	185	190
四、科技培训										
举办培训班(个)	52	57	67	64	65	68	70	72	80	217
培训人数(人次)	43480	46260	49412	49150	50800	54530	55670	57680	59760	62530

16-14 地震观测及地方地震工作情况

	2006年	2007年	2008年	2009年	2010年	2011年	2012年	2013年	2014年	2015年
职工总数(人)	10	10	10	10	13	13	13	13	13	13
专业技术人员(人)	10	10	10	10	13	13	13	13	13	13
高级技术人员(人)	3	3	3	3	3	3	2	2	2	2
县及县以上地震局(个)	6	6	6	6	6	6	6	7	8	8
地方地震工作人员(人)	19	19	19	19	22	22	22	22	22	22
地震观测台(网)人员(人)	6	6	6	6	9	9	9	9	5	5
#观测技术人员(人)	4	4	4	4	4	4	4	4	4	4
地震台站(个)	3	3	3	4	5	5	5	5	5	5

16-15 气象部门基本情况

	2006年	2007年	2008年	2009年	2010年	2011年	2012年	2013年	2014年	2015年
一、气象观测人员总数(人)										
地面观测	10	10	10	10	10	10	10	12	12	12
雷达观测	2	2	2	2	2	2	2	2	2	2
特种观测	1	1	1	1	1	1	1	1	1	1
二、气象台站总数(个)										
气象台	3	3	3	3	3	3	3	4	4	4
气象站	3	3	3	3	3	3	3	4	4	4
三、卫星云图接收站点数(个)	3	3	3	3	3	3	3	3	3	3
四、拥有雷达数(部)	1	1	1	1	1	2	2	2	2	2

16–16 质量技术监督检查情况

年 份	机构(个)	职工人数(人)		经费收入(万元)	经费支出(万元)	固定资产(万元)		计量器具检定台(台件)		
			专业技术人员				仪器设备		衡器	强制检定
2006	20	517	201	2733	2423	3777	674	91606	6820	68704
2007	20	541	185	3334	3223	4344	925	40814	9912	30610
2008	20	541	170	3960	3848	4863	1091	52162	8437	39121
2009	20	519	164	4732	4459	5368	1275	76142	7836	57106
2010	20	515	164	5098	4557	5426	1162	80959	8708	60719
2011	20	474	147	6437	5280	5601	1199	89409	10092	67056
2012	21	494	152	7209	5270	5789	1408	116306	11235	89821
2013	21	490	150	7141	7292	5943	1562	88697	2499	88697
2014	19	459	129	7944	7601	6212	2521	91568	3148	91568
2015	19	399	121	6827	6303	7138	2570	107861	9041	107861

16–17 标准事业基本情况

年 份	质量监督机构(个)	标准事业人员(人)	制定或修订标准(项)	当年采用国际标准(项)	受检产品质量监督(种)	质量监督检测(批次)
2006	14		126	5	36	298
2007	14		76	7	36	
2008	14		97	5	36	
2009	14		96	8	36	
2010	14		72	16	36	
2011	14		46	8	36	
2012	16		79	1	36	1309
2013	16	21	114		35	1438
2014	15	20	165	4	29	587
2015	15	19	104		30	251

十七、文化、体育和卫生

资料整理：陈　涛

17-1 文化及相关产业机构与从业人员情况

	机构数（个）					
	2000年	2005年	2010年	2013年	2014年	2015年
文化及相关产业合计	96	76	104	101	104	108
1.艺术业	8	7	10	2	6	6
艺术表演团体	4	3	4		2	2
艺术表演场馆	4	3	6		4	4
2.图书馆	4	4	6	6	6	6
3.群众文化服务业	75	49	66	68	67	67
文化馆	5	5	7	7	6	6
文化站	70	44	59	61	61	59
#乡镇文化站	70	40	53	61	56	56
4.文艺科研			1	1	1	1
5.文物业	9	9	9	12	12	12
#文物保护管理机构	6	5	5	9	9	9
博物馆	3	3	3	3	3	3
6.其他文化及相关产业	9	7	12	12	12	12

	从业人员数（人）					
	2000年	2005年	2010年	2013年	2014年	2015年
文化及相关产业合计	818	761	796	876	904	920
1.艺术业	206	179	189	90	162	160
艺术表演团体	160	159	170		150	150
艺术表演场馆	46	13	19		12	12
2.图书馆	92	96	107	110	110	114
3.群众文化服务业	417	162	174	226	182	186
文化馆	119	82	106	118	106	106
文化站	298	80	68	108	76	76
#乡镇文化站	295	72	59	108	71	71
4.文艺科研			6	6	6	6
5.文物业	175	184	208	264	264	264
#文物保护管理机构	72	73	85	110	110	110
博物馆	103	103	116	154	154	156
6.其他文化及相关产业	103	140	112	180	180	186

17-2 文化及相关产业主要业务活动情况

	单位	2005年	2010年	2011年	2012年	2013年	2014年	2015年
一、艺术表演团体演出情况								
国内演出场次	场	320	400	447	410	134	340	350
#农村演出场次	场	180	250	422	333	110	210	240
国内演出观众人次	千人次	55	522	653	423	110	200	220
#农村观众人次	千人次		315	417	355	90	16	17
二、群众文化活动								
举办展览个数	个	20	190	46	62	68	37	40
组织文艺活动次数	次	332	740	885	248	840	249	260
#老年人专场	次		24	52	57	65	9	12
未成年人专场	次		46	70	32	46	15	18
举办训练班	班次	100	441	610	177	490	150	160
培训人次	人次	3000	21360	40190	32600	67000	14962	16496
三、公共图书馆情况								
总藏量	万册	44.80	61.01	64.68	107.30	110.10	114.80	116.00
#图书	万册	35.80	49.42	51.25	55.65	57.78	84.10	85.00
书架单层总长度	米	7446	8592	17310	8706	8786	9406	9408
累计发放有效借书证	个		22598	44600	32887	36558	43063	48012
总流通人次	千人次	405	480	934	735	765	817	830
书刊文献外借册次	千册次	474	531	714	359	372	547	570
为读者举办各种活动次数	次	73	43	99	139	147	122	130
为读者举办各种活动人次	人次	136000	17790	28040	27003	29800	50766	50849
本年新购藏量	册(件)	29211	16830	37094	26444	28266	47306	48460
四、博物馆文物藏品数	件/套	65521	65681	62804	65710	69120	69120	69232
参观人次	千人次	73	198	204	286	425	440	460

17–3 报纸、期刊出版情况

	单位	2010年	2011年	2012年	2013年	2014年	2015年
一、报纸出版种数	种	5	5	5	4	4	4
总印数	千份				36060	35990	36870
总印张	万印张				13097	14979	15836
二、期刊出版种数	种	2	2	2	3	3	3
总印数	千册	1860	1870	1880	1812	1612	1701
总印张	千印张	2790	2810	2830	2772	2572	2638

17–4 广播电视基本情况

	单位	2010年	2011年	2012年	2013年	2014年	2015年
广播电视系统从业人员	人	626	643	681	721	705	680
广播电台	座	1	1	1	1	1	1
对国内广播节目套数	套	3	3	3	3	3	4
广播节目平均每日播出时间	时:分	52:55	54:12	51:50	51:54	51：37	72：50
调频转播发射台	座	4	4	4	4	4	4
调频发射功率	千瓦	17.4	17.4	19.4	19.4	19.4	19.4
广播综合人口覆盖率	%	97.41	97.43	97.43	97.45	97.45	100.50
电视台	座	1	1	1	1	1	1
电视节目套数	套	6	6	6	6	6	3
电视节目平均每周播出时间	时:分	739:58	736:23	764:38	764:10	740：15	520：15
电视转播发射台	座	17	21	21	21	21	21
电视发射功率	千瓦	51.3	52.6	52.6	52.6	52.3	52.3
有线广播电视用户数	万户	33.66	37.79	39.13	39.99	42.34	46.35
电视综合人口覆盖率	%	98.48	98.54	98.55	98.55	98.56	99.57
县广播电视台	座	3	3	3	3	3	3

17-5 档案事业基本情况

	2010年	2011年	2012年	2013年	2014年	2015年
1.机构数(个)	577	578	602	604	458	459
#档案馆	6	6	6	6	6	6
2.专职人员数(人)	375	379	392	402	402	410
#副研究馆员以上	4	4	4	4	4	4
馆员	25	25	27	27	27	27
助理馆员	16	16	25	25	25	25
管理员						
3.馆藏档案全宗(个)	1123	1125	1150	1158	1161	1165
案卷(万个)	96	100	115	120	123	125
案卷总长度(万米)	10	11	15	17	19	20
零散文件长度(米)	15	15	18	20	20	21
馆藏资料册数(万册)	19	20	23	25	25	25
举办展览(个)	7	6	9	15	10	11
接待参观(万人次)	4	4	5	8	9	10
4.本年度利用档案人次(万人次)	3	4	5	6	4	4
利用档案卷次(万卷次)	5	5	7	10	4	4
利用资料册数(万册数)	3	3	4	6	2	4
5.本年编研档案资料	200	203	301	405	313	317
公开出版种数(种)	10	11	15	10	8	9
公开出版字数(万字)	93	120	130	100	120	110
内部参考种数(种)	300	305	402	410	309	320
内部参考字数(万字)	40	60	100	120	80	90
库房面积(万平方米)	3	3	4	4	4	4

17–6　体育系统从业人员情况

单位：人

	2005年	2006年	2007年	2008年	2009年	2010年	2011年	2012年	2013年	2014年	2015年
总　计	484	388	370	158	268	271	408	270		122	140
公务员	56	56	56	23	24	26	43	32		33	40
教练员	60	68	78	31	31	31	66	14	35	34	38
文化教师	80	78	78	40	41	41	67	31	21	27	30
管理人员	48	46	44	29	45	35	80	60		9	10
其他人员	84	72	68	34	127	138	152	133		19	21

17–7　等级运动员、等级裁判员人数

单位：人

	2005年	2006年	2007年	2008年	2009年	2010年	2011年	2012年	2013年	2014年	2015年
等级裁判员发展人数	715				25	154	190	48	140	93	123
#二级裁判员	715				25	154	190	48	62	59	55
等级运动员发展人数	208	38	22	53	85	87	92	25	122	88	96
#二级运动员	208	38	22	53	85	87	92	25	122	88	96

17-8 群众体育活动情况

	2010年		2014年		2015年	
	地市级	县级	地市级	县级	地市级	县级
群众体育活动次数（次）	90	136	109	118	96	127
现代体育项目活动	87	42	65	72	65	101
民间传统体育活动	3	94	44	46	31	26
群众体育活动人数（人）	45000	749930	71500	71250	83000	78500
现代体育项目活动	43500	19864	42500	36700	67500	53600
民间传统体育活动	1500	55066	29000	34550	15500	24900
全民健身路径（条）	130		415		439	
体育彩票销售（万元）	7227		13400		13500	

17-9 体育竞赛成果情况

单位：枚

年份	全国及以上比赛			省级比赛		
	金牌	银牌	铜牌	金牌	银牌	铜牌
2005	1	1	4	47	28	39
2006	5	2	2	94	77	51
2007				58	43	28
2008				78	51	42
2009				83	63	58
2010				140	93	55
2011	3		1	53	37	52
2012	11	1		75	45	30
2013	1		2	73	60	56
2014	3	1		112	87	95
2015	4	1	2	86	80	76

17–10 卫生机构数

单位：个

	2005年	2010年	2011年	2012年	2013年	2014年	2015年
总 计	546	617	617	685	654	646	622
一、医院合计	30	37	40	43	45	49	58
综合医院	19	29	29	32	35	38	46
中医医院	5	5	5	5	5	5	4
专科医院	6	3	6	6	5	6	8
二、社区卫生服务中心(站)	1	66	65	71	65	67	79
社区卫生服务中心		11	11	11	9	9	11
社区卫生服务站		55	54	60	56	58	68
三、卫生院	63	53	53	53	53	53	53
四、诊所、卫生所、医务室	433	441	439	498	463	452	398
五、紧急救援中心		1	1	1	1	1	1
六、采供血机构	1	1	1	1	1	1	1
七、妇幼保健院	4	4	4	4	4	4	7
八、专科疾病防治院（所、站）	5	3	3	3	3	3	6
#皮肤病与性病防治所(中心)	2	1	1	1	1	1	1
血吸虫病防治所(站、中心)	2	2	2	2	2	2	5
九、疾病预防控制中心（防疫站）	5	5	5	5	7	7	7
十、卫生监督局（所、中心）	2	4	4	4	4	5	5
十一、其他医疗卫生机构	2	2	2	2	8	4	7

17–11　卫生机构床位数

单位：张

	2005年	2010年	2011年	2012年	2013年	2014年	2015年
总　计	6429	9773	10889	11924	14524	15779	16485
一、医院合计	4118	6326	7348	8000	9985	11136	11974
综合医院	3556	5062	5993	6487	8418	9349	9747
中医医院	356	772	772	1357	1411	1529	1808
专科医院	206	492	583	156	156	258	419
二、社区卫生服务中心(站)	30	520	514	645	625	661	515
社区卫生服务中心		366	357	405	394	448	515
社区卫生服务站		154	157	240	231	213	0
三、卫生院	1858	2551	2646	2881	3354	3376	3350
四、诊所、卫生所、医务室							
五、紧急救援中心							
六、采供血机构							
七、妇幼保健院	265	341	346	363	525	571	611
八、专科疾病防治院（所、站）	118	35	35	35	35	35	35
#皮肤病与性病防治所(中心)	55	35	35	35	35	35	35
血吸虫病防治所(站、中心)	35						
九、疾病预防控制中心（防疫站）							
十、卫生监督局（所、中心）							
十一、其他医疗卫生机构	40						

17-12　卫生机构人员数

单位：人

	2005 年	2010 年	2011 年	2012 年	2013 年	2014 年	2015 年
总　计	11760	14193	15038	16044	17561	21415	22502
一、医院合计	5123	7477	8255	8986	9814	10605	11944
综合医院	4233	6345	6836	7405	8200	8850	9843
中医医院	547	800	861	1487	1541	1647	1775
专科医院	343	332	558	94	73	108	326
二、社区卫生服务中心(站)	45	797	843	977	1068	1189	1163
社区卫生服务中心		492	525	557	665	728	757
社区卫生服务站		305	318	420	403	461	406
三、卫生院	4111	3674	3679	3703	4221	4209	4247
四、诊所、卫生所、医务室	1252	902	916	1015	846	875	816
五、紧急救援中心		15	15	15	15	14	14
六、采供血机构	35	50	55	61	63	63	63
七、妇幼保健院	467	621	600	623	694	867	945
八、专科疾病防治院（所、站）	190	77	77	90	91	89	92
#皮肤病与性病防治所(中心)	100	55	53	67	69	68	64
血吸虫病防治所(站、中心)	64	22	24	23	22	21	28
九、疾病预防控制中心（防疫站）	370	336	348	348	374	370	399
十、卫生监督局（所、中心）	113	159	159	143	134	140	135
十一、其他医疗卫生机构	54	85	91	83	241	46	86

17-13　各类卫生技术人员数

2015 年　　　　　　　　　　　　　　　　　　　　单位：人

	合计	执业医师	执业助理医师	注册护士	药师(士)	检验技师(士)	影像技师(士)	其他卫生技术人员	卫生监督员
总　计	17299	5523	1297	7560	666	567	280	1409	64
一、医院合计	10074	3034	260	5139	424	308	185	724	
综合医院	8332	2495	229	4252	322	253	152	629	
中医医院	1517	470	15	780	91	46	27	88	
专科医院	225	69	16	107	11	9	6	7	
二、社区卫生服务中心(站)	964	338	124	370	38	28	17	49	
社区卫生服务中心	620	221	72	218	29	27	15	38	
社区卫生服务站	344	117	52	152	9	1	2	11	
三、卫生院	3675	1157	502	1250	159	121	64	422	
四、诊所、卫生所、医务室	802	419	80	217	14	6	2	64	
五、紧急救援中心	7	1		5	1				
六、采供血机构	45	7		24		14			
七、妇幼保健院	803	258	30	403	22	37	5	48	
八、专科疾病防治院（所、站）	62	30	2	22	3	3		2	
#皮肤病与性病防治所(中心)	43	18		18	3	2		2	
血吸虫病防治所(站、中心)	28	12	2	4		1			
九、疾病预防控制中心（防疫站）	399	139	15	66	5	50	7	17	
十、卫生监督局（所、中心）	76								64
十一、其他医疗卫生机构	86	39	3	4				4	

17-14 法定报告传染病的发病及死亡情况

	2014年			2015年		
	发病率(1/10万)	死亡率(1/10万)	病死率(%)	发病率(1/10万)	死亡率(1/10万)	病死率(%)
总计	207.71	0.49	0.23	208.75	0.38	0.18
病毒性肝炎	90.76			91.79		
痢疾	3.47			5.05		
伤寒副伤寒	0.94			0.66		
艾滋病	1.42	0.24	17.07	1.00	0.28	27.59
淋病	2.46			2.80		
梅毒	20.67			20.89		
百日咳	0.07			0.24		
猩红热	0.21			1.07		
出血热	0.97	0.03	3.57	1.04		
狂犬病	0.14	0.14	100.00	0.07	0.07	100.00
钩端螺旋体病						
疟疾	0.31			0.07		
肺结核	81.99	0.07	0.08	81.93	0.03	0.04

17-15 农村村级卫生组织情况

	2010年	2011年	2012年	2013年	2014年	2015年
行政村数(个)	1435	1435	1435	1426	1426	1429
无卫生室的村(个)	91	62	63	52	53	65
村设置的医疗点数(个)	1344	1373	1372	1374	1373	1364
村或集体办	1200	1212	1209	1173	973	1354
乡村医生或卫生员联合办	49	59	57	60	90	
乡卫生院设点	1	3	9	9	9	
个体办	59	59	74	110	301	10
其他	35	40	23	22		
执业(助理)医师(人)	201	253	249	301	340	2595
注册护士(人)	28	31	36	38	23	356
乡村医生和卫生员 (人)	2404	2522	2544	2501	2327	28
乡村医生	2379	2496	2504	2449	1964	2108
卫生员	25	26	40	52	62	46

十八、公共管理和其他

资料整理：陈　涛

18-1 律师、公证、调解工作基本情况

	2011年	2012年	2013年	2014年	2015年
一、律师工作					
律师事务所(个)	15	15	18	18	18
律师工作人员(人)	198	198	214	232	240
专职律师	196	196	209	228	236
兼职律师	2	2	5	4	6
担任法律顾问(家)	619	646	691	725	839
民事案件诉讼代理(件)	2842	2676	3098	3194	3160
经济案件诉讼代理(件)					
刑事诉讼辩护及代理(件)	839	735	637	622	672
非诉讼法律事务(件)	2098	348	119	91	113
涉外及港澳台法律事务(件)					
解答法律咨询(人次)	7652	15006	9605	12546	14380
代写法律事务文件（件)	6200	8600	8400	9951	9420
二、公证工作					
公证机构(个)	5	5	5	5	5
公证人员(人)	28	35	42	39	38
公证员	14	13	19	18	17
公证员助理	14	14	16	12	12
办理公证文件(件)	6882	6949	8494	9074	9120
涉外公证(件)	1555	1510	1294	1924	2260
三、人民调解工作					
专职司法助理员（人）	57	57	57	56	69
人民调解委员会(个)	1885	1901	1880	1835	1838
调解人员(人)	9272	9309	9439	9253	9461
调解纠纷总数(件)	6011	7964	8494	9460	8622
调解成功总数（件)	5759	7734	8262	9230	8421

18-2 涉外公证文书分类情况

单位：件

	2011年	2012年	2013年	2014年	2015年
合 计	1221	1405	1294	1890	2155
出生	274	278	259	192	361
学历	109	126	108	49	
经历	8	5	3	5	17
生存和居住	1	1	2	2	
死亡	1	1	5	9	4
收养子女					
亲属关系	229	231	252	337	367
婚姻状况	68	117	36	67	31
继承权				1	
遗嘱	3				
职称	5	1	1		
国籍	7	4			
法人资格	2	4			
委托书	3	3	5	17	15
公司章程					
副本与原本相符	209	378	245	350	399
营业证书	10	3	29	382	501
声明书	33	17	16	13	9
其他经济合同	1			3	
受、未受刑事处分	185	199	185	349	255
其他	73	37	148	114	196

18-3 国内公证文书分类情况

单位：件

	2011 年	2012 年	2013 年	2014 年	2015 年
经济公证合计	946	719	939	916	648
购销					
联营					
拍卖					
贷款	622	447	459	258	
担保		2	2	14	
招标、投标	13	29	15	25	4
劳务合同					
建筑工程承包				327	371
工商服务业承包				4	
农林牧渔业承包	13	8			
乡镇企业承包					
财产租赁	25	1	17	52	53
企业租赁					
还款协议	10	9		1	5
土地使用权出（转）让		1			
其他经济合同	80	38	12	38	105
法人（代表人）资格	8	4			
法人委托书	53	44			
公司章程					
执行许可证明	7	7	1	8	2
提存	1	1	2		
抵押登记	84	51	14	18	11
公司会议记录					
其他	30	77	417	194	97

18-3 续表

单位：件

	2011年	2012年	2013年	2014年	2015年
民事法律关系公证合计	4206	4548	6148	5696	5308
收养	1	1		3	
解除收养					
继承权	600	739	977	1137	1365
遗嘱	35	29	40	21	30
产权					
亲属关系	37	105	37	91	90
死亡	2	1	1	4	4
房屋买卖	19	18			
房屋租赁		8	459	9	53
留学协议	2	3	7	4	3
遗赠抚养协议		2			4
委托书	2214	1708	2240	2774	2615
赠与书	170	179	108	72	43
声明书	98	114	218	245	264
现场监督	6	6	20	25	15
签名印鉴属实	111	278	911	101	154
文本相符	288	879	788	450	497
宅基地使用权		2			
证据保全	72	50	69	66	66
拆迁协议			35		
赡养协议	1				
合伙协议	1				
夫妻财产协议	30	19			
其他民事协议	392	67	267	487	105
企业职工安置协议					
其他	127	340		201	

18-4 刑事案件发、破案情况

	2006年	2007年	2008年	2009年	2010年	2011年	2012年	2013年	2014年	2015年
刑事案件发案总数(件)	6745	5997	7170	7702	9161	10725	15806	13548	12312	11583
刑事案件破案总数(件)	3089	2642	3103	3283	3616	3661	6619	4391	3705	2088
刑事案件破案率（%）	45.8	44.1	43.3	42.6	39.5	34.1	41.9	32.4	30.1	18.0

18-5 公安机关立案的刑事案件情况

单位：起

	2006年	2007年	2008年	2009年	2010年	2011年	2012年	2013年	2014年	2015年
合 计	6745	5997	7170	7702	9161	10725	15806	13548	12312	11583
#杀人	11	22	24	18	14	21	18	18	14	13
伤害	247	284	248	256	199	219	360	277	236	230
抢劫	600	434	394	325	293	243	263	135	116	69
强奸	50	51	42	46	36	52	36	33	50	27
拐卖人口	2	2	2	2	16	27	51	119	136	40
盗窃	4793	4230	5219	5850	7245	8573	11342	9953	8874	8447
诈骗	249	258	512	493	652	752	1914	1614	1552	1716

18-6 交通事故与火灾情况

	2006年	2007年	2008年	2009年	2010年	2011年	2012年	2013年	2014年	2015年
交通事故发生件数(起)	400	396	385	382	375	368	357	353	344	327
交通事故伤亡人数(人)	633	628	615	613	597	588	558	549	546	529
交通事故损失金额(万元)	103.23	103.40	94.40	86.60	84.17	83.53	79.54	75.64	74.61	71.21
火灾事故发生数(起)	83	225	283	285	245	223	163	327	278	228
火灾事故伤亡人数(人)		8					1	6	5	4
火灾事故损失金额(万元)	23.50	89.60	225.80	69.00	106.00	39.12	36.76	80.40	124.20	222.24

18–7 审查批捕、起诉情况

	2006年	2007年	2008年	2009年	2010年	2011年	2012年	2013年	2014年	2015年
受理批捕件数(件)	768	844	829	827	712	782	943	768	735	764
受理批捕人数(人)	1332	1325	1270	1322	1110	1225	1509	1143	1039	1027
批准逮捕(人)	1254	1263	1165	1206	1004	1056	1281	937	838	812
不批捕人数(人)	72	55	101	116	104	168	228	203	192	205
受理审查起诉件数(件)	976	1066	998	1055	1021	1138	1581	1257	1269	1393
受理审查起诉人数(人)	1555	1669	1531	1643	1495	1748	2532	1850	1737	1831
起诉人数(人)	1415	1444	1327	1467	1268	1540	1863	1527	1444	1553
不起诉人数(人)	19	31	37	36	56	56	61	92	129	137

18–8 检察机关查办职务犯罪情况

	2006年	2007年	2008年	2009年	2010年	2011年	2012年	2013年	2014年	2015年
受理案件件数(件)	110	87	76	70	76	82	83	76	122	116
立案件数(件)	84	66	62	62	72	73	82	77	118	105
立案人数(人)	87	76	78	74	93	97	113	112	137	118
贪污贿赂件数(件)	69	55	56	56	61	64	63	58	90	75
渎职侵权件数(件)	15	11	6	6	11	9	19	19	28	30
查办大案件数(件)	45	39	39	42	40	49	56	42	89	84
5万元以上件数	42	32	34	38	35	43	45	42	89	84
查办要案人数(人)	11	7	9	5	5	4	3	9	8	5
提起公诉人数(人)	92	67	66	68	90	104	109	91	131	106

18–9 履行法律监督情况

单位：人、件

	2006年	2007年	2008年	2009年	2010年	2011年	2012年	2013年	2014年	2015年
监督公安机关立案件数	35	29	30	22	37	32	64	92	94	49
监督追捕人数	16	10	21	14	22	32	62	53	44	18
监督追诉人数	11	4	2	1	37	88	187	227	148	81
刑事抗诉件数	1	1	3	9	5	5	3	2	21	25
监督刑罚执行纠错人次	3		1	1	20	9	92	24	21	15
民事行政监督抗诉件数	17	15	14	14	14	10	13	16	13	7

18–10 人民法院调解民间纠纷分类

	调解纠纷(件)									
	2006年	2007年	2008年	2009年	2010年	2011年	2012年	2013年	2014年	2015年
合　计	1704	2118	2072	2228	2325	4150	3982	3519	2909	3045
婚姻	769	856	957	1050	1059	986	1288	1080	1107	945
继承	3	7	9	4	10	15	11	17	20	23
房地产开发	13	27	17	19	11	5	6	14	14	24
运输合同	8	8	14	6	3	8	13	10	7	15
买卖合同	141	242	161	152	124	143	118	144	218	193
借款合同	290	432	256	264	244	329	280	308	376	582
劳动争议	14	22	19	63	73	86	93	89	78	22
人身权	207	245	339	402	490	800	856	896	684	762
所有权	28	29	67	50	51	45	69	21	55	28
其他	231	250	233	217	260	1733	1248	940	350	451

18–11 人民法院审理一审案件情况

年　份	2006年	2007年	2008年	2009年	2010年	2011年	2012年	2013年	2014年	2015年
收案（件）	6063	7047	5788	5979	5802	8552	9708	8956	9856	11187
刑事	986	1005	935	1022	915	1066	1211	1119	1236	1258
民商事	5020	5952	4776	4881	4795	7403	8269	7733	8469	9711
行政	57	90	77	76	92	83	228	104	151	218

18-12　人民法院刑事一审案件收结案情况

单位：件

	收案						结案					
	2010年	2011年	2012年	2013年	2014年	2015年	2010年	2011年	2012年	2013年	2014年	2015年
合　计	915	1066	1259	1119	1236	1258	937	1022	1171	995	1111	1273
危害公共安全罪	181	237	306	263	285	364	185	232	285	242	266	370
破坏社会主义市场经济秩序罪	25	47	41	38	67	59	26	44	34	26	51	63
侵害公民人生权利民主权利罪	237	279	317	279	299	287	242	264	295	242	276	287
侵犯财产罪	274	310	327	297	257	230	286	304	306	284	239	241
妨害社会管理秩序罪	128	119	180	177	212	229	129	111	175	157	188	241
贪污贿赂罪	65	69	73	55	106	74	64	63	65	34	83	56
渎职罪	5	5	13	11	9	15	5	4	11	10	7	15
合计中含自诉案件	31	21	18	11	11	7	34	19	14	8	10	6

18-13　人民法院刑事案件中青少年犯罪情况

年　份	刑事犯罪总数(人)	青少年犯罪	青少年罪犯刑事罪犯率(%)
2006	1184	171	14.4
2007	1427	141	9.9
2008	1197	91	7.6
2009	1388	111	7.9
2010	1236	73	5.9
2011	1332	82	6.2
2012	1366	65	4.8
2013	1297	37	2.8
2014	1296	24	1.9
2015	1505	26	1.7

18-14 人民法院民事一审案件收结案情况

2015年　　单位：件

	收案	结案	调解	判决	驳回	撤诉	其他
合　计	9711	9730	2970	3820	139	1616	1182
婚姻家庭	2053	2080	939	827	13	289	12
继承	40	40	23	10	1	5	1
知识产权	57	56		4	1	50	
房地产开发	91	93	24	41	1	24	3
运输合同	42	44	15	22		7	
买卖合同	636	639	188	275	5	160	9
借款合同	2049	1986	582	917	5	352	124
劳动争议	382	383	22	274	7	59	21
人身权	1716	1746	762	805	5	160	12
特别程序	1094	1103	47	16	68	17	955
破产							
所有权及与其相关合同	134	133	28	62	5	32	5
其他	1417	1427	340	567	28	461	40

18-15 人民法院行政一审案件收结案情况

2015年　　单位：件

	收案	结案					
			维持	撤消	驳回	撤诉	其他
合　计	218	212	3	13	85	79	32
土　地	22	24			17	5	1
公　安	25	25	1		15	8	
城　建	65	57		1	17	30	9
交通运输							
工　商	9	9			1	6	2
环　保	1	1				1	
林　业	4	4		1	1	2	
税　务							
卫　生	1	1				1	
其　他	91	91	2	11	34	26	19

18-16 社会福利事业、企业单位机构及人员数

单位：个，人

	2010年		2012年		2013年		2014年		2015年	
	单位数	年末职工人数	单位数	年末职工人数	单位数	年末职工人数	单位数	年末职工人数	单位数	年末职工人数
收养类	75	710	77	715	88	831	86	1544	81	700
光荣院	4	50	4	59	4	59	4	46	4	54
社会福利院	6	114	6	160	7	148	5	155	5	136
儿童福利机构	1	8	1	10	1	10	1	11		
城市养老服务机构	1	18	1	18	13	117	13	901	14	150
农村养老服务机构	63	520	65	468	63	497	63	431	58	360
社区服务中心(站)	184	920	200	1200	205	1435	210	1470	285	1308
福利企业（福利工厂）	21	828	19	911	15	978	14	953	19	875
福利彩票发行单位	3	12	3	15	4	20	4	20	4	15
救助类	5	44	8	48	8	48	9	57	4	49
救灾储备单位	2	3	2	5	2	5	2	5	2	5
优抚安置单位	7	48	7	48	8	40	8	28	8	34
军休所	3	32	3	32	4	23	4	15	4	19
烈士纪念建筑物管理单位	4	16	4	16	4	17	4	13	4	15
老龄事业单位	3	13	4	19	6	20	6	20	6	18
其他事业单位	4	16	4	15	3	13	2	7	5	16
婚姻登记服务单位	3	19	6	47	6	35	6	33	6	32
殡葬服务单位	6	164	9	234	11	258	12	220	10	222
殡葬管理机构			2	54	2	56	3	75	2	12
殡仪馆	3	117	3	117	4	133	4	88	4	148
公墓	3	47	4	63	5	69	5	57	4	62

18–17 社会组织单位机构及人员数

2015 年

	社会组织		社会团体		民办非企业	
	单位数（个）	年末职工人数（人）	单位数（个）	年末职工人数（人）	单位数（个）	年末职工人数（人）
全　市	1250	6956	658	3345	592	3611
市　直	284	1291	247	1136	37	155
京山县	135	395	103	315	32	80
沙洋县	170	1472	70	423	100	1049
钟祥市	294	898	130	131	164	767
东宝区	203	1382	41	410	162	972
掇刀区	101	618	38	225	63	393
漳河新区	33	124	14	40	19	84
屈家岭管理区	30	776	15	665	15	111

18–18 基层组织单位情况

2015 年

	社区居委会（村委会）单位数（个）	村委会	居委会	社区居委会（村委会）成员（人）	村委会	居委会
全　市	1474	1290	184	6059	5141	918
京山县	386	356	30	1720	1579	141
沙洋县	279	248	31	1027	868	159
钟祥市	547	493	54	2277	2047	230
东宝区	170	128	42	654	428	226
掇刀区	92	65	27	381	219	162

18-19 城乡低保、五保、救济情况

2015 年 单位：人、户、万元

	全 市	京山县	沙洋县	钟祥市	东宝区	掇刀区	漳河新区	屈家岭管理区	市 直
一、城镇低保									
城市最低生活保障人数	57018	9163	5468	29311	1661	2188	245	2833	6149
城市最低生活保障家庭数	35916	4881	3773	19331	1041	1284	158	2415	3033
城市低保资金全年计划支出	19158	3684	2581	7587	904	835	88	741	2738
二、其他城市定期救济人数									
三、农村低保									
农村居民最低生活保障人数	64398	12480	14947	30732	4061	1129	545	371	133
农村居民最低生活保障家庭数	48016	5181	13178	24578	3262	965	414	319	119
农村低保资金全年计划支出	11173	2541	2294	4610	1151	267	194	90	27
四、农村五保									
集中五保供养人数	2725	663	744	853	255	106	90	9	5
集中五保供养资金全年计划支出	1544	391	404	440	196	59	45	4	5
分散五保供养人数	4475	910	774	2241	343	114	62	25	6
分散五保供养资金全年计划支出	1575	331	280	738	145	46	21	12	3
五、医疗救助									
民政部门资助参保人数	47393		8524	31617	1917	2097		3238	
民政部门资助参合人数	81581	19023	17155	36238	5772	2018	1375		
民政部门直接救助人次数	62118	6967	15745	29273	6412	1897	530	120	1174
其中：住院救助人次	57858	6304	15745	28773	3787	1425	530	120	1174
门诊救助人次	4260	663		500	2625	472			

18-20 婚姻登记和离婚情况

2015 年

	全 市	京山县	沙洋县	钟祥市	东宝区	掇刀区	屈家岭管理区
一、登记结婚(对)	21476	4842	3781	7676	2847	1824	506
二、登记离婚(件)	6051	1181	1098	1904	1025	682	161

18–21 社会保险参保人数情况

单位：人

		2010 年	2011 年	2012 年	2013 年	2014 年	2015 年
全市	基本养老保险	305185	321100	381743	397040	434826	454843
	机关事业养老保险	60962	60895	57561	52660	52379	52418
	城乡居民养老保险					1128453	1117464
	失业保险	169711	175122	178030	180065	182042	454455
	居民基本医疗保险	492383	517661	520705	527746	504757	508182
	职工基本医疗保险	333828	339219	354087	360202	364469	373865
	工伤保险	191117	198505	211461	220164	227000	233357
	生育保险	139220	149236	157544	163359	168001	170786
京山县	基本养老保险	57133	59000	70426	73580	79375	82696
	机关事业养老保险	8901	8500	8751	7492	7494	7501
	城乡居民养老保险					265880	261078
	失业保险	30008	31086	32002	32305	32620	33008
	居民基本医疗保险	88764	88964	87905	89495	86059	86503
	职工基本医疗保险	47666	48138	49295	50568	51026	52509
	工伤保险	28141	29498	31336	32818	34342	35926
	生育保险	22678	24536	25959	26812	27956	28310
沙洋县	基本养老保险	24790	27500	34120	37631	38938	40800
	机关事业养老保险	11878	9900	9575	9569	9566	9549
	城乡居民养老保险					255652	256732
	失业保险	17016	16400	16405	16607	16816	17436
	居民基本医疗保险	48794	49737	52566	53516	47250	44421
	职工基本医疗保险	34505	34862	34893	35068	35850	36652
	工伤保险	14688	15257	16780	17516	18010	18975
	生育保险	8904	9698	10305	10815	11310	11586
钟祥市	基本养老保险	73993	80000	88065	98426	103488	107825
	机关事业养老保险	29207	24800	29147	25013	25067	25101
	城乡居民养老保险					459381	454455
	失业保险	42005	43005	44008	44525	45036	46101
	居民基本医疗保险	135701	136498	137262	139180	139919	135142
	职工基本医疗保险	80679	82314	91622	94475	94624	97755
	工伤保险	44605	46013	48715	50498	51600	52628
	生育保险	33504	35505	37106	38001	39000	39428

18–21　续表 1

单位：人

		2010 年	2011 年	2012 年	2013 年	2014 年	2015 年
东宝区	基本养老保险	11993	13000	18898	21354	23438	24556
	机关事业养老保险	2693	1700	1663	1514	1562	1562
	城乡居民养老保险					97539	96091
	失业保险	11021	12066	12520	12760	12928	13637
	居民基本医疗保险	118856	119109	119119	119119	89198	93145
	职工基本医疗保险	20613	20825	21033	22206	22190	22674
	工伤保险	11703	12353	13075	13885	14113	14781
	生育保险	7002	7760	8111	8606	9100	9232
掇刀区	基本养老保险	9190	10000	19963	22765	25854	27106
	机关事业养老保险	1241	700	1247	900	1281	1296
	城乡居民养老保险					44460	43696
	失业保险	7355	8200	8710	8860	8926	9575
	居民基本医疗保险	72168	95253	95253	97836	113111	119571
	职工基本医疗保险	11905	12116	12120	13777	14501	15835
	工伤保险	8056	8616	9155	10520	11341	12129
	生育保险	3390	3999	4220	4700	7222	7780
屈家岭管理区	基本养老保险	28814	29000	29583	30005	30277	31316
	机关事业养老保险						
	城乡居民养老保险					5541	5412
	失业保险	1786	1786	1786	1798	1816	1900
	居民基本医疗保险	28100	28100	28600	28600	29220	29400
	职工基本医疗保险			2000	2000	3180	3300
	工伤保险			659	659	700	950
	生育保险			659	659	700	950
市直	基本养老保险	99272	102600	120688	127000	133456	140544
	机关事业养老保险	7042	7100	7178	7402	7409	7409
	城乡居民养老保险						
	失业保险	60520	62579	62599	63210	63900	64300
	居民基本医疗保险						
	职工基本医疗保险	118948	140964	143124	142108	143098	145140
	工伤保险	78136	86768	91741	94268	96894	97968
	生育保险	63742	67738	71184	73766	72713	73500

18-22 社会保险基本情况

2015 年　　单位：人、万元

	全　市	京山县	沙洋县	钟祥市	东宝区	掇刀区	屈家岭管理区	市　直
基本养老保险								
参保人数	454843	82696	40800	107825	24556	27106	31316	140544
征收金额	169963	28982	14498	36886	11057	14378	7875	56287
发放金额	291268	51031	28575	80434	11421	12047	30596	77164
机关事业单位养老保险								
参保人数	52418	7501	9549	25101	1562	1296		7409
征收金额	31158	4460	10058	9179	1042	886		5533
发放金额	68193	10844	11910	36006	1150	900		7383
城乡居民养老保险								
参保人数	1117464	261078	256732	454455	96091	43696	5412	
征收金额	16819	3192	2955	8149	1592	774	156	
发放金额	35576	7048	8346	15094	3086	1843	160	
失业保险								
参保人数	185957	33008	17436	46101	13637	9575	1900	64300
征收金额	10717	1028	1134	1775	513	587	126	5554
发放金额	1884	393	217	522	46	119	22	565
职工基本医疗保险								
参保人数	373865	52509	36652	97755	22674	15835	3300	145410
征收金额	88217	11950	7413	22086	513	3849	126	36915
发放金额	82873	9977	7571	18650	4696	3151	691	38137
工伤保险								
参保人数	233357	35926	18975	52628	14781	12129	950	97968
征收金额	7530	903	736	1509	590	936	61	2796
发放金额	5410	508	520	1266	320	1091	9	1696
生育保险								
参保人数	170786	28310	11586	39428	9232	7780	950	73500
征收金额	3063	409	224	664	145	188	28	1405
发放金额	1648	176	140	207	103	170	7	845

18-23　安全生产情况

	单位	2006年	2007年	2008年	2009年	2010年	2011年	2012年	2013年	2014年	2015年
亿元GDP生产安全事故死亡率	人/亿元	0.62	0.50	0.39	0.33	0.25	0.18	0.14	0.13	0.11	0.10
京山县	人/亿元	0.37	0.34	0.21	0.20	0.17	0.11	0.07	0.07	0.06	0.06
沙洋县	人/亿元	0.99	0.81	0.62	0.52	0.45	0.28	0.22	0.20	0.18	0.17
钟祥市	人/亿元	0.65	0.50	0.39	0.32	0.28	0.19	0.13	0.12	0.10	0.09
东宝区	人/亿元	0.68	0.54	0.42	0.30	0.30	0.17	0.10	0.10	0.08	0.06
掇刀区	人/亿元	0.39	0.36	0.28	0.31	0.25	0.17	0.11	0.10	0.10	0.10
生产安全事故数	起	617	629	682	680	185	602	494	364	349	327
京山县	起	10	131	101	126	113	119	73	43	43	43
沙洋县	起	167	168	185	178	154	144	133	122	120	118
钟祥市	起	153	136	163	163	157	135	135	87	81	78
东宝区	起	132	45	140	105	94	115	90	44	40	32
掇刀区	起	58	26	87	104	104	86	63	41	51	43
漳河新区	起									5	5
屈家岭管理区	起									8	8
生产安全死亡人数	人	215	212	203	193	632	176	137	155	149	146
京山县	人	24	26	25	25	23	22	18	16	16	16
沙洋县	人	52	52	50	49	45	44	40	39	39	37
钟祥市	人	60	56	55	51	51	50	40	37	35	35
东宝区	人	47	122	42	35	32	31	21	24	20	19
掇刀区	人	24	64	25	29	27	26	18	19	29	27
漳河新区	人									4	4
屈家岭管理区	人									5	6
工矿商贸企业从业人员10万人生产安全事故死亡率	人/10万人	3.89	3.44	3.17	3.23	3.18	2.50	1.50	1.62	1.51	1.49
煤矿百万吨死亡率	人/百万吨	6.36	30.76	5.21	4.49	5.30	2.72	2.00	2.98	0.00	0.00
道路交通万车死亡率	人/万车	4.59	8.53	4.61	4.06	3.87	3.74	3.26	3.12	3.08	3.07

注：从2013年起，消防事故不纳入安全生产事故统计。

十九、乡镇主要经济指标

资料整理：王　芹

19-1 乡镇主要经济指标

2015 年

	行政区域面积(公顷)	居民委员会个数(个)	村民委员会个数(个)	#通公共交通的村个数(个)	#通宽带的村个数(个)	#通有线电视的村个数(个)	#通自来水的村个数(个)
京山县	358666	38	388	384	353	352	252
新市镇	32100	9	20	20	20	20	20
永兴镇	17147	1	20	20	17	14	11
曹武镇	18589	2	28	28	20	19	15
罗店镇	29848	2	66	66	66	66	14
宋河镇	31200	2	26	26	26	26	20
坪坝镇	8880	1	18	18	18	18	15
三阳镇	23032	1	11	11	11	11	9
绿林镇	25179	1	14	14	8	14	4
杨集镇	28330	1	21	21	7	21	18
孙桥镇	34400	1	29	29	29	29	29
石龙镇	30100	1	22	22	20	22	4
永隆镇	8195	2	30	30	30	30	30
雁门口镇	25800	1	31	31	31	19	19
钱场镇	20350	1	23	23	23	20	18
开发区	3216	3					
罗汉寺办事处	2012	1	6	6	6	5	4
长滩办事处	3610	1	8	6	6	6	8
何集办事处	3321	1	8	8	8	8	7
易家岭办事处	13357	6	7	5	7	4	7
沙洋县	202765	29	247	247	247	235	204
沙洋镇	3874	9	3	3	3	3	3
五里铺镇	20186	2	19	19	19	19	9
十里铺镇	16444	1	17	17	17	17	7
纪山镇	10053	1	12	12	12	12	12
拾回桥镇	14286	4	17	17	17	17	13
后港镇	27379	4	30	30	30	30	30
毛李镇	16043	1	23	23	23	23	23
官垱镇	14862	1	24	24	24	24	24
李市镇	9282	1	23	23	23	21	23
马良镇	11134	1	12	12	12	12	12
高阳镇	18219	1	22	22	22	12	12
沈集镇	19464	1	23	23	23	23	23
曾集镇	21539	2	22	22	22	22	13

19-1 续表 1

	行政区域面积(公顷)	居民委员会个数(个)	村民委员会个数(个)	#通公共交通的村个数（个）	#通宽带的村个数(个)	#通有线电视的村个数(个)	#通自来水的村个数(个)
钟祥市	397770	50	495	495	493	369	401
郢中街办	8400	20	6	6	6	6	6
洋梓镇	40300	2	34	34	34	21	20
长寿镇	27500	1	15	15	13	6	4
丰乐镇	16200	2	40	40	40	28	40
胡集镇	39400	9	43	43	43	43	42
双河镇	23500	2	34	34	34	34	25
磷矿镇	21900	2	19	19	19	19	19
文集镇	12800	1	25	25	25	25	25
冷水镇	31400	1	39	39	39	9	27
石牌镇	29500	2	51	51	51	19	28
旧口镇	23400	2	52	52	52	52	52
柴湖镇	15400	1	54	54	54	54	54
长滩镇	15300	1	15	15	15	9	15
东桥镇	24670	1	19	19	19	19	6
客店镇	29300	1	13	13	13	13	13
张集镇	28900	1	28	28	28	4	17
九里乡	9900	1	8	8	8	8	8
东宝区	167953	46	167	150	167	81	129
栗溪镇	37446	2	25	9	25	7	8
子陵铺镇	30269	3	29	29	29	29	25
漳河镇	36190	4	38	38	38	9	33
马河镇	16217	1	9	9	9	9	9
石桥驿镇	17570	2	26	26	26	8	24
牌楼镇	11524	4	12	12	12	12	12
仙居乡	15896	1	27	27	27	6	17
龙泉街办	1363	15					
泉口街办	1478	14	1		1	1	1
掇刀区	75173	29	81	81	67	81	72
掇刀街办	2120	9	1	1	1	1	1
白庙街办	5040	12	3	3	3	3	3
兴隆街办	13975	1	5	5	5	5	5
双喜街办	9574	4	11	11	11	11	11
团林铺镇	26864	2	42	42	28	42	35
麻城镇	17600	1	19	19	19	19	17

19-1 续表2

	#垃圾集中处理的村个数（个）	#污水集中处理的村个数（个）	常住户数(户)	常住人口（人）	户籍人口（人)	#农业户籍人口(人)	第一产业从业人员（人）
京山县	303	102	211696	637151	683437	444852	109850
新市镇	20	20	45027	137938	125972	19627	4541
永兴镇	20	10	7823	23861	27832	21992	3349
曹武镇	28	28	7896	24458	29149	23068	8166
罗店镇			22369	76791	87157	76969	11085
宋河镇	20	1	18469	48787	49787	43473	10163
坪坝镇	18	3	6475	14392	18892	14608	2233
三阳镇	11		8428	25216	35121	31850	5880
绿林镇	14		3074	9473	13120	11487	1120
杨集镇	21		3013	10229	12029	10614	3255
孙桥镇	29	29	11384	34185	38828	30432	6747
石龙镇	22		6503	20054	20013	19123	3248
永隆镇	30	4	14522	46365	59670	49827	3591
雁门口镇	31		11036	35099	39438	32643	6425
钱场镇	23	3	11109	32386	36990	22104	6228
开发区			7562	22617	21635	2635	551
罗汉寺办事处	1		2431	6024	5424	2752	2661
长滩办事处	6	2	3241	9036	8136	4472	7319
何集办事处	2	1	4321	11295	10171	5848	6654
易家岭办事处	7	1	17013	48945	44073	21328	16634
沙洋县	247	118	162797	520606	582140	492260	97929
沙洋镇	3	3	20997	50817	50817	14586	2169
五里铺镇	19	2	11541	40134	48849	40525	8857
十里铺镇	17	2	9691	31183	38031	34768	7984
纪山镇	12	12	7973	26147	27129	25422	7491
拾回桥镇	17	3	11870	42125	44457	37805	12360
后港镇	30		18978	64526	79116	72361	5852
毛李镇	23	23	11008	37025	42600	39500	7838
官垱镇	24	24	12906	41800	39290	34300	3520
李市镇	23	2	9614	33751	41709	38681	6207
马良镇	12	12	12337	39780	40947	37583	6194
高阳镇	22	3	12579	37408	42660	38136	10052
沈集镇	23	23	11881	40281	38095	34621	8334
曾集镇	22	9	11422	35629	48440	43972	11071

19-1 续表 3

	#垃圾集中处理的村个数（个）	#污水集中处理的村个数（个）	常住户数(户)	常住人口（人）	户籍人口（人)	#农业户籍人口(人)	第一产业从业人员（人）
钟祥市	495	228	303521	1016044	1041361	702713	144998
郢中街办	6	6	74660	196444	166498	19884	3440
洋梓镇	34	34	13302	53217	57420	44657	7728
长寿镇	15		7884	27493	29162	21167	7903
丰乐镇	40		20521	67482	70792	64839	11017
胡集镇	43	43	36173	127417	144150	67028	12955
双河镇	34	18	8013	37533	41156	31853	5186
磷矿镇	19	19	14776	42676	43433	31277	11773
文集镇	25	9	10992	39942	41912	33612	3983
冷水镇	39	3	13798	50045	49427	44516	7538
石牌镇	51	1	20017	84301	91894	66078	10387
旧口镇	52	1	30405	94384	101354	89958	12434
柴湖镇	54	54	28214	106358	109327	104594	30481
长滩镇	15	2	5075	17338	20026	19564	7534
东桥镇	19	19	6329	23253	24662	19501	5233
客店镇	13	9	4196	13151	14390	12848	1458
张集镇	28	8	6150	22128	21186	18208	3100
九里乡	8	2	3016	12882	14572	13129	2848
东宝区	148	43	143784	371400	368345	168321	48094
栗溪镇	25	1	6152	17779	19821	16800	3523
子陵铺镇	29	22	15206	40537	46260	31130	5998
漳河镇	20	1	14986	38963	41597	34436	25321
马河镇	9	2	2766	8579	8585	8209	1467
石桥驿镇	26	5	9676	28015	33116	30526	3029
牌楼镇	12	12	6158	20121	17941	17915	3056
仙居乡	27		7297	26214	26102	24779	5363
龙泉街办			41905	92280	90672	545	0
泉口街办			39638	98912	84251	3981	337
掇刀区	81	14	106841	348853	270369	98484	26704
掇刀街办	1	1	41072	115096	70546	4522	241
白庙街办	3	3	32177	97208	81946	8011	2127
兴隆街办	5	5	2520	9675	7589	6431	2415
双喜街办	11		8117	32778	32778	19726	4002
团林铺镇	42		14460	60376	49920	38853	14633
麻城镇	19	5	8495	33720	27590	20941	3286

19-1 续表 4

	第二产业从业人员（人）	第三产业从业人员（人）	外来从业人员数（人）	公共财政收入（万元）	企业实交税金（万元）	公共财政支出（万元）	耕地面积（公顷）
京山县	152337	125877	41182	57716	82808	42006	70587
新市镇	46398	38241	9017	11351	18468	9376	2950
永兴镇	4659	2673	2907	6376	8693	6376	4009
曹武镇	4594	2477	396	1385	1488	1385	4553
罗店镇	12806	6235	502	1460	7923	1460	8164
宋河镇	16631	7211	2780	5144	8711	3216	5399
坪坝镇	1888	8463	351	241	295	241	1453
三阳镇	6122	5943	285	1277	811	1277	1737
绿林镇	658	4302	56	1214	688	1214	1148
杨集镇	1511	1829	151	926	711	926	1464
孙桥镇	2250	6725	880	858	2012	858	5875
石龙镇	4936	2664	392	1670	710	1670	7468
永隆镇	17213	11251	555	536	80	536	4958
雁门口镇	10854	8468	452	4648	8377	4374	6724
钱场镇	9714	8512	1762	9028	9281	576	4659
开发区	2567	2068	536	617	5937	581	56
罗汉寺办事处	191	529	202	659	86	476	1391
长滩办事处	763	882	1210	1208	431	874	2139
何集办事处	954	1234	1008	1099	345	794	2733
易家岭办事处	7628	6170	17740	8019	7762	5797	3707
沙洋县	112337	121231	21984	84394	58459	61777	64137
沙洋镇	11543	23252	7768	26653	22364	5583	1090
五里铺镇	5036	6915	339	3390	390	3252	6502
十里铺镇	4896	4823	242	2074	223	2074	4505
纪山镇	6962	5587	266	1768	187	1748	2868
拾回桥镇	8770	6739	850	2395	616	2297	5777
后港镇	27803	16945	8472	27352	30354	26573	8745
毛李镇	7979	7520	240	1850	194	1800	3784
官垱镇	4400	9168	3200	6060	560	5910	5332
李市镇	9581	8692	27	2483	992	2482	3739
马良镇	5856	7512	176	2219	1190	2132	3223
高阳镇	5855	4739	270	2654	602	2442	5487
沈集镇	5930	8321	48	2594	450	2594	5784
曾集镇	7726	11018	86	2902	337	2891	7301

19-1 续表 5

	第二产业从业人员（人）	第三产业从业人员（人）	外来从业人员数（人）	公共财政收入（万元）	企业实交税金（万元）	公共财政支出（万元）	耕地面积（公顷）
钟祥市	165698	136110	38397	187685	124400	186592	77161
郢中街办	25085	33969	14495	29115	35196	29115	1479
洋梓镇	5237	6278	405	2047	526	2047	8163
长寿镇	1537	1072	115	350	617	350	3695
丰乐镇	11384	4194	162	2223	555	2223	6589
胡集镇	18675	18939	6853	82190	40334	81272	7692
双河镇	6165	3011	859	34072	24877	34072	3694
磷矿镇	5943	5682	1086	3441	7848	3441	3148
文集镇	9265	6418	503	2517	163	2517	2828
冷水镇	7681	12875	623	2530	1766	2530	4556
石牌镇	21468	6061	305	4216	3258	4216	7665
旧口镇	21988	9943	1921	2546	1870	2546	11003
柴湖镇	22093	15989	7352	15052	2254	15052	6498
长滩镇	1480	1627	1112	1253	64	1253	2535
东桥镇	1389	3058	378	1950	1768	1775	2740
客店镇	2993	3354	700	1376	132	1376	1133
张集镇	2550	3204	1100	1425	2512	1425	2007
九里乡	765	436	428	1382	660	1382	1736
东宝区	55103	131431	33385	35151	102731	12027	21282
栗溪镇	3191	3113	255	1371	3708	1310	1610
子陵铺镇	18952	10221	5622	8708	21246	1657	4379
漳河镇	3965	5692	4421	1873	6534	1873	4667
马河镇	2156	1508	549	1605	16926	1106	885
石桥驿镇	9653	6338	746	6921	20011	1624	3216
牌楼镇	6424	5676	2719	6944	13792	1101	3357
仙居乡	6736	3266	135	187	278	1126	3131
龙泉街办	2364	52698	6599	2706	11858	1084	
泉口街办	1662	42919	12339	4836	8378	1146	37
掇刀区	73584	80607	40373	46429	118023	37841	15540
掇刀街办	20208	31212	25498	730	7751	730	55
白庙街办	31099	28274	4677	699	6421	550	352
兴隆街办	3568	1237	2453	39383	77555	31899	560
双喜街办	6949	9239	3640	858	735	858	1523
团林铺镇	4355	5325	723	897	570	897	9600
麻城镇	7405	5320	3382	3862	24991	2907	3450

19-1 续表6

	#设施农业占地面积(公顷)	#有效灌溉面积(公顷)	农作物播种面积(公顷)	#粮食作物(公顷)	农民合作社(个)	农民合作社成员数(人)	工业企业单位数(个)
京山县	2194	57315	155599	106334	979	49683	3853
新市镇	490	2327	5923	3944	65	1634	1089
永兴镇	203	3940	8836	6149	54	4994	185
曹武镇	285	4485	11917	8405	71	654	88
罗店镇	62	7809	12153	1634	75	1286	168
宋河镇	29	4617	12745	10033	86	1606	455
坪坝镇	21	1287	4119	2379	43	312	135
三阳镇	63	1636	5151	3869	51	776	92
绿林镇	202	594	2297	1675	22	1460	76
杨集镇	8	1208	4571	3217	33	390	75
孙桥镇	423	4541	15466	11018	95	18625	44
石龙镇	43	5590	15234	10534	85	1248	142
永隆镇	50	4706	8840	5711	89	2355	238
雁门口镇	37	6106	16183	12067	82	3262	314
钱场镇	45	4255	14114	10271	71	8100	300
开发区	1	44	110	54			362
罗汉寺办事处	18	480	1973	1852	6	33	8
长滩办事处	82	597	3947	3690	16	368	10
何集办事处	52	593	4485	3844	25	580	9
易家岭办事处	80	2500	7535	5988	10	2000	63
沙洋县	1628	62923	145838	85617	1012	56920	2898
沙洋镇	275	1076	2538	1359	52	9633	127
五里铺镇	20	6419	15665	8200	76	1645	31
十里铺镇		4406	10176	6745	88	1404	131
纪山镇		2810	7352	3788	66	990	64
拾回桥镇	135	5644	12959	7225	85	6930	36
后港镇	438	8742	18922	9624	103	7882	1352
毛李镇	20	3784	10180	4860	67	2800	78
官垱镇	410	5160	10890	7014	84	4600	329
李市镇	32	3639	8659	6108	73	546	89
马良镇		3223	7963	5841	72	3727	148
高阳镇	289	5332	10801	6622	92	4656	60
沈集镇	7	5599	14500	9434	76	2380	248
曾集镇	2	7089	15233	8797	78	9727	205

19-1 续表 7

	#设施农业占地面积（公顷）	#有效灌溉面积（公顷）	农作物播种面积(公顷)	#粮食作物(公顷)	农民合作社（个）	农民合作社成员数（人）	工业企业单位数（个）
钟祥市	1389	51903	166103	103893	1591	123442	3770
郢中街办	15	1040	2958	1766	109	6140	1103
洋梓镇	230	7130	16977	11736	129	7080	370
长寿镇		3052	7341	5192	55	5360	72
丰乐镇	10	2857	13367	8548	84	8340	71
胡集镇	176	6713	16164	10754	172	13620	225
双河镇	8	2602	7947	5318	102	4920	348
磷矿镇	19	2408	7123	4608	78	6060	256
文集镇	87	1411	6433	3286	55	6000	38
冷水镇	40	3903	11179	7419	69	7800	160
石牌镇	7	5670	15753	10250	86	10840	126
旧口镇	61	4341	22804	12003	166	14080	211
柴湖镇	579	2824	13491	6725	187	14820	151
长滩镇		1673	5088	3563	59	3352	13
东桥镇		2382	7565	4663	64	5820	14
客店镇	20	898	3056	1933	53	2860	59
张集镇	119	1618	4577	3184	68	4550	486
九里乡	18	1381	4280	2945	55	1800	67
东宝区	547	13265	48750	27739	685	21252	1861
栗溪镇	50	1072	3448	2048	76	3935	54
子陵铺镇	138	2820	9507	5430	150	2910	923
漳河镇	170	3234	8630	6060	146	2134	312
马河镇	35	458	2150	1114	36	1176	96
石桥驿镇	47	2336	8053	4822	112	4986	236
牌楼镇	74	1583	8667	3840	58	1430	175
仙居乡	33	1747	8203	4383	97	4215	22
龙泉街办							6
泉口街办		15	92	42	10	466	37
掇刀区	1303	12255	36094	12629	306	3941	1453
掇刀街办	21	38	155	50	23	150	278
白庙街办	70	340	920	345	9	53	475
兴隆街办	20	500	891	400	9	64	202
双喜街办	182	725	3752	925	13	398	5
团林铺镇	830	7604	22335	7823	167	2065	101
麻城镇	180	3048	8041	3086	85	1211	392

19-1 续表 8

	#规模以上工业企业单位数（个）	规模以上工业总产值（万元）	建筑业企业单位数（个）	建筑业总产值（万元）	社会消费品零售总额（万元）	小学数（所）	小学专任教师数（人）
京山县	371	8778872	24	2126275	1160975	54	2250
新市镇	17	1510717	6	1998214	599973	5	545
永兴镇	45	1456111	1	4000	40633	2	66
曹武镇	10	172800			23570	3	87
罗店镇	8	175865	3	8163	24786	5	212
宋河镇	27	758206			34121	5	194
坪坝镇	7	126000			20191	3	76
三阳镇	11	106498	1	2091	20246	3	71
绿林镇	4	28399	3	6650	24567	2	39
杨集镇	5	111876			15336	2	32
孙桥镇	25	621021	1	1356	25313	3	104
石龙镇	11	179299			19514	3	70
永隆镇	18	540133			23486	2	101
雁门口镇	26	660198			27661	3	125
钱场镇	28	1118049	1	8932	28789	4	134
开发区	100	949700	4	1263	160290	2	180
罗汉寺办事处					2175	1	16
长滩办事处	1	13200			7975	1	27
何集办事处	2	21120			5800	1	27
易家岭办事处	26	229680	4	95606	56550	4	144
沙洋县	155	3690415	7	93855	726606	53	2080
沙洋镇	7	235979	6	29735	205981	4	385
五里铺镇	8	295344			44902	4	169
十里铺镇	8	88616			35834	3	105
纪山镇	18	331128			31136	2	70
拾回桥镇	14	341000			44817	4	135
后港镇	28	1020000	1	64120	74135	7	303
毛李镇	7	63054			43557	5	108
官垱镇	24	681006			53609	4	130
李市镇	6	140000			50902	5	136
马良镇	10	177826			40339	3	95
高阳镇	7	70242			32821	4	169
沈集镇	9	125860			30927	3	107
曾集镇	9	120360			37646	5	168

19–1 续表 9

	#规模以上工业企业单位数（个）	规模以上工业总产值（万元）	建筑业企业单位数（个）	建筑业总产值（万元）	社会消费品零售总额（万元）	小学数（所）	小学专任教师数（人）
钟祥市	312	9551680	27	231971	1671965	117	3128
郢中街办	102	2419256	20	172474	723592	8	534
洋梓镇	18	639874			50338	8	193
长寿镇	5	25542			22699	4	71
丰乐镇	9	202704			50254	11	161
胡集镇	42	2004400	4	41430	354500	11	538
双河镇	26	1491115			34546	6	140
磷矿镇	13	843479			36030	6	124
文集镇	11	172171			37668	7	115
冷水镇	13	359565			42377	6	197
石牌镇	10	172050			66772	8	235
旧口镇	12	229430	1	3463	60451	10	228
柴湖镇	14	423914	1	5738	76166	20	351
长滩镇	10	138904			14474	4	59
东桥镇	5	80890			20314	2	56
客店镇	4	36037			11222	2	36
张集镇	12	290476			54631	3	45
九里乡	6	21873	1	8866	15931	1	45
东宝区	150	3597599	44	556021	1717657	37	1047
栗溪镇	5	102680			23713	2	47
子陵铺镇	57	1326681			132419	6	122
漳河镇	5	18150	2	9794	56210	6	123
马河镇	15	198385			29341	3	33
石桥驿镇	13	943930			29000	4	82
牌楼镇	42	872219			24650	3	64
仙居乡	5	48091			23800	4	71
龙泉街办	2	2945	24	242966	1197009	2	202
泉口街办	6	84518	18	303261	201515	7	303
掇刀区	151	4360222	21	200755	548325	25	1113
掇刀街办	17	116579	10	144271	46026	5	372
白庙街办	16	3345298	11	56484	492633	7	361
兴隆街办	83	444579			3869	1	26
双喜街办	3	51766			531	4	130
团林铺镇	6	125000			3529	5	145
麻城镇	26	277000			1737	3	79

19-1 续表 10

	小学学生数（人）	图书馆、文化站（个）	剧场、影剧院（个）	体育场馆（个）	卫生机构床位数（张）	执业（助理）医师数（人）	各种社会福利收养性单位收养人数（人）
京山县	27135	69	8	12	80	1040	25
新市镇	7304	13	1	1	31	426	7
永兴镇	727	1			1	9	1
曹武镇	871	1			1	60	2
罗店镇	2512	1	2		1	27	1
宋河镇	1820	3			1	58	2
坪坝镇	940	1			1	16	1
三阳镇	1317	2			1	14	1
绿林镇	293	1	2		13	26	1
杨集镇	381	1	1		1	25	1
孙桥镇	1041	1			1	58	1
石龙镇	825	1	1		1	62	1
永隆镇	1626	1			1	77	1
雁门口镇	1502	1			1	66	1
钱场镇	1589	2			4	67	1
开发区	1644	1		2	9	9	1
罗汉寺办事处	112	7		4	4	4	
长滩办事处	302	9			6	9	
何集办事处	330	9		4	1	2	1
易家岭办事处	1999	13	1	1	1	25	1
沙洋县	18781	14	16	1	312	1148	13
沙洋镇	4053	2	2	1	32	291	1
五里铺镇	1156	1	1		21	96	1
十里铺镇	1140	1	1		19	34	1
纪山镇	570	1	1		14	18	1
拾回桥镇	1377	1	1		26	150	1
后港镇	2618	1	3		35	265	1
毛李镇	1398	1	1		20	24	1
官垱镇	1025	1	1		26	35	1
李市镇	1352	1	1		26	24	1
马良镇	816	1	1		14	20	1
高阳镇	1230	1	1		25	108	1
沈集镇	1021	1	1		25	32	1
曾集镇	1025	1	1		29	51	1

19-1 续表 11

	小学学生数（人）	图书馆、文化站（个）	剧场、影剧院（个）	体育场馆（个）	卫生机构床位数（张）	执业（助理）医师数（人）	各种社会福利收养性单位收养人数（人）
钟祥市	37935	23	24	7	693	2624	35
郢中街办	8438	3	3	1	131	1217	8
洋梓镇	1478	1	1		38	44	2
长寿镇	1157	1			15	63	1
丰乐镇	1679	1	1		41	53	2
胡集镇	4959	5	8	6	62	419	7
双河镇	1260	1	1		32	86	1
磷矿镇	1028	1	1		65	96	1
文集镇	1160	1	1		28	66	1
冷水镇	1590	1	1		37	66	1
石牌镇	3298	1	1		53	128	2
旧口镇	3288	1	1		53	114	2
柴湖镇	6068	1	1		61	113	2
长滩镇	568	1	1		17	31	1
东桥镇	779	1	1		16	27	1
客店镇	286	1	1		13	34	1
张集镇	562	1	1		30	34	1
九里乡	337	1			1	33	1
东宝区	12917	50	3	1	189	289	10
栗溪镇	381	1			22	26	1
子陵铺镇	1274	1			33	49	1
漳河镇	1067	42			34	30	1
马河镇	187	1			11	10	1
石桥驿镇	966	1			27	36	1
牌楼镇	753	1			16	23	1
仙居乡	734	1			20	9	1
龙泉街办	3275	1	2	1	15	61	1
泉口街办	4280	1	1		11	45	2
掇刀区	17959	22	3	6	193	1513	3
掇刀街办	7245	1	1	1	72	465	
白庙街办	6772	1	1	1	34	845	
兴隆街办	378	3		3	8	7	
双喜街办	1350	15	1	1	15	20	1
团林铺镇	1389	1			43	85	1
麻城镇	825	1			21	91	1

19-1 续表 12

	新型农村合作医疗参保人数（人）	新型农村社会养老保险参保人数（人）	农村居民最低生活保障人数（人）	自来水用水户数（户）	城镇规划区面积（公顷）	城镇建成区面积（公顷）	城镇建成区总人口（人）
京山县	468305	234640	16901	130256	11461	8304	357506
新市镇	26904	10621	1956	40753	2300	1750	139253
永兴镇	21401	11077	484	2068	504	371	10152
曹武镇	28177	18198	1233	4100	458	360	6488
罗店镇	80056	38963	3203	6715	186	150	15312
宋河镇	43898	21456	1518	10400	2000	614	29988
坪坝镇	16875	12563	889	3752	168	63	5068
三阳镇	29387	11980	552	5800	420	206	5682
绿林镇	10912	6288	406	2138	120	70	4046
杨集镇	11908	6474	394	1623	35	34	2518
孙桥镇	30432	23162	1149	1825	230	230	11108
石龙镇	20006	12123	530	2715	272	150	3802
永隆镇	50340	18892	1944	12800	386	210	15635
雁门口镇	36608	12444	989	6724	427	278	14772
钱场镇	36356	25448	764	5660	1030	420	23886
开发区	6125	635	62	1901	925	2614	22617
罗汉寺办事处	1290	887	189	1028	280	39	1636
长滩办事处		782	88	676	80	71	4908
何集办事处	3225	847	362	2702	80	63	2635
易家岭办事处	14405	1800	189	16876	1560	611	38000
沙洋县	427011	218946	20771	95242	9260	6422	224756
沙洋镇	12470	3437	307	20775	3297	2000	50712
五里铺镇	35852	25917	1388	5792	355	330	8842
十里铺镇	29170	10887	236	3526	600	570	13515
纪山镇	21874	9143	735	2120	150	150	4988
拾回桥镇	34174	21382	1909	5860	258	150	8400
后港镇	61354	41746	7987	18270	1744	1160	58960
毛李镇	34668	13178	1224	1600	450	220	8696
官垱镇	34805	22802	1054	10701	810	569	26703
李市镇	34604	12643	1196	6433	400	400	6714
马良镇	31727	12552	1129	10326	200	200	6522
高阳镇	31361	17834	1138	3500	336	185	6818
沈集镇	30026	10416	1241	3680	300	198	11805
曾集镇	34926	17009	1227	2659	360	290	12081

19-1 续表 13

	新型农村合作医疗参保人数（人）	新型农村社会养老保险参保人数（人）	农村居民最低生活保障人数（人）	自来水用水户数（户）	城镇规划区面积（公顷）	城镇建成区面积（公顷）	城镇建成区总人口（人）
钟祥市	724079	519315	54175	242886	24776	10163	440398
郢中街办	42411	18016	9499	68890	6500	3200	184495
洋梓镇	46558	30999	1275	5014	1570	600	8092
长寿镇	23630	16004	678	3010	200	200	6326
丰乐镇	58491	41419	2088	8635	1360	223	19804
胡集镇	85872	114683	19230	32260	2700	2415	89300
双河镇	31662	20828	1078	7423	1763	432	16919
磷矿镇	29986	19856	1576	13215	310	280	12156
文集镇	38543	24149	1290	10976	1280	120	3664
冷水镇	37399	22990	1361	11324	1310	260	6033
石牌镇	66076	39898	1464	11523	350	270	18480
旧口镇	86560	54368	2358	28933	460	350	25263
柴湖镇	99308	60658	9308	24981	4060	663	23000
长滩镇	16041	11268	548	4856	520	140	4291
东桥镇	19581	13154	579	2768	273	180	5213
客店镇	11554	9229	566	1660	556	200	4062
张集镇	18311	13117	614	4850	667	290	4800
九里乡	12096	8679	663	2568	897	340	8500
东宝区	149602	93267	5328	114794	11857	4685	260672
栗溪镇	15430	11608	662	2567	463	88	3402
子陵铺镇	35936	19772	797	9631	2400	290	24108
漳河镇	27685	15723	1267	13214	881	461	9632
马河镇	7003	4945	472	1209	400	200	983
石桥驿镇	24679	16613	747	3165	237	170	7149
牌楼镇	13895	6518	332	5932	1913	763	5392
仙居乡	21154	16029	1043	2087	3000	150	3292
龙泉街办	2172	1055		41905	1363	1363	92280
泉口街办	1648	1004	8	35084	1200	1200	114434
掇刀区	119715	48558	2241	98104	10901	5229	248671
掇刀街办	35217	728	55	41072		500	113264
白庙街办		1020	58	32177		2088	89477
兴隆街办	5906	3362	54	2520	9380	1200	1624
双喜街办	15820	2845	512	6681	721	765	14566
团林铺镇	41310	28012	952	12000	800	450	21984
麻城镇	21462	12591	610	3654		226	7756

附录一、全省分市州主要指标

资料整理：陈　涛

附录 1-1　市州地区生产总值

按当年价格计算　　单位：亿元

	2005 年	2010 年	2011 年	2012 年	2013 年	2014 年	2015 年
全　省	6590.19	15967.61	19632.26	22250.45	24668.49	27379.22	29550.19
武汉市	2261.17	5565.93	6762.20	8003.82	9051.27	10069.48	10905.60
黄石市	328.19	690.12	925.96	1040.95	1142.03	1218.56	1228.11
十堰市	306.63	736.78	851.25	955.68	1080.59	1200.82	1300.12
宜昌市	605.77	1547.32	2140.70	2509.00	2818.07	3132.21	3384.80
襄阳市	592.30	1538.30	2132.22	2501.96	2814.02	3129.26	3382.12
鄂州市	155.03	395.29	490.89	560.39	630.94	686.64	730.01
荆门市	309.00	730.07	942.59	1085.26	1202.61	1310.59	1388.46
孝感市	353.42	800.67	958.16	1105.16	1238.93	1354.72	1457.20
荆州市	393.04	837.10	1043.12	1195.98	1334.93	1480.49	1590.50
黄冈市	348.56	862.30	1045.11	1192.88	1332.55	1477.15	1589.24
咸宁市	204.22	520.33	652.01	773.20	872.11	964.25	1030.07
随州市	191.87	401.66	517.99	590.07	661.94	723.45	785.26
恩施自治州	181.72	351.13	418.19	482.19	552.48	612.01	670.81
仙桃市	142.07	290.97	378.46	444.20	504.28	552.27	597.61
潜江市	108.82	290.67	378.21	441.76	492.70	540.22	557.57
天门市	102.14	219.48	274.52	321.22	365.19	401.86	440.10
神农架林区	6.12	12.30	14.53	16.81	18.57	20.24	20.95

附录 1-2　市州按三次产业分地区生产总值

2015 年，按当年价格计算

	地区生产总值（亿元）	第一产业	第二产业	第三产业	人均地区生产总值（元/人）
全　省	29550.19	3309.84	13503.56	12736.79	50654
武汉市	10905.60	359.81	4981.54	5564.25	104132
黄石市	1228.11	108.56	679.88	439.67	50053
十堰市	1300.12	157.48	636.11	506.53	38490
宜昌市	3384.80	361.40	1986.37	1037.03	82360
襄阳市	3382.12	402.14	1922.92	1057.06	60319
鄂州市	730.01	84.66	422.44	222.91	68924
荆门市	1388.46	200.86	729.66	457.94	47999
孝感市	1457.20	259.45	705.76	491.99	29924
荆州市	1590.50	353.01	695.12	542.37	27781
黄冈市	1589.24	379.62	618.42	591.20	25319
咸宁市	1030.07	178.59	500.47	351.01	41234
随州市	785.26	132.31	376.20	276.75	35901
恩施自治州	670.81	143.86	244.42	282.53	20191
仙桃市	597.61	87.99	318.14	191.48	51496
潜江市	557.57	69.88	305.17	182.52	58310
天门市	440.10	76.92	221.46	141.72	34069
神农架林区	20.95	1.96	7.74	11.25	27290

附录 1–3 市州地区生产总值构成

2015 年，按当年价格计算

	地区生产总值构成（%）	第一产业	第二产业	第三产业
全 省	100.0	11.2	45.7	43.1
武汉市	100.0	3.3	45.7	51.0
黄石市	100.0	8.8	55.4	35.8
十堰市	100.0	12.1	48.9	39.0
宜昌市	100.0	10.7	58.7	30.6
襄阳市	100.0	11.9	56.9	31.3
鄂州市	100.0	11.6	57.9	30.5
荆门市	100.0	14.5	52.5	33.0
孝感市	100.0	17.8	48.4	33.8
荆州市	100.0	22.2	43.7	34.1
黄冈市	100.0	23.9	38.9	37.2
咸宁市	100.0	17.3	48.6	34.1
随州市	100.0	16.8	47.9	35.2
恩施自治州	100.0	21.4	36.4	42.1
仙桃市	100.0	14.7	53.2	32.0
潜江市	100.0	12.5	54.7	32.7
天门市	100.0	17.5	50.3	32.2
神农架林区	100.0	9.4	36.9	53.7

附录 1-4　市州地区生产总值指数

2015 年，按不变价格计算，上年=100

	地区生产总值指数	第一产业	第二产业	第三产业
全　省	108.9	104.5	108.3	110.7
武汉市	108.8	104.8	108.2	109.6
黄石市	105.3	105.1	102.2	111.2
十堰市	107.5	104.7	104.3	113.0
宜昌市	108.9	105.0	108.8	110.2
襄阳市	108.9	104.3	109.0	110.3
鄂州市	108.0	105.3	107.4	110.3
荆门市	109.2	105.1	110.0	109.7
孝感市	108.9	105.2	109.0	110.6
荆州市	108.5	105.2	107.4	112.0
黄冈市	108.9	104.8	108.1	112.4
咸宁市	108.0	106.0	107.5	109.9
随州市	108.9	105.2	108.8	110.7
恩施自治州	109.1	105.3	109.7	110.8
仙桃市	109.1	105.2	109.4	110.3
潜江市	107.0	105.0	109.9	103.4
天门市	108.9	104.6	109.3	111.1
神农架林区	106.6	103.6	99.2	113.0

附录 1–5　市州年末人口数

单位：万人

	2010 年		2013 年		2014 年		2015 年	
	户籍人口	常住人口	户籍人口	常住人口	户籍人口	常住人口	户籍人口	常住人口
全　省	6175.97	5723.77	6170.58	5799.00	6162.33	5816.00	6138.91	5851.50
武汉市	838.37	978.54	822.04	1022.00	827.31	1033.80	829.27	1060.77
黄石市	268.01	242.93	262.27	244.50	265.14	244.92	267.97	245.80
十堰市	353.19	334.08	346.69	336.70	346.97	337.27	345.94	338.30
宜昌市	399.87	405.97	400.07	409.83	400.40	410.45	398.18	411.50
襄阳市	592.38	550.03	595.09	559.12	595.45	560.02	591.58	561.40
鄂州市	108.27	104.87	109.78	105.70	110.18	105.88	110.29	105.95
荆门市	299.45	287.37	300.78	288.72	300.29	288.91	299.09	289.63
孝感市	524.68	481.45	527.43	485.30	525.72	486.13	526.48	487.80
荆州市	664.07	569.17	661.00	573.94	658.45	574.42	643.19	570.59
黄冈市	744.25	616.21	750.15	625.19	741.43	626.25	744.42	629.10
咸宁市	296.41	246.26	300.51	248.50	296.46	248.92	300.41	250.70
随州市	257.12	216.22	257.58	218.01	257.11	218.38	250.97	219.08
恩施自治州	397.57	329.03	405.41	331.20	406.29	331.77	402.61	332.70
仙桃市	154.16	117.51	156.12	118.49	154.99	116.60	156.08	115.50
潜江市	103.00	94.63	103.78	95.24	103.97	95.44	101.77	95.80
天门市	166.96	141.89	163.84	128.90	164.24	129.16	162.80	129.20
神农架林区	8.23	7.61	7.96	7.66	7.92	7.67	7.86	7.68

附录 1-6　市州全社会固定资产投资

单位：亿元

	2005 年	2010 年	2011 年	2012 年	2013 年	2014 年	2015 年
全　省	2834.75	10802.69	12935.02	16504.17	20753.91	25001.77	29191.06
武汉市	1055.18	3752.92	4263.24	5031.25	6001.96	7002.85	7725.26
黄石市	106.46	474.06	597.45	750.95	963.50	1168.46	1380.02
十堰市	103.63	406.31	522.37	702.72	904.32	1101.51	1307.25
宜昌市	295.80	949.51	1189.92	1620.98	2106.96	2570.41	3085.35
襄阳市	156.62	835.32	1134.74	1600.09	2086.64	2553.46	3071.94
鄂州市	55.17	298.64	336.85	450.01	571.69	698.04	823.69
荆门市	104.15	448.62	590.63	794.40	1014.64	1232.55	1456.93
孝感市	121.71	570.70	729.24	980.82	1260.82	1536.96	1824.92
荆州市	116.78	600.93	771.42	1042.89	1355.60	1651.63	1950.49
黄冈市	158.56	736.06	823.71	1102.94	1416.02	1717.39	2027.25
咸宁市	83.09	436.29	563.08	756.45	971.84	1170.85	1372.52
随州市	55.79	291.18	384.48	514.73	654.60	799.33	959.66
恩施自治州	78.07	244.38	314.27	406.19	510.40	613.95	726.10
仙桃市	56.14	167.46	178.11	241.33	314.99	384.55	461.60
潜江市	40.67	172.92	175.54	237.06	305.88	372.25	438.90
天门市	41.15	153.62	156.07	210.99	272.18	330.65	392.11
神农架林区	4.89	14.15	15.77	20.02	25.56	31.06	36.38

附录 1-7　市州固定资产投资

单位：亿元

	2010 年	2011 年	2012 年	2013 年	2014 年	2015 年
全　省	9934.71	12566.25	16044.87	20753.91	24303.05	28250.48
武汉市	3651.20	4232.38	5016.08	5974.53	6962.53	7680.89
黄石市	448.42	588.38	736.41	947.69	1149.50	1351.93
十堰市	382.76	486.92	653.95	853.52	1040.32	1225.51
宜昌市	825.02	1157.62	1564.53	2023.92	2471.04	2921.38
襄阳市	752.99	1097.95	1538.23	1998.57	2448.29	2921.78
鄂州市	284.61	328.86	442.74	567.19	687.08	806.21
荆门市	395.57	560.81	761.25	978.50	1190.15	1404.58
孝感市	488.83	693.39	940.31	1215.35	1482.93	1762.35
荆州市	530.45	733.53	995.49	1287.40	1571.09	1853.59
黄冈市	650.11	787.76	1060.33	1365.57	1657.59	1958.41
咸宁市	366.82	549.69	739.31	953.00	1148.75	1349.62
随州市	228.95	362.99	489.73	628.59	768.81	907.68
恩施自治州	210.64	290.00	376.11	471.48	568.02	666.11
仙桃市	152.86	172.93	235.77	306.78	374.73	445.50
潜江市	161.38	172.44	234.54	303.26	369.34	435.52
天门市	140.70	147.09	200.19	260.75	316.78	373.41
神农架林区	13.78	15.37	19.56	25.05	30.24	35.35

附录 1-8　市州房地产开发投资

单位：亿元

	2005 年	2010 年	2011 年	2012 年	2013 年	2014 年	2015 年
全　省	447.95	1618.24	2066.48	2539.46	3286.02	3983.79	4249.23
武汉市	297.99	1017.40	1282.25	1574.86	1905.60	2353.63	2581.79
黄石市	11.33	38.36	42.51	56.04	84.68	115.77	130.14
十堰市	20.95	41.08	52.00	76.64	101.11	90.80	83.01
宜昌市	31.70	105.78	135.97	176.59	203.18	194.60	241.89
襄阳市	22.09	106.52	144.97	186.19	301.94	330.94	334.58
鄂州市	6.06	11.49	18.82	11.65	22.78	20.39	21.09
荆门市	5.31	38.83	55.65	64.31	87.79	123.98	118.11
孝感市	9.38	49.60	56.40	74.95	111.13	136.35	171.58
荆州市	16.19	35.53	55.80	54.89	76.79	134.17	113.33
黄冈市	9.08	43.84	62.15	78.57	132.73	174.27	200.05
咸宁市	3.80	59.57	65.46	84.96	112.06	109.14	59.94
随州市	4.53	21.66	24.68	19.79	29.23	33.98	28.77
恩施自治州	5.24	25.65	35.47	40.28	57.06	91.54	100.99
仙桃市	1.96	7.75	16.34	15.66	26.62	24.80	22.66
潜江市	0.86	6.39	5.75	9.15	18.11	22.58	15.60
天门市	1.48	8.77	12.26	14.93	15.24	26.84	25.68
神农架林区							

附录 1-9　市州全体居民人均可支配收入

单位：元

	2014 年			2015 年		
		城镇常住居民	农村常住居民		城镇常住居民	农村常住居民
全　省	18283	24852	10849	20026	27051	11844
武汉市	29627	33270	16160	32478	36436	17722
黄石市	19358	25208	10957	21205	27536	12004
十堰市	14350	22143	7046	15723	24057	7779
宜昌市	18683	25025	11837	20465	27275	12990
襄阳市	18554	24113	12534	20271	26282	13650
鄂州市	18773	22763	12692	20478	24774	13812
荆门市	18851	24627	13481	20559	26731	14716
孝感市	17305	23491	11597	18995	25753	12655
荆州市	17294	23128	12625	18967	25382	13728
黄冈市	13574	20729	9388	14893	22620	10252
咸宁市	15681	21591	10891	17166	23505	11940
随州市	15604	20959	11984	17033	22791	13022
恩施自治州	11440	20245	7194	12666	22198	7969
仙桃市	17783	22503	13193	19501	24641	14422
潜江市	17582	22609	12862	19273	24721	14076
天门市	15967	20622	12086	17508	22618	13178
神农架林区	12529	19810	6920	13653	21404	7578

附录 1-10　市州城镇常住居民人均可支配收入

单位：元

	城镇居民人均可支配收入				城镇常住居民人均可支配收入		
	2010 年	2011 年	2012 年	2013 年	2013 年	2014 年	2015 年
全　省	16058	18374	20840	22906	22668	24852	27051
武汉市	20806	23738	27061	29821	30286	33270	36436
黄石市	14665	17003	19417	21330	22968	25208	27536
十堰市	12653	14172	16011	17694	20185	22143	24057
宜昌市	14282	16451	18775	20934	22826	25025	27275
襄阳市	13333	15352	17532	19329	21957	24113	26282
鄂州市	14788	17008	19307	20878	20813	22763	24774
荆门市	13601	15526	17678	19820	22470	24627	26731
孝感市	13796	15888	18091	19819	21439	23491	25753
荆州市	13285	14947	17010	18706	21063	23128	25382
黄冈市	12832	14731	16765	18432	18851	20729	22620
咸宁市	12968	14875	16913	18581	19671	21591	23505
随州市	13824	15870	18171	19806	19132	20959	22791
恩施自治州	11406	13174	15058	16639	18329	20245	22198
仙桃市	13021	15052	17280	19065	20429	22503	24641
潜江市	13879	15561	17451	19187	20541	22609	24721
天门市	12210	13886	15685	17112	18703	20622	22618
神农架林区	11146	12312	13567	14937	18133	19810	21404

注：2013 年前分城镇和农村开展住户调查，指标为城镇居民人均可支配收入。2014 年起使用城乡一体化住户收支与生活状况调查数据，指标改为城镇常住居民人均可支配收入。

附录 1-11　市州农村常住居民人均可支配收入

单位：元

	农民人均纯收入					农村常住居民人均可支配收入		
	2005 年	2010 年	2011 年	2012 年	2013 年	2013 年	2014 年	2015 年
全　省	3099	5832	6898	7852	8867	9692	10849	11844
武汉市	4341	8295	9814	11190	12713	14390	16160	17722
黄石市	2810	5524	6487	7477	8492	9781	10957	12004
十堰市	1990	3499	4044	4566	5226	6212	7046	7779
宜昌市	3108	5980	7055	8046	9121	10458	11837	12990
襄阳市	3191	6365	7549	8684	9785	11176	12534	13650
鄂州市	3495	6645	7909	9072	10210	11309	12692	13812
荆门市	3738	6951	8248	9387	10615	12082	13481	14716
孝感市	3028	5943	7029	7988	9023	10360	11597	12655
荆州市	3108	6453	7664	8710	9909	11280	12625	13728
黄冈市	2644	4634	5438	6142	6966	8385	9388	10252
咸宁市	2911	5606	6588	7505	8480	9709	10891	11940
随州市	3223	6279	7427	8419	9490	10702	11984	13022
恩施自治州	1643	3255	3939	4571	5235	6364	7194	7969
仙桃市	3818	6807	8006	9076	10365	11809	13193	14422
潜江市	3398	6486	7684	8785	9608	11448	12862	14076
天门市	3273	6207	7407	8507	10017	10809	12086	13178
神农架林区	2164	4083	4640	5110	5677	6305	6920	7578

注：2013 年前分城镇和农村开展住户调查，指标为城镇居民人均可支配收入。2014 年起使用城乡一体化住户收支与生活状况调查数据，指标改为农村常住居民人均可支配收入。

附录 1-12　市州耕地面积

	2000年		2010年		2014年		2015年	
	年末耕地面积（千公顷）	人平耕地（亩）	年末耕地面积（千公顷）	人平耕地（亩）	年末耕地面积（千公顷）	人平耕地（亩）	年末耕地面积（千公顷）	人平耕地（亩）
全　省	3282.96	0.83	3323.92	0.87	3420.51	0.88	3436.24	0.88
武汉市	217.84	0.40	204.79	0.31	197.25	0.29	196.46	0.28
黄石市	79.32	0.48	89.80	0.55	89.24	0.55	89.41	0.55
十堰市	181.54	0.79	169.91	0.76	175.54	0.78	174.92	0.78
宜昌市	257.71	0.94	230.14	0.85	267.80	0.98	269.39	0.98
襄阳市	412.96	1.09	436.91	1.19	451.58	1.21	453.87	1.21
鄂州市	40.28	0.59	41.05	0.59	40.40	0.57	46.27	0.66
荆门市	256.53	1.29	255.69	1.33	266.92	1.39	268.66	1.39
孝感市	247.10	0.74	261.27	0.81	267.88	0.83	267.91	0.82
荆州市	432.58	1.03	464.80	1.22	469.39	1.23	470.17	1.24
黄冈市	312.36	0.65	337.52	0.82	344.21	0.83	351.00	0.84
咸宁市	145.94	0.81	155.85	0.95	167.90	1.01	167.37	1.00
随州市	136.58	0.85	144.94	1.00	143.39	0.99	143.39	0.98
恩施自治州	280.59	1.11	255.89	1.17	261.33	1.18	260.37	1.17
仙桃市	98.68	1.01	90.59	1.16	90.54	1.16	90.33	1.17
潜江市	66.99	1.01	70.22	1.11	72.18	1.14	72.19	1.13
天门市	107.62	1.00	108.36	1.15	110.16	1.28	109.93	1.28
神农架林区	8.35	1.54	6.19	1.22	4.80	0.94	4.60	0.90

附录 1-13　市州农业总产值

按当年价格计算　　单位：亿元

	2000 年	2010 年	2011 年	2012 年	2013 年	2014 年	2015 年
全　省	1125.64	3501.99	4252.90	4732.12	5161.00	5452.80	5728.56
武汉市	126.94	281.09	329.49	410.67	530.27	559.44	620.28
黄石市	27.63	83.91	102.15	122.85	133.76	147.01	158.75
十堰市	44.65	133.19	167.97	212.57	250.15	273.11	286.78
宜昌市	97.19	294.05	400.49	502.96	555.63	581.45	617.68
襄阳市	158.15	409.04	503.23	624.55	678.91	704.46	725.55
鄂州市	13.92	92.82	108.75	126.68	138.50	143.13	149.83
荆门市	100.13	253.14	291.95	316.65	337.93	351.67	365.84
孝感市	111.63	306.61	355.90	417.57	452.40	470.53	476.88
荆州市	147.69	423.79	484.20	534.97	578.34	616.16	631.45
黄冈市	127.48	374.79	463.82	505.72	532.22	559.63	593.01
咸宁市	52.87	168.52	196.18	237.64	264.70	280.29	301.15
随州市	58.06	150.29	176.61	195.33	216.72	225.93	244.36
恩施自治州	76.78	174.25	193.19	209.20	227.22	237.01	247.39
仙桃市	39.01	94.41	113.34	127.85	136.29	142.59	147.49
潜江市	30.58	85.55	93.63	101.34	109.28	114.24	119.24
天门市	33.15	80.94	93.14	101.23	108.58	113.73	129.98
神农架林区	0.99	2.59	2.85	3.16	3.56	3.77	4.07

附录 1-14　市州农林牧渔业总产值

2015 年，按当年价格计算　　　　单位：亿元

	合计	农业	林业	牧业	渔业	农林牧渔服务业
全　省	5728.56	2780.37	180.60	1503.34	922.77	341.48
武汉市	620.28	359.16	9.95	135.27	91.81	24.09
黄石市	158.75	61.71	3.14	45.52	45.91	2.47
十堰市	286.78	164.49	12.79	91.68	16.40	1.42
宜昌市	617.68	318.37	7.43	231.07	44.40	16.40
襄阳市	725.55	334.90	7.80	318.46	31.28	33.12
鄂州市	149.83	41.37	2.55	36.88	68.61	0.42
荆门市	365.84	155.72	6.00	123.46	70.97	9.69
孝感市	476.88	201.18	10.81	171.41	84.19	9.29
荆州市	631.45	257.99	7.77	134.58	209.40	21.71
黄冈市	593.01	284.47	10.33	213.48	71.37	13.37
咸宁市	301.15	154.11	15.89	71.35	57.63	2.17
随州市	244.36	131.15	5.37	88.79	11.63	7.42
恩施自治州	247.39	139.19	10.07	94.88	1.23	2.02
仙桃市	147.49	53.31	1.35	32.72	57.43	2.68
潜江市	119.24	46.29	4.41	33.91	32.25	2.38
天门市	129.98	60.40	0.65	29.86	32.17	6.90
神农架林区	4.07	2.48	0.46	1.05	0.03	0.05

附录 1-15 市州主要农作物产量

2015 年　　单位：万吨

	粮食				棉花	油料	
		稻谷	小麦	玉米			油菜籽
全　省	2703.28	1839.76	420.93	332.90	29.83	339.60	255.19
武汉市	127.00	102.83	5.80	10.48	1.65	18.33	11.88
黄石市	65.94	50.53	3.77	4.84	0.41	9.47	7.10
十堰市	117.64	25.90	24.17	37.82	0.01	13.35	7.36
宜昌市	170.79	71.55	15.13	53.43	1.62	24.19	19.96
襄阳市	505.32	186.70	215.54	79.17	2.58	24.08	10.44
鄂州市	36.74	31.28	1.07	0.28	0.39	6.22	5.20
荆门市	278.18	192.94	48.02	23.41	2.14	40.04	30.50
孝感市	231.02	183.51	31.53	4.33	2.35	23.92	15.32
荆州市	410.74	340.35	40.13	16.48	7.71	59.93	57.73
黄冈市	331.99	273.08	17.83	6.41	3.75	55.70	39.56
咸宁市	109.43	87.36	2.55	9.11	0.28	10.64	8.23
随州市	163.42	102.35	43.10	6.11	0.80	6.98	2.70
恩施自治州	167.41	38.58	1.33	69.27	0.00	10.50	7.51
仙桃市	83.71	65.15	8.01	6.86	1.76	14.26	12.94
潜江市	53.49	36.53	9.92	4.23	1.40	10.22	9.49
天门市	75.30	51.06	13.72	3.07	2.34	11.73	9.23
神农架林区	2.26	0.05	0.10	0.96		0.04	0.03

附录 1–16　市州畜牧业产量

2015 年

	年末生猪存栏（万头）	年内出栏肉猪（万头）	牛存栏（万头）	羊存栏（万只）	出笼禽（万只）	猪肉产量（万吨）	牛肉产量（万吨）	羊肉产量（万吨）	禽蛋产量（万吨）
全　省	2497.14	4363.23	361.33	465.70	51222.71	331.50	23.00	8.80	165.29
武汉市	206.04	304.04	18.73	5.38	5247.40	22.49	0.87	0.10	22.92
黄石市	89.36	119.40	9.00	7.30	2866.00	8.94	0.31	0.12	4.52
十堰市	190.61	199.55	45.45	120.01	3126.00	14.86	1.99	1.67	5.61
宜昌市	485.00	608.64	17.95	148.64	3560.00	49.88	1.42	3.49	6.95
襄阳市	504.29	620.44	105.27	140.49	8317.04	49.86	11.17	4.31	28.07
鄂州市	73.41	119.00	3.92	2.32	1463.00	9.60	0.03	0.04	5.90
荆门市	273.33	408.91	24.33	47.47	4752.00	30.75	2.89	1.47	17.23
孝感市	289.78	395.26	49.39	28.89	11634.00	30.60	2.41	0.57	40.47
荆州市	342.94	492.60	8.52	14.57	7720.00	37.68	0.85	0.24	20.42
黄冈市	433.49	501.22	107.64	102.40	5652.00	38.73	7.95	2.01	62.03
咸宁市	197.04	281.23	16.82	18.43	3749.45	21.06	0.42	0.52	3.29
随州市	155.70	240.10	28.06	50.43	8443.00	18.26	2.20	1.00	8.58
恩施自治州	418.03	491.55	44.49	94.82	1253.00	40.63	2.37	1.76	3.28
仙桃市	63.30	107.35	0.91	0.41	871.00	8.28	0.25	0.01	4.96
潜江市	56.82	106.40	3.34	1.95	1676.00	8.14	0.51	0.04	4.71
天门市	70.77	100.56	7.96	1.69	1144.00	7.54	0.47	0.02	5.27
神农架林区	3.95	5.06	0.61	3.03	31.28	0.50	0.02	0.04	0.03

附录 1–17 市州规模以上工业企业主要经济指标

2015 年 单位:亿元

	企业单位数(个)	工业总产值（当年价格）	资产总计	主营业务收入	利润总额	利税总额	全部从业人员年平均人数(万人)
全　省	16413	45809.57	35399.12	43179.21	2456.00	4599.15	352.64
武汉市	2558	12862.95	12740.05	11771.72	481.75	1525.34	86.02
黄石市	761	2005.91	1880.76	2505.68	61.13	122.11	18.66
十堰市	976	1822.54	2825.17	1677.70	159.83	219.78	19.95
宜昌市	1543	5714.37	4928.59	5403.72	408.05	629.23	36.21
襄阳市	1826	5879.06	3199.94	5389.08	431.59	609.37	36.61
鄂州市	489	1286.41	578.60	1189.38	31.07	73.46	8.38
荆门市	1132	3089.60	1368.80	2965.75	149.86	288.93	17.36
孝感市	1306	2671.40	1442.04	2536.15	126.30	209.85	24.17
荆州市	1258	2368.55	1476.38	2185.88	129.84	191.08	19.84
黄冈市	1493	1853.61	1199.32	1640.25	85.70	127.63	19.68
咸宁市	867	1734.86	882.72	1560.83	131.17	175.91	12.91
随州市	688	1268.89	678.76	1207.48	106.94	151.96	10.70
恩施自治州	557	404.76	477.82	383.14	27.60	42.56	5.02
仙桃市	386	996.55	499.12	968.67	61.90	103.94	12.74
潜江市	267	1010.00	675.98	964.24	13.23	51.21	11.17
天门市	296	832.75	501.77	822.68	50.93	76.70	13.10
神农架林区	10	7.35	43.30	6.86	–0.87	0.09	0.13

附录 1–18　市州建筑业总产值

2015 年　　单位：亿元

	建筑业总产值				竣工产值
		建筑工程产值	安装工程产值	其他产值	
全　省	10592.86	9363.58	889.63	339.65	5377.50
武汉市	6016.26	5221.53	568.30	226.44	2542.87
黄石市	310.08	290.42	15.54	4.12	193.63
十堰市	370.19	357.00	9.91	3.27	155.72
宜昌市	787.00	706.69	51.31	29.00	304.05
襄阳市	757.84	674.09	69.25	14.51	463.39
鄂州市	127.59	99.82	19.55	8.22	69.76
荆门市	129.79	114.13	9.95	5.72	95.39
孝感市	436.26	375.16	50.15	10.94	306.58
荆州市	244.56	228.71	10.73	4.30	180.63
黄冈市	863.20	805.16	46.39	11.65	659.19
咸宁市	133.22	122.61	6.38	4.22	103.05
随州市	89.08	81.11	2.39	5.57	77.10
恩施自治州	123.30	111.80	8.57	2.93	93.02
仙桃市	44.73	43.12	1.30	0.32	33.72
潜江市	89.60	73.75	13.30	3.37	56.65
天门市	64.17	53.60	5.98	4.59	37.48
神农架林区	5.99	4.86	0.64	0.49	5.26

附录 1–19　市州社会消费品零售总额

单位：亿元

	2005 年	2010 年	2011 年	2012 年	2013 年	2014 年	2015 年
全　省	2964.58	7014.45	8363.34	9682.35	11035.94	12449.27	14003.24
武汉市	1128.64	2570.40	3031.79	3467.37	3916.60	4369.32	5102.24
黄石市	129.34	301.63	355.05	413.50	468.86	519.71	582.36
十堰市	125.06	308.88	364.18	424.80	491.51	548.65	639.41
宜昌市	226.50	552.72	656.00	766.19	881.93	964.53	1089.47
襄阳市	241.21	613.34	721.51	839.51	966.31	1030.57	1165.10
鄂州市	62.12	135.55	159.68	182.20	208.68	230.28	261.95
荆门市	112.01	263.08	311.25	362.85	414.68	451.78	541.43
孝感市	161.35	388.77	459.70	535.50	608.68	689.33	797.14
荆州市	221.60	505.34	595.66	688.36	781.36	831.44	946.14
黄冈市	160.97	408.71	482.10	559.37	635.02	715.65	880.91
咸宁市	76.87	209.63	247.89	289.54	330.58	361.77	401.04
随州市	90.91	215.21	254.09	293.51	333.86	354.37	399.57
恩施自治州	54.73	136.76	161.65	188.82	218.28	243.55	445.97
仙桃市	61.42	146.79	172.64	200.81	229.00	233.58	266.17
潜江市	43.03	101.13	117.83	137.36	156.31	150.19	186.14
天门市	66.80	151.57	179.04	206.91	237.50	231.05	258.90
神农架林区	2.03	4.38	5.14	5.92	6.75	7.52	13.54

附录 1–20 市州外贸进出口总额

单位：万美元

	2005 年	2010 年	2011 年	2012 年	2013 年	2014 年	2015 年
全 省	464203	1146510	1398437	1255863	1355164	1641821	1638490
武汉市	364777	930092	1105697	960578	980898	1263798	1291911
黄石市	42350	90759	117628	96774	164809	139693	134804
十堰市	3584	4104	5017	5587	5964	2432	2051
宜昌市	11957	46532	57110	52647	33360	44110	39544
襄阳市	13035	15953	23728	19267	18547	22729	25458
鄂州市	7256	6966	13041	26685	31595	31314	31471
荆门市	2091	8981	15318	17516	15945	19928	29352
孝感市	5553	7118	13087	14436	24495	25701	21382
荆州市	8001	19673	21061	22718	23858	35490	14722
黄冈市	2585	5507	8783	8005	8434	7772	7405
咸宁市	708	2032	6230	6450	6800	6990	6205
随州市	250	4074	5216	12475	13988	15605	22789
恩施自治州	131	119	107	347	292	62	62
仙桃市	1652	3324	4175	9827	21718	21736	8834
潜江市	148	636	1809	2286	3277	2808	2276
天门市	125	640	433	264	1184	416	225
神农架林区							

附录 1-21　市州外贸出口总额

单位：万美元

	2005 年	2010 年	2011 年	2012 年	2013 年	2014 年	2015 年
全　省	444985	1444166	1953490	1940062	2283790	2664580	2922041
武汉市	254009	875415	1173261	1074776	1194291	1379089	1515254
黄石市	29848	60006	103310	110352	120456	144725	168534
十堰市	7699	19932	23569	29871	42330	50851	60043
宜昌市	32011	130216	171613	166307	201681	225559	269103
襄阳市	14368	55406	76584	106530	143429	173843	215787
鄂州市	5445	12952	21082	15738	17624	20382	22956
荆门市	9132	29803	38278	46577	61752	76794	88149
孝感市	10063	29736	37605	63629	77980	93896	97304
荆州市	24413	57424	76957	92219	112740	129649	106053
黄冈市	15752	20903	25563	34875	45133	53412	57627
咸宁市	4764	16804	23210	23234	26783	39715	42210
随州市	13974	75837	89951	69596	112671	127449	117760
恩施自治州	2836	10780	22543	29975	38475	45674	52467
仙桃市	9128	25334	28830	35640	44709	52134	68944
潜江市	6960	17514	34806	33471	38123	43778	29353
天门市	3578	4495	4065	5031	5499	7054	10469
神农架林区		1611	2256	2241	116	577	30

附录 1–22　市州实际外商直接投资

单位：万美元

	2005 年	2010 年	2011 年	2012 年	2013 年	2014 年	2015 年
全　省	218475	405015	465503	566591	688847	792792	894801
武汉市	133998	230433	274731	328890	404006	485755	599126
黄石市	19111	30000	32604	42276	49000	55000	12453
十堰市	1859	6271	10725	13161	15615	18046	23805
宜昌市	9098	16652	18520	22876	27002	31151	34044
襄阳市	3625	27206	31290	42122	53746	63145	72779
鄂州市	2842	11000	11940	13933	16202	21094	24450
荆门市	7738	14604	18687	21656	26275	29559	34000
孝感市	8085	17501	20044	23773	27518	31061	34501
荆州市	6417	5600	7429	9020	10824	12200	13295
黄冈市	6430	13583	2308	3568	6749	8689	10357
咸宁市	1095	15439	17108	21144	24674	5880	6474
随州市	1797	4800	6213	7015	8774	9958	11398
恩施自治州	178	1584	1779	2124	2348	3081	3655
仙桃市	2356	5226	5972	6884	7981	8971	4424
潜江市	1440	3200	3550	4118	4802	5390	5832
天门市	1333	1916	2603	4031	3331	3812	4208
神农架林区							

附录 1–23　市州财政总收入

单位：亿元

	2011 年	2012 年	2013 年	2014 年	2015 年
全　省	2639.81	3115.63	3566.89	4095.80	4705.28
武汉市	1261.59	1510.12	1717.16	1956.34	2216.69
黄石市	92.19	113.76	127.75	141.62	156.10
十堰市	106.81	108.81	117.41	133.06	139.58
宜昌市	211.63	259.88	320.82	355.64	422.64
襄阳市	189.46	251.03	304.06	367.76	464.86
鄂州市	41.38	51.34	54.01	60.11	66.27
荆门市	95.46	108.06	124.57	139.29	163.29
孝感市	77.38	102.14	127.57	151.12	169.44
荆州市	74.47	91.82	113.17	133.81	160.53
黄冈市	79.06	95.86	117.81	138.11	159.36
咸宁市	51.54	65.56	81.90	97.12	109.72
随州市	31.52	40.54	49.68	57.90	66.85
恩施自治州	71.98	90.98	106.60	118.63	132.05
仙桃市	21.58	27.19	32.46	36.51	41.89
潜江市	20.32	24.63	29.93	34.05	33.97
天门市	11.09	15.12	19.37	22.25	25.24
神农架林区	2.89	3.97	4.60	4.98	5.55

附录 1-24 市州一般公共财政预算收入

单位：亿元

	2005 年	2010 年	2011 年	2012 年	2013 年	2014 年	2015 年
全 省	375.52	1011.23	1526.91	1823.05	2191.22	2566.90	3005.39
武汉市	138.82	390.19	673.26	828.58	978.52	1101.02	1245.63
黄石市	11.96	34.10	53.84	65.64	78.36	89.38	100.53
十堰市	11.37	43.77	66.71	76.93	73.53	85.77	93.38
宜昌市	22.53	70.24	113.98	153.25	206.31	271.51	339.10
襄阳市	18.40	51.01	97.41	139.85	191.53	249.23	339.10
鄂州市	4.93	15.66	26.31	33.02	38.43	42.74	47.17
荆门市	9.34	23.25	39.39	50.69	59.84	69.83	80.43
孝感市	10.78	34.20	51.58	69.50	89.05	107.32	122.77
荆州市	12.05	27.60	44.33	56.76	71.95	88.17	103.95
黄冈市	13.14	38.98	51.61	62.92	79.98	96.04	112.82
咸宁市	7.43	23.34	35.56	45.82	58.71	70.76	80.12
随州市	4.25	9.53	17.07	22.99	29.67	36.68	43.34
恩施自治州	8.35	22.16	31.89	40.43	50.05	57.82	67.23
仙桃市	2.81	7.35	13.13	17.14	21.00	24.16	27.69
潜江市	3.02	7.25	12.50	16.02	20.00	22.69	22.85
天门市	1.37	4.71	7.90	11.00	15.02	17.35	19.58
神农架林区	0.42	1.08	1.77	2.44	3.00	3.37	3.86

附录 1-25 市州一般公共预算支出

单位：亿元

	2005年	2010年	2011年	2012年	2013年	2014年	2015年
全　省	778.73	2501.40	3214.74	3759.79	4371.65	4934.15	6132.84
武汉市	176.88	583.55	765.04	885.55	1122.88	1175.10	1338.05
黄石市	23.47	102.56	128.69	140.43	150.79	152.97	225.94
十堰市	33.42	146.98	185.09	207.75	231.42	258.87	307.65
宜昌市	47.63	196.51	241.13	297.45	364.44	439.92	537.53
襄阳市	49.19	184.92	248.14	313.97	364.87	437.93	584.50
鄂州市	10.38	43.01	56.66	62.69	70.87	75.65	86.80
荆门市	24.58	95.46	125.34	142.20	158.79	178.96	225.48
孝感市	32.50	133.58	172.61	201.79	227.90	253.18	290.38
荆州市	39.51	163.15	197.18	226.83	255.92	276.29	346.48
黄冈市	44.40	188.13	225.54	278.92	305.16	344.66	401.03
咸宁市	21.41	100.02	127.07	143.03	158.14	176.97	190.85
随州市	14.11	57.23	72.32	85.55	100.04	103.70	153.10
恩施自治州	32.12	129.79	160.14	179.69	216.69	216.32	332.59
仙桃市	8.29	32.91	42.34	47.71	50.08	59.56	69.30
潜江市	6.99	28.60	37.68	42.01	46.80	51.27	64.11
天门市	6.22	28.27	38.51	41.84	46.53	54.36	64.73
神农架林区	1.86	13.33	12.76	12.69	15.88	16.84	20.78

附录 1–26　市州工业用电量

单位：亿千瓦时

	2010 年	2011 年	2012 年	2013 年	2014 年	2015 年
全　省	963.17	1047.50	1043.01	1106.00	1129.75	1093.97
武汉市	213.50	231.22	230.13	245.18	253.51	253.49
黄石市	83.28	87.64	85.14	90.66	89.52	89.29
十堰市	69.27	70.65	67.48	71.01	62.85	58.15
宜昌市	159.10	172.16	167.16	173.00	180.98	167.78
襄阳市	72.47	77.06	78.67	84.68	85.68	82.14
鄂州市	48.53	51.86	47.15	49.91	54.96	52.71
荆门市	57.25	61.86	61.08	59.86	62.70	63.47
孝感市	56.98	63.79	66.41	73.30	75.39	72.83
荆州市	45.98	49.44	50.55	55.90	58.43	57.33
黄冈市	39.14	44.59	52.97	57.47	56.27	56.77
咸宁市	29.71	32.31	30.60	33.87	33.87	33.87
随州市	11.70	15.84	12.98	16.42	17.88	17.33
恩施自治州	11.04	11.24	14.98	12.99	13.43	13.16
仙桃市	6.88	8.44	9.43	11.65	12.11	12.98
潜江市	27.00	29.65	29.47	31.80	29.36	28.12
天门市	3.77	4.66	5.31	6.07	6.10	6.02
神农架林区	2.07	1.27	0.93	1.25	1.30	0.83

附录 1–27　市州公路运输情况

2015 年

	旅客运输量（万人）	旅客周转量（万人公里）	货物运输量（万吨）	货物周转量（亿吨公里）
全　省	89996	5130600	121466	2457.62
武汉市	11381	810885	28504	596.84
黄石市	2310	143943	5604	113.26
十堰市	3850	330712	5543	112.03
宜昌市	10187	538429	8843	172.71
襄阳市	10258	523897	20950	507.36
鄂州市	2456	97386	1685	35.16
荆门市	4116	282827	7166	143.21
孝感市	6856	375743	3195	63.83
荆州市	5522	275127	7361	148.93
黄冈市	8546	437211	7160	147.32
咸宁市	6755	398331	4376	88.68
随州市	3567	187127	6365	128.78
恩施自治州	3515	216204	4034	81.61
仙桃市	1893	76922	1363	28.22
潜江市	1881	82738	2235	45.22
天门市	2075	94959	1662	34.09
神农架林区	539	20788	471	9.56